2022—2023年度河北省教学改革研究项目的构建与意涵》（2021GJJG685）成果；

2022年河北省社科基金项目《课程思政视域下河北省戏曲类非遗项目数字活态传播研究》（HB22XW004）成果。

当代高校美育理论与实践创新

田钰莹　王　莹　王肖南◎著

吉林大学出版社

·长春·

图书在版编目（CIP）数据

当代高校美育理论与实践创新 / 田钰莹，王莹，王肖南著. -- 长春：吉林大学出版社，2023.3
ISBN 978-7-5768-1668-6

Ⅰ.①当… Ⅱ.①田…②王…③王… Ⅲ.①美育—教学研究—高等学校 Ⅳ.① G40-014

中国国家版本馆 CIP 数据核字 (2023) 第 081503 号

书　　名	当代高校美育理论与实践创新
	DANGDAI GAOXIAO MEIYU LILUN YU SHIJIAN CHUANGXIN
作　　者	田钰莹　王　莹　王肖南　著
策划编辑	殷丽爽
责任编辑	殷丽爽
责任校对	安　萌
装帧设计	李文文
出版发行	吉林大学出版社
社　　址	长春市人民大街 4059 号
邮政编码	130021
发行电话	0431-89580028/29/21
网　　址	http://www.jlup.com.cn
电子邮箱	jldxcbs@sina.com
印　　刷	天津和萱印刷有限公司
开　　本	787mm×1092mm　1/16
印　　张	12.5
字　　数	220 千字
版　　次	2023 年 8 月　第 1 版
印　　次	2023 年 8 月　第 1 次
书　　号	ISBN 978-7-5768-1668-6
定　　价	72.00 元

版权所有　翻印必究

作者简介

田钰莹，女，1982年7月生，河北保定人，汉族，河北金融学院副教授，河北大学新闻传播学博士生。研究方向：大学美育，新闻传播。主持参与省部级科研项目十余项，专著一部，发表CSSCI核心论文十余篇。

王莹，女，1987年5月出生，河北保定人，2012年毕业于武汉大学汉语国际教育专业，河北金融学院人文艺术教育教学部讲师，马来西亚理工大学社会科学与人文学院博士生。研究方向：文学、文化。

王肖南，女，1988年7月出生，河北省邢台人，汉族，河北金融学院讲师，美学博士。研究方向：艺术美学、美育。河北省书法家协会会员，书法作品多次获项。参与国社课后期资助项目一项，省级科研项目二项，在核心期刊发表论文十余篇。

前　言

社会进步的标志，不仅体现在物质文明上，而且体现在人的精神文明上；社会主义现代化，不仅仅表现于科学技术、物质生产的现代化，也表现于人的现代化，而且首先在于人的现代化。没有高素质的现代化的人，就没有社会主义现代化。所谓高素质的现代化的人，应该是具有与现代科学文化水平相适应的道德情操、专业知识修养，以及健康的身体素质、人文素养和审美素质等的人，即具有现代特征的德、智、体、美、劳全面发展的一代新人。

造就这样全面发展的新人，是一个复杂的系统工程，需要多方面的努力：不仅需要个人自我修养的努力，还需要社会、学校、家庭教育的努力；不仅要有切实的道德教育、智力教育的努力，也要有以培养人的丰富感受力、情感力为特质的生动的审美教育。我国高校的教育模式是素质教育，培养学生全面发展，其中美育是一个不可缺少的部分。中共中央、国务院颁布的《关于深化教育改革全面推进素质教育的决定》中明确指出："实施素质教育，必须把德育、智育、体育、美育等有机地统一在教育活动的各个环节中。""美育不仅能陶冶情操、提高素质，而且有助于开发智力，对于促进学生全面发展具有不可替代的作用。要尽快改变学校美育工作薄弱的状况，将美育融入学校教育全过程。"

在高校中，要实现大学生全面发展，美育是不可或缺的一部分。它不仅有助于大学生发现美、创造美，还能够培养大学生的乐观心态，使他们能够更加积极地面对人生。因此，在高校中，美育理论的实践与创新对于大学生来说至关重要。

本书共分五章：第一章为当代高校美育概述，分别介绍了当代高校美育的概念和特征、当代高校美育的目标和内容、当代高校美育的功能与原则三个方面的内容。第二章为当代高校美育理论，主要介绍三个方面的内容，依次是中国美育思想演变、西方美育思想演变、马克思主义美育理论。第三章为当代高校美育现状及问题分析，论述了当代高校美育现状、当代高校美育的问题分析。第四章为当代高校美育实践探索，阐述了自然美审美实践、社会美审美实践、艺术美审美实践三个方面的内容。第五章为当代高校美育的发展策略，主要介绍了四个方面的内容，分别是构建美育课程体系，突破美育困境；强化教师示范作用，凸显美育功能；加强校园文化建设，彰显美育特色；弘扬传统文化，创新美育方式。

在成书的过程中，笔者受到学院领导及同仁的大力支持和帮助，他们提供了很多资料、书籍及有价值的观点和意见；此外，笔者参考了大量的文献和专著，并引用部分专家和学者的观点，在此一并表示感谢。由于笔者写作水平有限，书中难免有疏漏和不妥之处，还望广大读者批评指正。

作者

2022 年 10 月

目 录

第一章 当代高校美育概述 ·············· 1
  第一节 当代高校美育的概念和特征 ·············· 1
  第二节 当代高校美育的目标和内容 ·············· 14
  第三节 当代高校美育的功能与原则 ·············· 32

第二章 当代高校美育理论 ·············· 48
  第一节 中国美育思想演变 ·············· 48
  第二节 西方美育思想演变 ·············· 59
  第三节 马克思主义美育理论 ·············· 65

第三章 当代高校美育现状及问题分析 ·············· 88
  第一节 当代高校美育现状 ·············· 88
  第二节 当代高校美育的问题分析 ·············· 95

第四章 当代高校美育实践探索 ·············· 100
  第一节 自然美审美实践 ·············· 100
  第二节 社会美审美实践 ·············· 108
  第三节 艺术美审美实践 ·············· 114

第五章 当代高校美育的发展策略 ·············· 135
  第一节 构建美育课程体系，突破美育困境 ·············· 135

第二节 强化教师示范作用，凸显美育功能 ·············· 153

第三节 加强校园文化建设，彰显美育特色 ·············· 166

第四节 弘扬传统文化，创新美育方式 ·················· 180

参考文献 ··· 188

第一章 当代高校美育概述

随着社会的不断发展，人才的标准也在不断变化，大学生除需要具备专业知识以外，还要有一定的创新能力、交际能力、乐观积极的生活态度，其中美育可以发挥重要作用。本章内容为当代高校美育概述，分别介绍了当代高校美育的概念和特征、当代高校美育的目标和内容、当代高校美育的功能与原则三个方面的内容。

第一节 当代高校美育的概念和特征

一、美育概述

（一）美育的性质

要了解美育的性质，就要先了解美育的概念。所谓美育，是指美感教育，也就是指人们发现美、感受美、鉴赏美、创造美的能力。对学生进行美育，也就是要使学生树立正确的审美观念，培养审美能力，促进其全面发展。美育对于培养学生健康的审美观念和审美能力，陶冶高尚的道德情操，培养全面发展的人才，具有重要作用。

美育又是从审美的角度掌握世界的教育，即以审美的眼光去发现、认识、理解、评价世界，同时按照美的规律去美化自身、完善人格，一般情况下，美育主要包含两种含义，分别是狭义与广义。其中，狭义上的美育，就是指艺术教育，对学生进行审美方面的教育，使学生树立审美观念，提高学生的审美能力。但是，从广义上来说，美育不仅仅指艺术教育，它并不是美育的全部内容。美育兼容了所有的美，如社会美育、自然美育、艺术美育、人生美育等，是一个综合型的教育整体。广义上的美育是对人的心灵的整体塑造，诉诸整体功能，培育人的整体素质，使人在心理上成为一个有完善人格的人。因此，美育是一种精神层次上的教育，是人的全面发展的教育。

（二）美育与素质教育

美育是素质教育的重要组成部分，在我国高校教育中，美育有着十分重要的地位，发挥着不可或缺的作用。素质教育，就是指对学生进行全面教育，培养学生德、智、体、美全面发展，培养学生的创新精神与实践能力，将学生培养为社会主义事业的建设者和接班人。

在当今社会，人们对于人才的要求越来越高，新时期的人才观告诉我们，真正的人才不仅要专业技术过硬，基础理论扎实，而且必须有丰富的人文社科知识、宽阔的胸襟和高尚的情操，必须具备人文精神。人文精神是一种普遍的人类自我关怀，表现为对人的尊严、价值、命运的维护、追求和关怀，对人类遗留下来的各种精神文化现象的高度珍视，对一种全面发展的理想人格的肯定和塑造。

现代社会，社会分工越来越细，科学技术教育与人文教育分离得越来越远，并对人的全面发展构成了越来越大的威胁，那些令人神往的"产生巨人的时代"早已成为历史，像达·芬奇、黑格尔、马克思、徐霞客、钱学森等那样既精通自然科学又具有渊博的人文素养的学者已经越来越少。也就是说，当今社会，越来越多的人才开始成为专才，即精通某一个方面的专家，全才已经越来越少了。这些专才往往只精通某一个专业的领域，对于人文方面比较忽视。

美育是解决这一矛盾的有效手段。许多科学家以他们亲身的经历印证了这一点。在当今的社会上，要对学生进行素质教育，使学生全面发展，就需要对学生进行美育教学。

（三）美育与德、智、体等诸"育"的关系

在教学中常说，德、智、体、美、劳全面发展，这五类通常是一起出现的。德，就是指道德、品质；智，就是指智慧、智力；体，就是指身体；美，就是指审美；劳，就是指劳动。它们可分为外在结构与内在结构，外在结构与内在结构共同构成了人的一个整体。人要想全面发展，就必须要使这五种结构统一发展。关于美育与德、智、体等诸"育"的关系，下面进行简要介绍。

1. 美育与德育

美育与德育的关系是美与善的结合，"美和道德是亲姐妹"，二者是相互影响、相互贯通的。著名美育心理学家刘兆吉指出："中国汉字'美'与'善'都带有相同的'羊'头桂冠，相同的文字信息，深深地打着中国人美善相同的审美观念的烙印。"[①] 美中有善，美育是通过其美之中所蕴含的善的因素来达到提高学生道德素质的，所以高尔基在更深刻的意义上揭示道："美学是未来的伦理学。"但是在一定意义上说，美又是善的升华。一个人越懂得美就越有道德，正如席勒所讲的道德的人只能从审美的人发展而来，不能由自然状态中产生。

所谓德育，就是指对人们进行道德教育，使人们意识到善恶有别，使人们能够清晰地认识到善与恶的界限，哪些事情是可以做的，哪些事情是不可以做的，然后根据社会上的某些道德规范约束自身，这就是德育的目的。美育，主要是对人们的审美观念进行教育，使人们形成良好的审美意识，不自觉地追求美好的事物，具有发现美、欣赏美、创造美的能力。只有当一个人了解了什么是好与坏、善与恶、美与丑，知晓了它们之间的界限与评价标准，这样，人们才能够按照社会上的约束行事。当人们对于事物的善恶评价与美丑评价相一致时，道德情感被转化为审美情感，这时候，人们才会发自内心地去坚守道德规范，这种外在的道德规范才能被内化为人的内心需求。德育需要借助榜样的力量，它是理性的传播；而美育往往是诱发人内心的感悟，是情感的呼唤。

目前，尽管高校对学生施行德育教育，但是效果并不明显。当今社会，物欲横流，人们的生活节奏越来越快，传统的德育已经无法满足如今快速发展的社会的需要。这时候，就需要引入美育，将美育与德育结合起来，让人们真正地从心理上接受那些道德约束。一般情况下，法制教育主要是针对人们的行为是否违反法律，它的主要内容是"不准"人们做什么；道德教育是针对人们的行为是否有失道德而言，它的主要内容是人们"应该"怎样做；而美育是针对人们的行为是否具有美感而言，它的主要内容是人们"乐意"做什么。也就是说，美育能够真正地从内心上改变人们的观念与想法，让人们真正地发自内心去自愿做某事。

2. 美育与智育

美育与智育的关系是美与真的结合。真就是客观世界发展的必然规律，美中

[①] 王滢. 大学美育[M]. 成都：电子科技大学出版社，2017：3.

蕴含着真。

　　大学生智能的形成及智力开发主要依赖于智力教育，但大学美育在某些方面可以促进大学生的智力发展及影响其智能形成也是不应抹杀和忽视的基本现实。当对学生进行美育时，人们会从内心中产生一种愉悦的感受，获得一种美好的精神体验，同时人们也获得了各种领域的知识，在这个过程中，人们的大脑思维也会更加活跃地发展。就比如在科学研究中遇到困难的时候，爱因斯坦经常会放下工作，起身拉一段小提琴或者是弹奏钢琴，从而使紧张的大脑放松下来，舒缓心情，在这个过程中，他往往会找到一些灵感，从而继续投入工作。这样，往往会获得事半功倍的效果。事实上，科学与音乐的思维过程是一样的，而且想象力远远比知识更加重要。因为知识是有限的，而想象力却是无限的，它可以延伸到世界上任何地方，在科学研究过程中，想象力是不可缺少的。很多著名科学家，尤其是科学巨匠的生活都离不开音乐、诗歌、绘画等艺术。歌德既是一位大诗人、大文学家，又是一位杰出的数学家、物理学家和工程师。达·芬奇集物理学家、数学家、工程师、画家等身份于一身。从毕达哥拉斯到开普勒，再到发现天王星的威廉·赫歇尔等人都精通音乐，并且能把人世音乐与天体音乐有机地联系起来。我国荣获"国家杰出贡献科学家"称号的钱学森说他的创造发明一半要归功于他的妻子，因为他的许多创造性灵感是在欣赏妻子弹奏曲子的时候产生的。当在欣赏曲子的时候，他的大脑也在不断地运转，跟随着音乐的旋律发挥出无限的想象力，从而得到了灵感。

　　此外，审美教育符合人的心理需要，可激发大学生的学习兴趣和内驱力，增强其学习的主动性和积极性。学习，仅仅依靠刻苦是不够的，实际上，与刻苦相比，兴趣更加重要。《论语·雍也篇》中有"知之者不如好之者，好之者不如乐之者"，当人们对于某件事情十分感兴趣时，这时候，一切事情都阻挡不了他。而且，这种从心底里自然而然发出的兴趣，也要比努力、刻苦更加让人愉快，人们在学习时并不是如同苦行僧那般学习，而是抱着一种积极的态度去学习，这样，人们的学习效率也会大大提高。审美教育便是如此，它能够对人们心底的观念与想法进行教育，让人们自愿地、积极地去从事某项活动。

　　3.美育与体育

　　体育，主要是锻炼人的身体，从而获得强健的体魄，体育的主要目标是身体的健康。通过进行体育运动,人们的身体得到锻炼,心肺功能变得更加强大,肌肉变得更加发达,骨骼变得更加坚韧,人们的外在形象也变得更加美好。而且,通过进行体育运动,人们的行为动作也变得更加流畅,姿态更加轻盈,动作更加敏捷,精神更加饱满,这种力与美的结合,使得人们的身体更加富有活力,生机勃勃。美育,主要是培养人们形成美的观念,教会人们如何欣赏美,美育的主要目标是心灵的健康。通过进行美育,人们会经常处于一种比较积极的状态,保持一种良好的精神体验,保持心灵的健康。

在日常的体育活动中,人们往往通过锻炼自己的身体,使自己保持一个良好的形象。而在一些竞技性的体育运动中,人们往往更重视追求胜利的结果,当人们胜利时会感到喜悦,而失败时会感到沮丧。另外,在体育竞技运动中,人们还可以从中体验到友谊、团结、公正、协作等美感。

审美教育活动所形成的愉悦的精神状态可直接影响学生的身体健康状态。如果人们的精神状态在很长一段时间内保持消极的状态,那么人们的身体健康必然也会出现某些问题。特别是在高度紧张、愤怒等情况下,均可能导致肌体失调,引起临床休克,甚至死亡。有关临床资料证明,相当一部分癌症患者的病因均与长期心情沉闷、忧郁有关。日本学者春山茂雄指出:"人在生气发怒的时候,会感觉到精神的紧张兴奋,于是大脑分泌出一种叫作去甲肾上腺素的物质……这种物质具有剧毒。""当然,大脑分泌的这种荷尔蒙极其微量,但如果经常生气动怒,这种剧毒的荷尔蒙会导致疾病的产生,加速衰老甚至早逝。可以说,不论什么病都和去甲肾上腺素有关。"① 由此我们可以发现,人的情绪对于人的身体有着多么重大的影响。当人们心情处于一种愉悦状态时,大脑便会分泌出另一种物质——"B-内啡肽",这种物质并不会对人体有害,相反,它是一种对人体健康有益的物质。因此,在日常生活中,我们要避免出现生气、发怒等不良情绪,以免危害我们的身体健康。当遇到某些不愉快的事情时,要尽可能向前看,始终保持一种积极健康的态度,从而保持身体的健康。因此,学生可以多多观察一些美的事物,从而获得一些审美的精神体验,保持一种比较良好的心理状态,从而促进身心健康成长。

4. 美育与劳动

劳动是人的一种美德,是其他美德的基础。通过劳动既能够美化人的外在形

---

① 王滢. 大学美育[M]. 成都:电子科技大学出版社,2017.

象，也能够美化人的心灵世界。劳动能够锻炼身体，促使身体变得强健有力；劳动能够影响人的主观世界，美化人的心灵。不愿劳动、争抢别人劳动果实的"人"是丑恶的。

美育对劳动具有促进作用，这主要是因为审美教育能够培养人们对于劳动的审美愉悦感，在劳动中人们能够享受到一种情趣，从而降低心理对于劳动的抵触，更加自愿地进行劳动。苏联教育家对于这个理论进行了深入的研究，在他们看来，在劳动中享受乐趣有一个大前提，那就是要养成对劳动的审美态度。1921年，《统一劳动学校纲领》的引言中曾提出这样一种思想：不能只培养劳动的意志，而不培养创造的意志、创造的愉快。这种提法绝不是偶然的。由于审美教育培养了人们对于劳动的愉悦感，这促进了人们的劳动教育，从而使得人们能够更加创造性地、自主性地去进行劳动。实际上，审美教育中也包含了很多与劳动相关的美学，如教育领域中的教育美学、工业领域中的技术美学、医学土壤领域中的医学美学等。

总而言之，素质教育中包含德、智、体、美、劳的全面发展，它们既相互独立，又彼此联系，充分发挥美育在整个教育过程中对各育的"统整"与"渗融"的独特功能，并由此提升。教育的品位与质量，将在更高境界与层次上促进学生的全面发展。

（四）美育的意义

良好的审美修养，自古以来便十分重要，它是一种比较高尚的精神品质。从古至今，世界上流传下来了许多的艺术品，这些艺术品往往具有极高的艺术魅力，必须是具有极高的艺术修养之人才能够体会到其中的美。因此，人们要想能够感受到艺术品的美，就需要进行审美教育。而且，目前在高校内有很多艺术类相关课程，必须要具备一些审美修养才能够获得足够的学分毕业。良好的审美修养是人生的重要一课，一个人一旦被剥夺了审美的权利，就会精神萎靡，生活乏味，举止粗野，甚至道德沦落。中国古人讲的"腹有诗书气自华"和"知书达理"，也是强调审美修养对个人成长的重要作用。古人十分讲究琴、棋、书、画，讲究接受审美教育这种"心灵的体操"的训练。反之，如果缺乏这种熏陶和训练，在缺乏教养的人身上，勇敢就会成为粗暴，学识就会成为迂腐，机智就会成为逗趣，质朴就会成为粗鲁，温厚就会成为谄媚。这就说明，一个人光有某种先天性的自然形态的或通过某种特殊训练所获得的某些心理素质、能力，而缺乏"心灵的体操"的整体训练，缺乏"审美的清泉""浸润心灵""滋养心灵""美化心灵"，仍然不可能成为现代的高素质的全面发展的人。

随着市场经济的迅猛发展，物质生活水平大大提高，各种高科技物品逐渐出现，极大地方便了人们的生活。但是，随之而来的便是精神上的空虚。现今社会，人们的生活和工作节奏加快，精神文化生活越来越丰富，越来越多的人开始放肆地释放自己的欲望，从而逐步沉沦，泥足深陷。尽管现在人们的精神文化生活越来越丰富，可是这只是一种虚幻的现象，是一种经过人为包装的文化，是一种消费的、迎合的文化。它并不是真正的美的享受，因此应该要对人们进行美育，让人们学会生存，学会学习，学会终身吸收新知，学会自由地、批判地思考，学会热爱世界，让这个世界更有人情味和诗意审美化。

在当今社会，美育是一种必不可少的教育，没有美育的教育，不能称得上是一个完整的教育。一个高素质的人，必定是一个具有良好的审美修养的人，一个全面发展的人。

二、当代高校美育的概念

所谓高校美育，就是指在高校中对学生进行美的教育，帮助学生形成正确的审美观念，陶冶情操，净化心灵，培养他们发现美、感受美、欣赏美、创造美的能力。

（一）高校美育是高校人文素质教育的基本方面

人文素质教育以哲学素质为根本，包括世界观、人生观、价值观与方法论定位，而审美素质则表现在感情或感性层面上。审美素质与其他方面素质一样也是人所特有的能力。审美素质属于全方位综合素质，它有着其无法取代的特定内涵与要求。美育作为一种教育形式，在大学生的思想政治教育中有着极其重要的地位，并发挥着其他学科所无法代替的重要作用。高校美育在全面培养人才方面发挥着特有的功能。在我国高等教育中实施美育是实现大学生人格完善的重要途径之一。美育的作用是以美启真，以美储善，以美怡情，美育有助于智力结构，意志结构的确立，有助于科学与道德发展，因而美育是人的全面发展的必由之路。

美育能够提高大学生的文化修养、思想道德品质、审美意识、艺术鉴赏能力及创新精神与创新能力等。美育可以推动学生发现真理，创造科学美；美育能通过图像的感染、情绪的刺激，引导他们自觉净化心灵，遵循社会道德原则，规范行为规范；美育还有助于培养学生高尚的情操，陶冶他们美好的感情，从而促进其身心健康的和谐发展。美育可以让学生获得情感体验，陶冶性情，培养审美能力。

（二）高校美育是教育境界化发展的需要

随着社会的发展，人们对于教育的要求也越来越高，现代美育，已经不仅仅是之前所说的包含艺术与情感的教育了。目前，现代美育涉及越来越多的方面，其性质越来越综合化、多元化。在高校中进行美育，主要就是指向学生展示各种美的事物，让学生对于美有一个基本的概念，然后潜移默化地美育，陶冶情操，净化心灵，使学生在耳濡目染之下能够掌握分辨美的能力，能够获得美的感受。

（三）高校美育是塑造完美人格的需要

在高校中，对学生进行审美教育，能够帮助学生塑造完美人格。大学生虽然在生理上已经成熟了，可以说是一个大人了，可是在心理上仍然还有着一定的不成熟。大学时期，是学生的世界观、人生观、价值观形成发展的关键时期，因此在高校对学生进行审美教育，对于其三观的形成有着重要的促进作用，有助于其形成良好的、健康的三观。在高校时期对学生进行审美教育，对他们有着重要的影响，甚至可以说是具有终生意义的。经过高校美育之后，学生受到美的熏陶，能够分辨美与丑，在心底里形成一种高尚的人格，抵制不良思想和精神的污染。

三、当代高校美育的特征

当代高校美育并不是单一的、平面的，而是综合化的、多元化的，它包含了众多方面，是一个矛盾的统一体。要了解高校美育的特征，就需要从以下几对关系中来进行分析。

（一）坚持指向性与非功利性的辩证统一

美育具有指向性与非功利性。美育的指向性，是指美育的目的是帮助人们形成美的观念，美化人们的心灵，从心底里塑造一个完美人格。美育指向人格养成，是指美育的本质功能与主体价值。正如席勒所言:"有身体健康的教育,有智力认识的教育,有伦理道德的教育,有审美趣味和美的教育。这最后一种教育的目的在于,培养我们的感性能力和精神能力的整体达到尽可能有的和谐。"①"美在紧张的人身上恢复和谐,在松弛的人身上恢复能力,并以这样的方式,按照美的本性,把受到限制的状态再引回到绝对的状态,并使人成为一个在他自身上就是完整无缺的整体"②,美育的这种指向,是一种比较长期的指向,需要经历漫长的时间之后才能够养成一个良好的人格,因此尽管它是带有目的性的,但是它却是非功利性的。

美育的非功利性是美育的本质规定性所在。正如蔡元培先生所言:"纯粹之美育,所以陶养吾人之感情,使有高尚纯洁之习惯,而使人我之见、利己损人之思念,以渐消沮者也。盖以美为普遍性,决无人我差别之见能参入其中。……美以普遍性之故,不复有人我之关系,遂亦不能有利害之关系。"③也就是说,美育的非功利性是美育与智育、德育的根本区别。智育和德育都是功利性的,智育的目标是帮助人们认识世界,然后通过所获得的知识与经验来改造世界,从而使人类生活得更加便捷。德育的目标是使社会上的人能够约束自己的言行,不做不道德的事情。智育的目标是一种物质性的需求,它要求人们向外去索取利益,德育的目标是一种精神上的需求,它要求人们规范自己的内心世界。二者有一个共同点,那就是都具有强烈的功利性。美育则不同,美育是非功利性的,美育主要是培养人们形成一种对于美的鉴赏能力,它并不要求人们向外得到某些利益,也不要求人们向内约束自己。

坚持美育指向性与非功利性的辩证统一,要从指向性和非功利性两个方面来把握。第一,在设计和实施美育时,要注意其最终目的是促进学生的人格养成,根据这个目的来对美育获得进行设计和实施。目前,很多高校对于美育活动越来越重视,但是却忽视了人格养成的目的。第二,美育是非功利性的,在进行高校美育活动过程中,艺术技能的提高并不是最终的目的,它只是一种美育教学的手段。人们活在世界上,并不只是为了实现某一个目标,不能过于功利性地活着。人之所以为人,就是因为人有想法、有思维,人们活在世界上,渴望实现自己的

---

① 席勒. 审美教育书简[M]. 张玉能, 译. 南京: 译林出版社, 2009: 63.
② 席勒. 审美教育书简[M]. 张玉能, 译. 南京: 译林出版社, 2009: 52.
③ 蔡元培. 以美育代宗教[M]. 北京: 人民教育出版社, 1983: 339.

人生价值，并且从生活中领略生活的意义与乐趣。高校的审美教育让学生能够发现生活中的美，并且从中获得美的感受，在感受美的同时，其创造能力也在不断地发展，有利于之后对于美的创造。

（二）坚持独立性与渗透性的辩证统一

美育的独立性，是指美育作为教育体系的一个重要组成部分，拥有一套比较独立的课程体系与理论体系，这是美育教学能够顺利展开的基础。但是，美育并不是一门纯粹的、独立的学科，它与很多其他学科有着较为紧密的联系。比如，艺术美学与艺术相关学科有着一定的联系，逻辑美学与数学相关学科有着一定的联系，生态美学与环境相关学科有着一定的联系，文学美学与文学相关学科有着一定的联系，等等。正如席勒所说："一切其他的训练都会给心灵任何一种特殊的本领，但也因此给心灵设立了一种特殊的界限；唯有审美的训练把心灵引向无限制境界。"[1] 美育是一种无功利性的教学，它不仅包括对学生审美力的培养，还包括对学生人格的养育。其中，对学生审美力的培养主要依赖于美学学科本身的理论知识与技能，而对学生人格的养成则需要依赖其他学科对于审美视点的发掘、培植。所以，对学生进行美育教学需要所有学科老师的共同努力。我们要将美育教学贯彻落实教育的全过程，培养学生形成正确的审美观念，促使学生养成良好的审美习惯，陶冶情操，净化心灵，提高学生的审美素养与审美能力，帮助学生塑造出一个高尚的人格。同时，审美教育还有助于帮助学生建立一个良好的三观，开发人的智慧，拓宽人的思维，促进学生身心健康成长。

因此，在当代高校美育教学中，要坚持独立性与渗透性的辩证统一。一方面，坚持高校美育教学的独立性，以美学学科本身的理论知识与技能来对学生展开讲解与叙述，体现美育的独特特点；另一方面，坚持高校美育教学的渗透性，将美育教学贯彻落实到教学的全过程，在各个学科都展现出美育的理念，实现美育的过程，收获美育的成果。对于当今高校美育教学来说，要加大改革力度，不断调整教学规划与课程体系，合理设计教学目标，将美学教育有机地融合于不同学科的教学内容之中。美育融入其他学科教育之后，在学科教学之时，学生就能够有意识地观察其中所蕴含的美，并且能够加深对其的认识与了解，促进学生个人素质的全面发展。

---

[1] 席勒. 审美教育书简[M]. 张玉能, 译. 南京：译林出版社, 2009.

（三）坚持共性与个性的辩证统一

在美育教学中，教育者往往会根据当前社会的普遍标准及不同年龄段的学生的生理与心理特点来制定一个统一的教育目标，然后又依据这个教学目标制定对应的教学内容与教学方法，对学生进行美育教学，培养学生建立正确的审美观，促进其形成良好的审美情趣，提高其审美素养与审美能力。但是，人与人是不同的，即便是同一个年龄段的学生，他们的想法与观念也有很大的不同。每一个学生都是一个个活生生的个体，他们有自己独特的个性。在美育教学中，要想使每一个学生都能够积极地接受美育教学，就必须尊重学生的个性，注重个性美的弘扬、引导，因材施教。

在美育教学中，美育的审美对象本身便是丰富多彩、富有个性的。比如，以音乐、书法、美术等为对象的艺术美，以山水奇石、花鸟虫鱼等为对象的自然美，以各类建筑、公共场所等为对象的社会美，等等。而且，审美主体本身也是在不断变化的，随着时间的推移，大学生的生理与心理逐渐成熟，他们接受的知识越来越多，经验也越来越丰富，审美能力不断发展，审美观念不断变化，其审美心理表现出很强的不稳定性与可塑性。

在当代高校美育教学中，要坚持共性与个性的辩证统一，需要做到两个方面。第一，在对学生进行美育教学时，要因材施教，针对不同学生的个性与兴趣爱好等特点，以多种方式进行美育教学，提供多种美育途径，引导着学生更加积极地投入美育学习之中。第二，要改进应试考核评价方式，强调个性化，建立个性化的学习评价体系。

（四）坚持引导与体验的辩证统一

在美育教学中，教师的引导十分重要，首先要让学生清楚什么是美，也就是引导学生认识美。教师充当的是引导者的角色，在教会学生认识美的基础上，逐步引导学生去发现美、感受美、创造美，培养学生形成良好的审美情趣。在课堂上教授给学生各种美学知识，通过开展各种审美实践活动，培养学生的审美习惯，不断锻炼学生，将美学知识与审美实践活动相结合，在课内与课外对学生进行美学引导，对学生进行审美教育。在美育教学中，如果教师没有承担引导者的责任，而是任由学生自己去理解什么是美，那么就可能扭曲学生对美的印象，不利于美育教学的进行。

在美育教学中，学生的体验也十分重要。俗话说，世界上没有真正的感同身受，任何事情如果自己没有真正体验过，就无法想象到当时内心最真实的感受。由于个体差异，每个人对于美的体验是不同的，不可能拘泥于一种。在美育教学中，教师要引导学生亲身真正地感受美、体验美，从中获取到自己内心最真实的感受。苏霍姆林斯基就主张引导学生到大自然中去体验美，大自然中具有丰富的美学资源，人是大自然中的一个个体，人们到大自然中去感受美，能够增加自身与美的联系。

在美育教学中，教师的引导与学生的体验都很重要，无论缺失哪一项，都会对美育教学产生不好的影响，因此在高校美育教学中，要坚持引导与体验的辩证统一。

（五）坚持时代性与高尚性的辩证统一

如今的社会是信息化社会，人们的生活节奏加快，越来越繁杂的信息充斥在人们的生活之中，其中既有低俗的文化信息，也有高雅的文化信息。大学生必须要学会分辨低俗信息与高雅信息，接近高雅信息，摒弃低俗信息，不断培养高雅的审美情趣。目前，社会文化中存在着一些很明显的低俗化倾向，如消费主义、享乐主义盛行，悲观主义弥漫等。人们如果长期处于这种环境之下，长期观看那些暴力、色情的电影，沉迷网络游戏，就有可能逐渐被同化，道德意识逐渐减弱，不利于人们的健康成长。面对这种情况，高校应该采取一定的措施，培养学生形成高尚的审美情趣，拒绝低俗，引导学生发现那些真正美的事物，对学生进行审美教育。学校还要不断挖掘中华民族的传统艺术，如书法、绘画、诗词、音乐等，使学生感受中华民族的审美精神，不断培养他们形成高雅的审美情趣。

在美育教学过程中，除了要坚持高尚性，还要注意时代性问题。在不同的时代有着不同的审美，审美往往具有时代性。在当代高校美育教学中，审美要符合当代的要求，满足大众的审美需要。审美的时代性，是针对大众文化而言的。大众文化是西方语境中的一个概念，包含很多方面，如衣食住行中的各种文化、音像制品、圣诞节等。聂振斌从马克思主义美学的视角，把大众文化看作是"文化工业制造的文化，主要指由电视、广播、广告、流行刊物等大众传播媒介传播的文化"[①]。这种大众文化，无时无刻不存在于日常生活中，随处可见，大到一座建

---

① 聂振斌. 艺术化生存：中西审美文化比较[M]. 成都：四川人民出版社，1997.

筑，小到一块砖石，从公共场所延伸到个人的外表，是审美的重要对象，审美通过这种形式展现在人们眼前。它是大学生美育的重要载体。通过这种随处可见的美育载体，大学生也在不断地接收着美的教育。这种到处存在的美是大学生美育的宝贵资源。教师在挖掘和使用这种美育资源来对学生进行教育时，要把握两个原则：第一，针对美育中美的客体而言，要坚持高尚性；第二，要引导学生形成一种良好的审美态度，使学生能够从中接受美的教育。对于学生来说，一个良好的审美态度，有助于他们与大众文化建立审美关系，如蒋孔阳所言，"实用的态度是一种实用的关系，科学的态度是一种认识的关系，而美感的态度则是一种审美关系"①。

美育要坚持时代性与高尚性的辩证统一，就是说美育在坚持高尚性的同时，也不能脱离社会的现实性，要充分吸收大众文化的优秀成分，满足大众的审美需要。

（六）坚持课内与课外相结合

对学生进行美育，不能仅仅依靠课堂上的学习，还要注重对于课堂外的美育活动的开展，要坚持课内与课外相结合。近些年来，对于素质教育方面课内与课外相结合的课题，国家越来越关注。课内教学是进行美育的主要渠道，美育的部分知识内容都是通过课堂教学进行教授的，不容忽视。在美育教学中，需要强调的一点是高校美育教学不能仅仅包含艺术教育，还要挖掘更多学科的审美教育，如历史、文学等方面的审美教育等。要对学生进行审美教育，必须要经过长期的规划研究，这样它才能够被正式纳入学校的教学计划之中。在课内，要选择具有较高教学水平的教师来对学生展开美育教学工作，教授给学生美育相关的教学知识与技能。在课外，要开展丰富多彩的美育活动，锻炼学生的美育技能。学生也可以在课下自主学习美育的知识与技能，多多参与美育活动，参加各类社团与艺术实践活动等。可以将课内美育教学与课外美育活动相结合，不断培养大学生的兴趣爱好，培养他们的审美情趣，提高他们的审美欣赏与审美创造能力。

（七）坚持校内与校外相结合

在对学生进行审美教育时，要坚持校内与校外相结合。如果仅仅是在校内进

---

① 蒋孔阳. 美学新论 [M]. 北京：人民文学出版社，1993.

行审美教育是远远不够的。教师可以引领着学生到校外，去感受社会及自然的美。社会上鱼龙混杂，各种类型的人都有，社会美是丰富多彩的，它是一个绝佳的实践场所。教师将学生带到社会上，鼓励学生将课堂上所学的内容尽数地实践于此，不断增长经验，积累才干，在社会中不断地去体会人生的美。

社会，是学校美育的重要场所。在校外对学生进行审美教育主要可以从四个方面进行。第一，引导学生寻找和欣赏大自然中的美。大自然中有山水奇石、花鸟虫鱼，还有许多自然形成的奇幻景象。学生到大自然中去寻找美，可以增进与大自然的接触与了解，解放天性，回归自然。第二，在劳动中感受美。劳动，原本就是中华民族的传统美德，在劳动中学生能够获得美的享受，得到一种比较充实的快乐。第三，可以将校外的一些美育资源引入校园之中，提高美育资源的吸引力，增强学生的兴趣，拓展大学生美育载体。第四，如今是信息时代，网络空间内信息十分全面，教师可以将网络空间内的一些美育资源引入到课堂上来，对学生进行审美教育。教师还可以鼓励学生在课下到网络上进行自我审美教育，不断强化"网络"这块重要的美育阵地。

第二节　当代高校美育的目标和内容

与体育、德育、智育等不同，美育是一个比较特殊的学科，它与很多其他学科有交叉关系，但是它又具有相对独立性。它拥有着系统的、独立的目标体系、内容体系、方法体系和载体体系。下面，主要对当代高校的目标和内容体系进行简要分析概述。

一、美育目标的一般构成

在对学生进行教育时，每一个学科都有着对应的教育目标。所谓教育目标，就是指对于学生学习结果的预期与设想。一般情况下，在教学开始之前，教学目标就已经制定好了。教学目标的主要依据有两点：一是当前社会上关于这个学科的普遍现状，大众对于学生的普遍需求；二是不同年龄段学生的生理与心理特点，学生的身心发展规律。教育目标既是教育的出发点，也是教育的终点。在具体的教学实践过程中，教师可以对学生的观察和测量，对其进行分类总结，并将其作为教学实施与教学评价的有效依据。

在当代高校教育体系中，美育只是其中的一个重要组成部分，对学生进行美育教学，就必须要制定一个美育目标，这样才能保证美育教学的质量。很久之前，美育便已经出现在我国的历史上了，最早可以追溯到先秦时期。它并不是独立产生的，而是受到了很多因素的影响，如文化、政治、经济等。美育的发展，在一定程度上体现着当时国家与教育者的需要。随着时代的发展，美育的思想与内容也有着一定的不同。在中华人民共和国成立初期，我国沿用的美育思想是蔡元培的美育思想，既继承我国的传统美学思想，以礼乐教化人群，又吸取西方近代教育的哲学思想，互相融会贯通。到了20世纪80年代，随着教育领域的不断深化改革，确立了全面发展的教育方针，美育受到了越来越多人的关注。之后，美育又被确立为一个独立的学科，进入了一个新的发展阶段。不过，关于美育目标的构成与内涵，到现在还没有形成一个统一的标准。许多学者从不同的层面对其进行了论述。曾繁仁从理论层面对美育的根本目标进行了论述，他认为美育是培养"生活的艺术家"[1]，使广大人民特别是青少年一代以审美的态度对待自然、社会、他人和自身，做到"诗意地栖居"。杜卫认为"审美主要涉及人的生存的情感维度，因而美育的功能可以直接指向人的生存质量和人格素质的提高[2]"。此外，在美育实践研究方面，赵伶俐从学校教育的本体出发，深入探讨了整个学校的美育和各教育阶段的美育目标体系、内容体系、教材体系，提出了高校美育的目标分类，从审美欣赏能力、审美表现能力、审美创造能力三个维度提出了12项具体的分类标准。张燕、顾建华等学者对大学美育课程的基本目标进行了专门探讨。张燕在《大学美育教学模式和教材体系研究》一文中认为，普通高校美育的目标理应定位于："着力提升大学生的思想道德素质、文化素质和心理素质，引导大学生形成积极的人生观、科学的世界观和文明的道德观，成为一个有理想、有抱负、有事业心、有责任感、有创造思维、热爱生活、全面发展的人，一个有高尚情操、有健全人格的人，一个自尊并且尊重他人的人，一个富有爱心的人。培养和塑造人文精神，是大学美育的唯一目标。"[3]

总而言之，目前，我国一些学者对于美育的目标与内涵有着不同的理解，学

---

[1] 曾繁仁. 论美育的现代意义 [J]. 山东大学学报（哲学社会科学版），1999（3）：23-27.
[2] 杜卫. 论现代美育学的理论构架 [J]. 文艺研究. 1993（5）：4-13.
[3] 张燕. 大学美育教学模式和教材体系研究 [J]. 高等教育研究，2003（3）：89-91.

界仍然没有形成一个统一的标准，我国对于美育的学科研究仍然处于一个初级的阶段。要了解美育的目标，就需要对其他科目的教育目标有一定了解，因为美育的目标与其他目标是一个连续的整体，它们有很多相似之处。一般情况下，在学科教育目标中，往往包含三个层次，这三个层次分别是教学目标、教育目标和远景目标。不过，美育目标还有着其独特性。它主要是依据当前社会对于美育的审美需要来对学生进行审美教育的，一般情况下，美育目标主要包含两个层次，分别是价值目标和终极目标，下面对这两个目标进行叙述。

（一）价值目标

价值目标，顾名思义，就是指这件事情完成之后是否有价值，有什么价值。它展现出一种现实性的特点，主要是基于人的基本需求所确定的，是比较功利化的一种目标。与终极目标相比，价值目标的可操作性更强，它可以指导阶段性的教育。因此，价值目标可以起到承上启下的作用，它既是终极目标的具体化，同时又能指导具体的美育目标的制定。美育目标的价值目标是以一个比较明显的成效来衡量的。比如：完成了音乐、美术等艺术课程之后，是否掌握了一门艺术技能；在美学专业课学习完成之后，是否系统地掌握了美学知识体系的相关内容；完成鉴赏课程后，是否对某幅艺术作品有了自己的评价；等等。总而言之，美育的价值目标，往往描述得比较容易理解，是一种比较现实的目标，能够经过一段时间的学习之后达到。

（二）终极目标

终极目标，顾名思义，就是最高目标，最终要实现的目标。与价值目标相比，终极目标往往描述得比较抽象。美育的终极目标就是要促进人的全面发展，关注人的生存意义与精神世界，使人们成为一个精神人格完整的人。正如马克思所说："创造着具有人的本质的这种全部丰富性的人，创造着具有丰富的、全面而深刻的感觉的人"[1]。改革开放以来，我国人民的物质生活水平不断提高，科技的发展使得人们的生活越来越便利，尽管现如今社会上的信息十分丰富，但是在各种社会思潮的冲击下，当代大学生逐渐表现出人文精神的缺失，人们的精神世界与情感方面十分脆弱，情绪消极，浑浑噩噩。在我国高校中，也会有自杀或恶意他杀

---

[1] 马克思. 1844年经济学哲学手稿[M]. 中共中央马克思恩格斯列宁斯大林著作编译局, 译. 北京：人民出版社, 2000.

的事件传来,这主要就是因为大学生长期处于一个比较压抑的状态之下,精神世界比较贫瘠,始终绷紧着一根弦,当遇到某些突如其来的状况时,很容易就会崩溃,从而造成惨剧。这些惨剧发生的主要原因就是因为在高校教育中仅仅对学生进行知识理论方面的教育,而忽视了对于学生人格方面的培育。学生的心理还并不成熟,比较脆弱,这时候就更应该对学生进行人格方面的培养,促进学生全面发展,正如席勒所指出的"死的字母代替了活的知性,而且训练有素的记忆力比天才和感受更为可靠地在进行指导。[①]"在现代社会,人们往往经常采用理性的方式去看待世界,而审美具有对抗工具理性的特征,美育能够使人超越现实,向着更加理想化的方向发展。在对学生进行审美教育过程中,学生自身的人格也在不断完善。而且,人是具有社会性的,这也是人的根本属性。因此,通过美育完善人的性格,也能够促进社会的稳定与和谐,推动社会向前进步。当对学生进行审美教育时,要不断地深入分析其终极目标,不断促进人格的发展与完善,使个体能够超越物质的束缚,在内心中达到一种比较和谐、安宁的状态。

二、当代高校美育的目标

(一)高校美育目标

在高校美育教学过程中,目前我国高校美育目标应具备的根本取向,也就是总是以纯唯理性主义和物质主义为突破口,始终如一地推动人的全面发展。这一总体要求若想在审美教育中得到具体落实就要通过对学生审美意识的引导、审美活动的指导和美感能力的提高来实现。同时,完善人格之养成也从另一侧面为高校美育提出总目标,也就是时刻围绕着大学生的人格养成而展开,以及围绕大学生人格完善所选择的美育目标而设计等,它是制定新时期美育目标最重要的依据。因此,在构建新时期大学生人格过程中,我们必须以"人格健全"作为其重要价值取向。鉴于新时代大学生在时代人格中体现出的富有人文关怀、积极向上、自主和谐、性格开朗、热情奔放等特点,高校美育目标由下列三个层面子目标构建而成。

第一个目标,就是指要提升学生的审美需要层次。一个人的审美需要层次,

---

① 席勒. 审美教育书简 [M]. 张玉能, 译. 南京: 译林出版社, 2009.

往往与他的性格、家庭背景、学历背景、日常生活等有着很大的关系。在高校美育教学中，要提升学生的审美需要层次，就需要了解学生的情况，关注其审美认知的内在动机。对于一个学生来说，其审美心理是自然而然形成的，需要学生调动自身的积极性和自主性。因此，对学生进行美育教学，不能强硬地将美学知识灌输给学生，这样容易引起学生的逆反，不利于美育教学的进行。教师应该充分重视学生审美意识的自由发展，使学生能够自主进行学习，建立内在的审美人格，提升内在的审美需要。

第二个目标，要促进学生的全面审美情感与审美判断，协调学生人格发展中的多个要素共同发展。在对学生进行审美教育时，要培养学生的人格全面协调发展，促进其人格的不断完善。

第三个目标，在高校美育教学中，逐步引导学生的人格向着理想的稳定化、普遍化发展，使形成的人格逐步适应社会的发展。与前两个目标相比，这个目标显然层次更高，它既是审美需要层次提升的结果，也是审美判断和审美情感处于高级阶段的确证。

（二）高校美育目标的具体实施

教育目标的设计与执行都需要依据一定的原则和要求，在高校美育教学中，当教育目标制定之后，便要依据一定的原则和要求来具体地进行教学，以期最终能够达成教育目标。在高校美育目标的具体实施过程中，要选择合适的教学方法，不能一味地将美学的知识与技能灌输给学生，要了解学生的生理与心理特点，从学生的审美心理出发，遵循学生审美的一般认识规律和接受规律，循序渐进地进行审美教学。在高校美育教学过程中，美育目标的具体实施主要从以下几个方面着手。

1.培养大学生的审美感受力、判断力和创造力

要对学生进行美育教学，最基本的就是要让学生了解什么是美，什么是丑，让学生能够感知美、判断美，培养学生的审美感受力与判断力。除此之外，在美育教学过程中，审美的创造力也十分重要。人们的创造力的发挥主要与人的形象思维和逻辑思维有关。一般情况下，美育带有鲜明的形象性与愉悦性，当对学生进行审美教育时，这些美的事物往往会对学生产生刺激，它们能够促进大学生个体的直觉与形象思维能力的发展。当学生对这些美的事物产生某些直觉上的感悟

与审美评价之后，学生的直觉和感性思维也会得到发展，从而不断激发个体的想象力与创造力。在高校美育教学实践过程中，教师向学生展示各种美的事物，如一处美景、一本好书、一个艺术品等，让学生时刻处于一种比较美的环境之中，在"春风化雨"之中影响和改变着大学生的审美能力，传授美学相关的知识与技能，不断引导学生去发现美、感知美、欣赏美、创造美，锻炼学生的发散思维，培养学生的想象力，从而潜移默化地提高学生的审美感受力、判断力和创造力。

2.培养大学生的审美意识和审美价值追求

在进行高校美育目标实施时，不能仅仅关注美学知识与技能等功利性的目标，还要关注那些脱离功利性价值目标的实施。在关注大学生审美能力与审美素养提升的同时，还要培养大学生的审美意识与审美价值追求。审美活动是一种非功利性的活动，有学者认为，在审美活动中要超越日常看待事物的方式，实现对现实功利生活的精神超越，在看待事物时要将实用主义变为审美主义，从而达到一种超然物外的审美境界。古今中外，给人们留下深刻印象、千古传诵的往往并不是那些有多少财富的商人，也不是官职有多么高的官员，而是那些给人们留下许多宝贵的精神财富的文学家、科学家、思想家。因此，与功利性的价值目标相比，培养大学生的审美意识与审美价值追求更为重要，在高校美育目标的具体实施过程中，教师要积极引导学生开展对于生命的思考及对价值的追求，从而完成对情感的升华及心灵的净化，使学生在心中建立起一种新的非功利的价值标准，从而体验到更加永恒的生命价值。

3.培养大学生追求理想人格的自觉

在高校美育目标具体实施过程中，教师要通过对学生进行美育教学，培养大学生追求理想人格的自觉。在审美教育过程中，通过对美的事物的观赏与体验，人们的心灵世界能够得到和谐与自由，人的内在精神也在积极探寻和建构。人的全面发展，是一种理想的人格境界。审美教育通过让学生获得美的体验，不断激发学生内心深处对于美的渴求，促使他们自觉地追求理想人格，培养高尚的性格品质，并不断对其人格进行建构与完善。

三、当代高校美育的内容

随着社会不断发展，关于高校美育的内容越来越多，如今是信息化社会，网络信息更是丰富，学生不仅可以在课堂上学习到美育相关内容，还可以自主地在网络上进行学习与练习，自由度大大加强了。在这种开放的学习氛围下，大学生的审美需求也在日益发展之中，因此在审美教育目标的指引下，教学内容的丰富与发展更是重中之重。

（一）美育内容的基本类型

随着素质教育的发展，在高校教育体系中，美育得到了越来越多人的关注，其内容也在不断地丰富与发展之中。在高校美育教学中，要实现学生的全面发展，对学生进行美育教学，就需要探索各种适合学生心理与生理特点的、符合时代需要的美育内容，然后将这些美育内容添加到美育的教材之中，并在教学实践中不断总结经验与教训。目前，美育内容按照不同的类别进行分类，主要分为以下几个方面。

1. 按照教育范围分类

高校美育教学内容，按照教育范围进行分类，可以分为三类，分别是家庭美育、社会美育和学校美育。

家庭美育，就是指家庭之中的美育教学。一般情况下，相比社会美育和学校美育，家庭美育要更早一些。孩子出生之后，最长待的地方就是家庭，家庭教育是建立在以血缘和亲情关系为纽带的家庭日常生活基础之上的，它给人们的影响是不可替代的，在家庭日常生活中，学生的衣、食、住、行都可以看作美育的内容。在家庭美育教学中，家长充当的是教师的角色，孩子充当的是学生的角色，家长要依据日常生活中的某些内容，来对孩子进行审美教育，帮助他们建立一个良好的美学基础。

社会美育，就是指在社会中进行的美育教学。在社会生活中，我们可以见到形形色色的人、事、物，他们能够为美育教学提供十分丰富的素材。商场、俱乐部、博物馆、电视上的广告、音乐厅、图书馆等地方，都可以成为社会美育的工具和场所。通过对这些地方的装饰环境等进行欣赏，可以从中发现一些美的形式与内涵。在社会生活中，人们美好的道德行为也是社会美育的一部分。在社会美育中最核心的一部分就是人的心灵美，也就是人的精神世界的美。

学校美育，就是指在学校中进行的美育教学。与家庭美育和社会美育相比，学校美育是表现得最为明显的一种美育教学。在学校中，教师通过向学生展示一些美的事物，向他们教授一些美学的相关知识与技能，培养学生的美学观念，锻炼他们的鉴赏技巧，提高他们的欣赏能力，同时这也是对大学生进行人格养成的有效途径。学校是"教书育人"的地方，在学校中对学生进行美育教学有着十分便利的环境条件。

2. 按照性质分类

美育内容按照性质进行分类，同样可以分为三类，分别是自然美育、艺术美育与人生美育。

所谓自然美育，就是通过让人们了解大自然、亲近大自然来进行美育教学，人类是大自然的一部分，大自然不仅为人们提供了生活所必需的物质条件，同时还丰富了人们的精神生活。大自然的美是最原始的美，将大自然作为审美对象时，通过使用审美的眼光来看待它，我们就可以发现大自然是多么奇妙，那些奇特的自然现象、奇形怪状的山石、巍峨的高山，都是自然美的一部分，身处其中，我们能够感受到一种震撼的美。要真正实现自然美育，就需要了解大自然，亲近大自然，通过对大自然美景的欣赏，体会到大自然的美，提高自己对自然美的欣赏能力。

艺术来源于生活，又高于生活。艺术是从生活中提炼出来的对现实生活的概括反映。艺术美，是现实美的凝练和集中，它包括文学艺术美、音乐艺术美、影视艺术美等各个方面。要想真正地实现艺术美育，就必须了解这些艺术领域的相关知识与专业术语，只有这样，才能够更加准确地对这些艺术品进行分析鉴赏，真正地体会到艺术美。

人生美，主要与人的思想、意识、情感，以及人与人之间的相互关系等有关。人生美不仅包含人本身的形体美、服饰美、心灵美，还包含人在社会生活中的美。在审美教育中，人生美育是十分重要的部分。

（二）构建高校美育内容的基本思路

我国的高校美育工作才刚刚发展起来，仍处于发展阶段，因此目前高校美育方面仍然存在着一些问题，在高校美育内容的构建方面不能一蹴而就，要使它符合时代的发展，要根据目标的指引来选取适合的美育教育内容，然后进行归纳总结、设计分析，最终形成一套系统性的、科学性的美育内容体系。在高校美育内容的构建方面，要了解学生的身心发展特点，始终遵循三种规律，即尊重学生成长的规律、尊重审美教育的规律、尊重时代发展的规律，这是构建高校美育内容的基本思路。下面，对这三个规律进行简单分析。

1. 尊重学生成长的规律

在高校中构建大学生的美育内容时，要尊重学生成长的规律。尽管大学生在生理上已经是一个大人了，但是由于没有真正走上社会，他们的心理尚未完全发育成熟，性格上容易冲动。在构建高校美育内容时，要充分考虑到这一点。因此，当构建大学生美育内容时，可以从两个方面入手：一方面，要深入了解大学生的人格形成和发展规律，有针对性地选择合适的美育内容，循序渐进地对学生进行教学；另一方面，要考虑到当今大学生的个性特点，符合大学生在思想、心理、行为等方面的成长规律。只有真正了解学生，尊重学生成长的规律，高校美育内容才能真正起到美学教育的作用。

2. 尊重审美教育的规律

在构建高校美育内容时，还要尊重审美教育的规律。在审美教育过程中，其目的是实现审美教育的目标。一般情况下，在最基本的审美教育活动中，审美教育目标的实现往往要通过两个途径来实现，这两个途径分别是审美接受与审美创造。在高校审美教育过程中，要想实现审美教育的目标，也是如此。审美接受，就是说大学生要接收审美教育的内容，要认可审美教育的内容。而要让大学生认可审美教育的内容，就必须要尊重审美教育的规律，在设计教育内容时，要贴近大学生的审美需要，激发大学生内在的审美需求，要让教育内容与审美接受的内在规定性相吻合。审美创造，就是指受教育者依据自己的审美理想，按照美的规律进行审美实践的活动，这种审美创造活动是受教育者自觉进行的。要想让学生能够自觉进行审美创造，就必须要让学生认清理想与现实中的审美差异，唤醒学生的创造欲望，鼓励他们通过审美创造来改变现实生活中的不足。并且，在审美教育之中，教师还要尽可能地对学生的审美创造进行训练，帮助其实现审美过程中的形象性与情感性的统一。

3. 尊重时代发展的规律

在高校美育内容构建过程中，还要尊重时代发展的规律。在每一个不同的时代，其审美追求是不一样的，随着时代的发展，审美追求也在不断发展。比如，在唐朝时期，人们往往是以胖为美，而在现代，人们往往又以瘦为美等。在改革开放后，我国的经济飞速发展，社会不断变革，人们的思想观念与生活方式也发生了很大变化，在世界经济一体化和全球化的背景下，人们之间的交流逐渐增多，越来越多的人通过网上进行互联通信，这是21世纪初鲜明的时代特点，带有很明显的时代印记。在如今这个时代，构建高校美育教学内容时，必须要考虑如今的时代特点，尊重时代发展的规律，针对搜集整合的美育内容进行创新与改革，与时俱进，这样才能符合当代大学生的审美需求，也符合时代的特点。在构建高校美育内容时，要遵循时代发展的规律，这句话包含两层含义：第一，是指要遵循时代发展的规律对高校美育内容进行创新，如在其中加入审美实践教育、传统文化审美教育等；第二，是指要赋予高校传统的审美教育内容新的时代内涵。尊重时代发展的规律，就是要顺应时代发展，美育要随着时代的变迁与时俱进，在内容上就要不断丰富和创新，使之成为当代青年大学生喜闻乐见的内容，更愿意去接受、更乐于去接受、更有兴趣去接受，让美育内容的创新成为美育发展过程中的关键一环，这样既符合美育内容发展的内在规律，同时也符合美育内容发展的时代要求。

（三）高校美育的教育内容

在对高校学生进行审美教育时，要根据学生的生理与心理特点进行教育，选择适合他们的教育内容。高校美育的教育内容主要可分为三个方面，分别是审美认知教育、审美情感教育和审美实践教育等方面的内容设计和实施。

1. 审美认知教育

要想了解审美认知教育，就要首先了解什么是认知，什么是审美。第一，认知，是指人们认识活动的过程，对某一知识的认识与了解。这种认知，既包含静态的知识，也包含动态的过程。关于认知的理解，不同的学者有一些不同的看法，其中比较具有代表性的观点有以下几种。陈菊先认为："认知（知识）的发展，说到底是结构的发展，是结构的不断扩展和螺旋上升的建构"[1]。张春兴认为，认知即"认识""学习"，指"个体经由意识活动对事物认识与理解的心理历程"[2]。从静态的角度看，认知即"知识"或"信念"。认知包括从低级的感知过程到复杂的言语及问题解决过程，它是个体知识经验积累的前提；"个体在认知活动过程中

---

[1] 陈菊先. 语文教育学[M]. 上海：华东师范大学出版社，1995.
[2] 张春兴. 张氏心理学辞典[M]. 上海：上海辞书出版社，1992.

获得的各种认知结构或图式，既成为其知识经验的一部分，同时也是人格及其他个体差异发展的基础。"[1]第二，审美一词源于古希腊，原意为感性。18世纪德国哲学家亚历山大·鲍姆加登（A.lexander.Baumgarten）提出，用为美学之意。对于审美的内涵学术界也存在一些分歧，主要有以下几种观点。李泽厚认为审美是"人性总结构中有关人性情感的某种子结构"[2]。周燕认为，"审美是一种与现实的非功利关系，使人在感性直观中享受精神上的愉悦和快感"[3]。但是最后都可以归结为审美是一种情感活动，同样审美是一种认知活动。审美认知是指在已有的审美认知图式下对审美情境中与审美主体产生审美关系的客体的欣赏和认知，包括感知、判断、推测和评价在内的审美心理活动，而不仅仅局限或等同于其中的某一过程[4]。

通过上面这些叙述，我们可以知道，审美认知教育，实际上是一种审美信息加工活动，在审美活动中，当看到一个美的物品时，大脑就会将这些美的信息进行输入、编码、转化、储存等。审美认知教育，就是指在审美活动中，对于受教育者的认知过程与接受过程的教育实施。审美认知教育的目的是促使受教育者形成一个审美心理认知结构，它主要对审美活动起着支配的作用。在审美活动中，审美认知教育是一个十分重要的环节，对于形成正确的审美感受与审美意识有着重要作用。在审美教育过程中，要想提高审美认知教育，需要对审美教育的内容进行简单的设计实施，主要包含以下几个方面。

（1）要注重系列性、层次性的审美基础知识教育

在审美教育过程中，最为基本的就是要对学生进行审美基础知识的教育，让学生对审美领域形成一个基础的认知。在当前高校美育教学中，审美基础知识方面的教育主要涉及领域是艺术教育，对于其他领域的审美教育涉猎较少。而且，在审美教育课程中，仍然没有摆脱传统的教育衡量思路，大多是关于专业类审美技能的提升与发展。如今，在高校教育中，以审美内容为主的课程可分为必修课程与选修课程，其中必修课程主要是指艺术专业相关课程，选修课程则是指非艺术专业相关课程。而实际上，审美教育内容应与艺术教育、美学教育有所区别。在审美教育过程中，不能仅仅向学生讲授美学理论的知识与内容，还需要讲授如

---

[1] 陈少华. 人格与认知 [M]. 北京：社会科学文献出版社，2005.
[2] 李泽厚. 美学三书 [M]. 合肥：安徽文艺出版社，1999.
[3] 周燕. 审美与启蒙的双重变奏——鲁迅文学教育思想初探 [D]. 金华：浙江师范大学，2004.
[4] 李波. 审美情境与美感——美感的人类学分析 [D]. 上海：复旦大学，2005.

何对日常生活中的一些美的事物进行审美鉴赏,向学生讲授其中的美学原理,使学生能够将这些美学原理与日常审美鉴赏内容有机结合起来,促进学生对审美体系内容的深入了解,提高学生的审美素养。这些内容主要可以先后从三个方面来完成:第一,对学生进行审美基础知识的讲授,让学生对美形成一个准确认知,让学生了解什么是美、如何判断美、审美的缘由等一系列问题,从而为之后的审美鉴赏打下基础;第二,提高学生的审美感知,向学生展示各种不同门类的美的事物,增加学生对不同艺术门类的美的了解,讲授不同艺术门类的美的审美特质;第三,在各门类科学的教育活动中渗透审美教育,将不同的学科对象作为审美对象,不断提升这些不同学科审美对象的教育内容,最后将教育内容统一到人格的审美之中。

(2)注重对于喜剧与悲剧、丑与荒诞等审美形式的辨明

在高校美育教学内容中,艺术美的教学是不可或缺的内容,其中包含文学美、影视美等。在艺术领域中,大学生之前的审美倾向主要是对于喜剧与悲剧中的"崇高"和"优美"形式的理解与鉴赏,后来随着社会的发展,西方文化思潮的不断涌入,当代大学生的审美形式也在不断发生着变化,他们开始关注"丑"与"荒诞"等新的审美形式。因此,在高校美育内容构建中,要教会学生如何辨明这些审美形式。这些审美形式的辨明与理解,不仅能够刺激大学生的感觉和情感,对于学生人格的发展也有重要影响。

当人们在欣赏喜剧时,往往会感到身心愉悦与轻松。喜剧的主要目的是博观众一笑,因此喜剧的氛围往往是轻松而愉快的,在这种环境氛围中,人们疲累了一天的身体得到放松,压力被缓解,精神得到了休息。喜剧往往是先惊后喜,先制造一种紧张感,然后再将这种紧张感消除,感情运动变化比较快。除了娱乐大众之外,喜剧还能够展示出一种反思意义,当观众深入理解这个喜剧之后便会发现其中的内涵,从而不断提高欣赏者的审美判断力。而且,喜剧教育还能够促使人们更加积极地面对生活,形成一种乐观豁达的人生态度,培养人们形成一种乐观精神,面对困难泰然处之,毫不畏惧,可以清醒坦然地处理当下的矛盾与不足。

与喜剧相比,悲剧能够给人一种不同的审美体验。尽管悲剧会让人产生伤心、痛苦等消极情绪,但是有时候,悲剧也能够净化人的心灵。一般情况下,悲剧中的主人公往往有着许多痛苦的遭遇,而且这种遭遇往往并不是由主人公的罪恶造

成的，而是由于之前的某个过失或者失误而造成的，或者是当时的时代背景所限，这就很容易获得欣赏者的同情与怜悯。而且，这种非圣人的、普通的主人公由于某个过失而造就了这种悲剧的产生，欣赏者在观赏悲剧的同时也会不由自主地想到自己，如果是自己产生了一个小失误会怎么样呢？从而不可避免地产生某些恐惧和不安的情绪。悲剧的氛围往往是先压抑后鼓舞，即便它里面有着许多不幸的故事，有压抑、有死亡，但是最本质的就是其中存在着一些英雄的、崇高的精神，它鼓舞着人们不断奋进，摆脱低级趣味，改进生存质量，向着理想前进。

丑产生于原始人的宗教活动之中，它所表现的是人类对于神秘世界的恐惧。丑"看起来不顺眼，违反我们对秩序与和谐的爱好"，因此"会引起厌恶"[1]。荒诞，是一种非理性的、异化的审美形态，这种审美形态是无价值的、扭曲的。现代派戏剧《等待戈多》便是一出荒诞剧，它主要讲述的是主人公始终在等待戈多的故事，主人公始终在等待戈多，可是戈多始终没有到来，他们为什么要等待戈多？戈多到底什么时候来？在戏剧中并未讲述，它兼容了丑与荒诞的审美形式，通过主人公的徒劳等待，显示了人们悲惨又无可奈何的生存处境，意味深长，发人深省。在欣赏戏剧时，观众也不由得想起自身所处的境地，似乎也是这样，在内心里产生一种同情、同病相怜的情绪。

一般情况下，这种丑和荒诞的审美形式更能够具有一种深刻的意味，意蕴悠长，发人深省。"一旦放弃了通常的与和谐的，而且一旦形成的不平常的选择强烈吸引我们的注意时，我们便能领会到，那激发美感的东西表现了藏在内部的有价值的精神生活。……一般说来，丑如果突然出现，就会含义深长。"[2] 这种异化了的审美艺术使得人们从麻木的生活中醒转过来，开始正视自己如今所处的境况，从而认识到现实世界的荒诞，人们开始产生一种摆脱丑与荒诞的愿望，渴望改变现如今的生活，投身审美创造之中，去创造出一个自己理想中的美好世界。

（3）加强对于民族传统文化的审美引导

人类历史上有四大文明古国，其他三个文明都曾经中断过，唯有中华文明从来未曾中断过，一直流传到了现在。这说明中华民族的优秀文化具有十分强大的生命力，无论在任何境遇之下都散发着勃勃生机。中华文化博大精深，源远流长，拥有着极其悠久的历史。在历史长河中，形成许多优秀的传统文化，这些传统文

---

[1] 莱辛. 拉奥孔[M]. 朱光潜, 译. 北京：人民文学出版社, 1979.
[2] 德索. 美学与艺术理论[M]. 兰金仁, 译. 北京：中国社会科学出版社, 1987.

化不仅反映了中国不同历史阶段中的时代特色，同时反映了不同时代背景下人们的生活状态与理想观念。在这些民族传统文化中，具有社会美和人性美的代表性元素。它们是中华儿女智慧的结晶，是中华儿女坚定的信念支柱，对于一个民族来说，至关重要。

在高校审美认知教育过程中，要加强对于民族传统文化的审美引导。民族传统文化，是中华民族悠久历史的见证，是十分丰富的美育资源宝库。在美育教育中，如果学生对于自己国家的传统文化都没有一定的审美认知，那么又怎么期待他们能够清晰地认知并了解其他的审美形式呢？而且，对于学生来说，他们生于斯长于斯，对民族传统文化也比较熟悉，与其他审美形式相比，教授起来应当也比较简单。在审美教育中，只有具备了鲜明的民族意识的审美教育才是真正意义的审美教育，只有继承了优秀传统文化因素的审美教育才更具有审美价值。而且，在学生的人格养成过程中，也离不开优秀的民族文化。有学者曾将中华民族传统总结为八大精神，分别是："讲道德重教化的德为先精神；为民族重整体的国为本精神；行仁政重正民的民为重精神；尚志向重气节的人格精神；讲和谐重合群的和为贵精神；观其行重自律的修身精神；讲诚实守信用的诚信精神；尚礼让讲勤俭的节俭精神。"[①] 近些年来，国家对于民族传统文化的认识逐步加深，开始大力开展对于民族传统文化的宣传，高校美育内容也要与时俱进，向学生讲述民族传统文化的美学价值，弘扬优秀文化传统，这对于大学生理想人格教育来说，十分重要。

2. 审美情感教育

审美情感，就是指通过欣赏某些美的事物，审美主体在心底里产生的某种情感，它是在审美活动中自觉获得的内在心理感受。审美情感教育，则是在审美教育中，促使学生如何在心底里产生这种特殊的情感。审美情感，主要产生于审美实践活动中，它引导、规范着主体的审美实践活动。一般情况下，审美情感教育主要包含审美关爱教育、审美理想教育和审美修养教育等。下面，对这几方面的内容进行简要分析。

第一，审美关爱教育。所谓审美关爱教育，就是指教师要教会学生学会关爱他人、真诚待人、与人为善，从而形成一种良好的人格修养。与一般的审美认知

---

① 朱仁宝. 论中华民族传统文化的教育价值 [J]. 浙江社会科学，2005（5）：75-78.

教育不同，审美关爱教育主要注重的是人格本身与审美情感的内在契合。

随着社会的发展，人们的生活条件得到了一定的改善，社会发展也出现了一定的变革，这改进了人们生活中经常出现的一些问题，但是目前高等教育内容方面仍然存在着一些问题。在现行的教育内容中，关于实用性和功利性的内容较多，对于关爱、真诚等方面的教育却比较少，这对于大学生的身心发展是不利的。而且，现在大部分学生都是独生子女，他们被父母宠爱着长大，过于以自我为中心，不会考虑其他人的想法，在人际交往方面很容易出现一些问题。要改变这种情况，就需要对学生进行情感教育，重视对于关爱、真诚等方面的教育。在高校审美教育中，要对学生进行审美情感教育，培养学生的关爱、真诚等情感，可以通过一些志愿服务活动来进行，如高校可以组织一些爱心募捐、社区服务、敬老助残等活动，这样既可以对学生进行审美关爱教育，培养学生的审美情感，同样还可以对学生进行道德教育。另外，学校还可以潜移默化地对学生进行熏陶，如可以在美育课堂上、校园文化环境中引导学生培养审美情感，帮助大学生形成健康的人格。在丰富多彩的关爱教育活动中，通过不断地熏陶，学生能够学会关爱他人、真诚待人、尊重老师、与人为善，从而将这些行为融入自己的习惯之中，形成一种良好的道德品质。在长时间的教学之中，学生能够自觉地具备关爱的意识，能够发自内心地关爱身边的人或事，有利于大学生自我人格品质的完善。

第二，审美理想教育。它是一种审美意识中居于最高层次的审美范畴，是审美经验的高度概括。审美理想是在社会实践中产生的，准确来说，审美理想的产生过程，也就是人们不断地认识现实、产生理想、实现理想的过程。在这个过程中，人的审美经验也在不断凝结与升华。审美理想是一种比较抽象化的东西，必须要借助于现实社会才能够完成，要实现审美理想，就需要将审美理想"物质化"，使人们可以接受它，并且通过审美理想来反映现实的艺术。

在人的认知活动中，审美理想发挥着重要的引导与推动作用，它推动了很多重大科学发明的实现。在美学思想中，圆是最美的图形，不得不说，这种美学思想影响了哥白尼，哥白尼提出了"日心说"，这与审美理想有关，在一定程度上，这种假说就是哥白尼对于科学美的追求。正是由于对于科学美的这种追求，再加上自己的精妙计算与推断，才推动了科学的进步。关于审美理想教育的影响，爱因斯坦曾经这样说过："所有这些努力所依据的是，相信存在应该有一个完全和谐的结构。今天我们比以往任何时候都更没有理由容许我们自己被迫放弃这个奇妙的信念。"①审美理想，是人的一种艺术直觉，它存在于人的内心之中，它以审美经验为基础。对于审美活动来说，审美理想是一种前提条件，为审美活动提供标准。在审美活动进行之前，审美理想就应当已经形成。另外，由于审美理想是审美认知活动的标准与尺度，所以在审美认知活动中，审美理想能够产生比较重要的影响。审美理想对于大学生人格的形成也有着重要的影响，因此在审美情感教育中，一定要树立积极向上的审美理想，促进大学生形成一个理想的人格。

第三，审美修养教育。一般情况下，修养是指人的综合素质，人们经过对内心思想与外在行为的改造从而修炼达到的一种品质与素养。审美修养教育，是指在对学生进行审美教育时，要有意识地促进学生心理上的完善与发展，从而使学生在心理上达到一种高品质与高素质的状态。在审美教育过程中，审美修养教育是一个十分重要的目标。关于审美修养教育，在我国古代便已经开始了，如孔子曾经提出"修己以安人""文质彬彬，然后君子"等重要思想，以审美教育的理念作为导引，引导人们构建个人的多方面修养。还有很多其他学者也都强调过审美修养教育思想的重要性。在学生审美情感教育过程中，要对学生从外在举止和内在气质修养两方面进行要求，帮助学生建立一个正确的审美修养标准，并按照这个标准来严格要求自己，逐渐养成习惯，从而形成一个理想的人格。审美修养教育与道德教育不同，审美修养教育并不是强制的，而是潜移默化的，通过环境的熏陶来不断影响学生，尊重学生的个性发展，引导学生主动提高审美修养，自觉按照心中的审美修养标准要求自己。

审美情感教育的目的是促使人们不断追求，最后找回人的本性。通过审美情感教育，人们可以达到一种和谐的状态。

3.审美实践教育

审美实践，就是指通过人的自主性实践，从而使人们逐渐体会到其中所蕴含的美的内涵的过程。审美实践教育，顾名思义，是指审美实践活动中对学生进行教育。审美实践教育可以有效促进感性发展，实现审美情感教育，从而促进完整人格的形成。在现代社会，随着科技的不断发展，人们的交流越来越密切，然而由于人们逐渐陷入数字与图像的包围之中，使得人们的审美感官越来越迟钝，对

---

① 爱因斯坦. 爱因斯坦文集：第1卷[M]. 许良英，等译. 北京：商务印书馆，2009.

于现实生活中的美的事物缺乏感知力，这不利于人们的审美观的形成。因此，在审美教育中，当务之急是培养人们对于外部世界的感知能力，这是对人们进行审美教育的基础。在审美实践教育中，包含审美体验、审美创造等环节。审美实践教育是功利与超功利的统一与结合，它既内合于美的无功利性，又指向人格养成这一功利性目标。

每一个人都存在于社会之中，与社会上的人或事存在着一定的联系。因此，在审美实践活动中，社会美十分重要，它是审美实践的重要环节。人的生命，是一种自然生命力，但是在人类漫长的进化过程中，社会逐渐出现，人们的这种感性生命也在不断受到社会的约束，社会文化内容也在不断积聚沉淀，从而形成许多不同的文化内涵。在这个过程中，人的感性能力也在不断发展，其中渗透着许多理性要素，如判断力、理解力等。

审美教育就是要激发人心中非理性的要素，以审美的形式解放人的感性因素，并不断提升人们的感性能力。在美育实践过程中，促进学生的感性发展主要有两个层次：第一，要满足学生基本的感性需要；第二，要提升学生的感性能力。其中，第一个层次是第二个层次的基础，第二个层次又会反作用于第一个层次，也就是说，要想提升学生的感性能力就必须首先满足学生基本的感性需要，这是基础条件；当学生的感性能力提升之后，学生又会获得更高层次的感性满足，这两个层次之间是相互促进的。目前，我国的美育实践主要偏向于对知识与技能的教学，而忽视了学生个人的审美需要，这种教学方法没有考虑学生的感性需要，过于枯燥，不利于对学生审美实践教育的教学。由于校内的审美实践教育无法满足学生的需要，学生不可避免地将更多的目光转向校外，从而受到大众美育的影响。由于社会上的大众美育往往比较纷繁杂乱，信息良莠不齐，学生很容易会受到一些消极因素的影响，从而影响审美实践教育的正常进行。

审美实践教育的主要目的是发展学生的感性能力。因此，在审美实践教育中，要时刻注意尊重学生的个性。因为，感性包含于个性之中，如果学生的个性被磨灭，那么感性也就无从谈起了。在审美实践活动中，还要注意向学生展现直观的审美形式，这主要是因为直观的审美形式能够促进感性因素充分表达自己。因此，在审美实践教育中，要促进感性的发展需要做到以下三个方面。

首先，尊重和培养个性。感性寓于个性之中，要想促进学生感性的发展，就必须尊重和培养学生的个性。一般情况下，在所有教育中，真正尊重个性、建构个性并强化个体本体意义的教育就是审美教育。尽管智育、德育等方面的教育也提倡个性化的教育，但是与审美教育相比，它们的个性化教育还是有很大区别的。在智育教学中，尽管提倡以个性化的方式来看待这个世界，但是它们最终还是要归纳总结为具体的某一个真理性知识。在德育教学中的个性化教育仅仅具有方法论意义，其最终目的都是建立一个普遍的道德伦理规范。在审美实践教育中，这种个性化的教育体现在很多方面，如个性的直觉与洞察、个性的眼光、个性的体验等。如果没有个性，也就没有审美，审美教育也就不复存在了。

其次，要尊重学生的感性需要，完善学生的感性机能。感性，包含生理与心理两个层面，它是一个贯通精神与肉体的个体性概念。所谓感性机能，就是指人体产生的想象、情感、知觉等机能。感性机能，往往包含两个方面：既包括感官层面的机能，也包括情感体验方面的机能。要对学生进行感性教育，就是既要促进学生进行生理机能的完善，还要促进学生心理机能的完善。在审美教育活动中，要始终尊重学生的感性需要，关注学生的生理机能与心理机能，对个体的人格、人性做整体性观照。

最后，要运用直观的审美创造影响学生的观念意识，让学生能够形成一种良好的审美趣味与观念。审美实践教育是一种感性的教育，在对学生进行审美实践教育过程中，不能以逻辑结论为主旨，而是要把握住审美对象的内在蕴含信息，以感性的态度对审美对象进行理解与感悟。不过，在教育体系中，大家都已经熟悉了通过概念、推理等理性的形式来认识世界、了解世界，从而忽略了体验、实践等直观的形式。实际上，与概念、推理等形式相比，这种直观的形式能够让人们的印象更加深刻，其蕴含的内容观念等也更加丰富。因此，在审美实践教育中，要多以这种直观的形式来进行美育，它们不仅能够发挥更加直观的作用，同时还能够让人们在目前理性的单一形式看待世界的背景下采取一种与众不同的方式看待世界。从这个意义上来说，审美教育是一种感性教育。

第三节 当代高校美育的功能与原则

一、当代高校美育的功能

（一）美育的教育功能

1. 美育是感性与理性的统一教育

美育是感性和理性协调统一的教育。其中，感性，就是指根据个人感情来看待事物，比较主观；理性，就是指不掺杂任何个人感情，根据现有的知识与经验来对某个状况进行客观的具体分析，冷静面对。首先，美育具有完整性与和谐性。在对人进行美育教学时，其途径是通过使人的心灵得到和谐与自由，从而不断完善他的人格。其次，美育具有感性与理性。当面对某个事物时，它能够给人们带来一种直观的美的感受，发展人的创造能力，感染人的理性世界，从而将人文精神与科学精神完美地结合在一起。

第一，以形象感化人，善在其中。在对学生进行审美教育时，教师向学生展示何为美、何为丑，学生了解了美与丑的标准，能够分辨美丑。在审美教育中，学生接触到许多美的事物，这些美的事物深入他们的脑海中，潜移默化地感染着他们、教化着他们。而且，这些美的事物在社会生活中也可以看到很多鲜明的实例，它们往往以一种鲜明可感的形象展现在人们眼前，如商场中琳琅满目的精美工艺品、艺术场馆中蕴含深刻思想的艺术作品、社会中的英雄模范人物形象、自然界中的花鸟虫鱼等。审美教育就是形象美的教育，通过让学生观摩、欣赏各种美的形象，学生能够感知美，并且能够从中吸收它所蕴含的善，在获得良好审美体验的过程中也接受了道德情操教育，形成一种高尚的品格。

第二，以情感打动人，理在情中。审美活动，并不仅仅是欣赏某种物品的外在美，更重要的是要欣赏和理解其中蕴含的内在美，这个内在美就是指它所蕴含的道德情感。因此，审美活动是一种带有主观色彩的情感活动。在对学生进行审美教育时，要向学生说明这一点，让他们在鉴赏作品时始终带着自己的情感。在这个情感活动中，人们也会受到情感中蕴含的"理"的陶冶。

第三，以情趣娱乐人，教在乐中。人人都有爱美的天性，当欣赏到美好的事物时，人们往往会产生一种愉悦的情感。由于美的事物对人有一种十分强大的吸引力，人们在接受审美教育时是主动的、积极的，这种自愿性质的审美教育的效率也是比较高的。学生在感受美的愉悦中自觉地接受了美的教育。

2. 美育是全面教育的重要组成部分

美育是促进人的全面发展、身心协调发展的重要教育，是全面教育的重要组成部分。作为一种独特的教育，美育有助于推进人的思想道德素质培养，增强人在科学文化和身体心理等多方面的素质。

首先，美育有助于培养人的思想道德素质，能够陶冶情操、净化心灵，培养高尚灵魂。我们要认识到审美教育作为艺术审美活动，天然具备传情达意的美学特性，也属于情感活动。艺术是伴随人类社会发展的一种活动，其实就是人借助外在标志来主动地进行自身情感的融入和传达，并感染其他人，让他人与之共鸣，体会到其中的内涵和情感。《礼记·乐记》也对这一点有清晰的记叙："乐也者，情之不可变者也。……夫乐者乐也，人情之所不能免也。"这也正体现了，艺术是对情感的表达，能够使人感到愉悦，是一种必不可少的情感表达方式。正是基于艺术这种传情达意的美学特性，人们能够在审美教育活动中，受到情感的感染，能够在不同情感中感知和吸收艺术美，而学生能够通过接受审美教育活动，陶养自身情感。

在这种陶养情感的基础上，美育自然就能够对人的心灵和灵魂进行净化，也就是先动情，进而动心，这正是深层次的美育。《礼记·乐记》有言"致乐以治心。""乐也者，动于内者也"。"乐"能够治心，艺术能够使人的内心世界受到触动。《乐记》中的这些话，反映出了美育活动在净化心灵方面的作用。这种净化是从情感的传达开始的，当情感共鸣产生后，就会作用于心灵，使内心受到相应的影响，进而净化心灵，培养高尚灵魂。著名钢琴家李斯特曾经这样说道："音乐能同时既表达了感情的内容，又表达了感情的强度……它可以感觉得到的渗入我们的内心，像箭一样，像朝露一样，像大气一样渗入我们的内心，充实了我们的心灵"。[1] 其他艺术也像音乐一样，其美感在于以情动人，然后动心。关于文字的审美特性，朗吉弩斯（Longinus）是这样阐述的："通过文字本身的声音的错综复杂的关系，把作者的情感传到听众心里，引起听众和作者的共鸣……使我们心迷神醉地受到文章中所写的那种崇高、庄严、雄伟以及其他一切品质的潜移默化。"[2]

---

[1] 邹长海. 声乐艺术心理学 [M]. 北京：人民音乐出版社，2000：402.
[2] 北京大学哲学系美学教研室. 西方美学家论美和美感 [M]. 北京：商务印书馆，1980：50.

其次，美育是培养人的科学文化素养的教育，有助于提升人的创造性，促进人的智力开发。审美教育的具体内容就是艺术教育，根据心理学实验研究，艺术能够使人的神经进入兴奋状态，让人的思维更加活跃。这种作用在形象思维上表现得尤为明显，在艺术教育活动中，人在艺术信息的刺激下，其形象思维会十分活跃，进而产生想象活动，这样一来，大脑皮质就会出现兴奋点，并且在想象活动进行的同时，这个兴奋点也会慢慢扩散，大脑皮质会随着这种潜意识活动启动自身的抑制机制，即思维信号系统开始活跃。换言之，艺术教育活动会使人因其信息的刺激而产生形象思维活动，进而逻辑思维也变得活跃，这就会给人带来灵感上的刺激。

美育有助于提升学生在想象和理解方面的能力，有增强智力的作用。从科学家的角度出发，艺术是他们发明创造的一种动力源泉。例如，爱因斯坦就十分热爱音乐艺术，甚至其最伟大的理论——相对论的创立也有着音乐艺术的一份功劳。从艺术家的角度出发，艺术在灵感方面的作用更加突出。正是诗人路德维希·莱尔斯塔勃（Ludwig Rellstab）的诗歌给舒伯特带来了灵感，才有了《小夜曲》这样动人的音乐作品。从学生的角度出发，接受审美教育，能够提升自身在想象和理解方面的能力，提升创造力，更具思维能力，从而使对知识的理解更加简单和深入。

3. 美育是创新教育的重要体现

创新是时代的主旋律，对于国家而言，基于世界发展趋势和当前国情，坚持创新发展具有重要的战略意义。创新战略的关键在于人才，这就对教育提出了要求，高校需要提升自身创新能力，为社会培养具有创新意识和能力的人才，发挥自身的社会作用。高校加强创新教育，就是将创新精神融入各种教育活动及教育的各个环节，自然也会融入审美教育活动中。在不同的教育活动形式和内容中蕴含的是同样的创新精神，美育是创新教育的重要体现。由此可知，重视审美教育在创新意识和能力的培养上的独特作用是创新教育的要求，基于美育的功能可以发现，其在想象能力和相关的审美能力的提升上有着不可替代的作用。这种能力突破了狭义的审美能力的限制，关系着人的综合素质，也就是说与智力相关，表现在人的想象、创造等方面。我们从小就听过牛顿的苹果和瓦特的沸水冲开壶盖的故事，很多科学家的发明创造的灵感源于一个巧妙的诗性想象。这个小小的想象力的刺激让科学家获得灵感，焕发出强大的创造力，突破既定的理论范式，在更深的层面上开展思辨和创造，打破陈旧理论的限制，实现理论的突破，打开新的科学大门。可以说，科学领域的重要发展是科学家智性和悟性两个方面的发展，而非单一的智力因素作用的结果。由此可以发现，美育的特殊作用，能够让学生获得美感的创造升华，其想象、理解等审美相关的心理会在这种作用下活跃起来，进而激发出创造冲动，形成创造的想象，并将此体现在行为活动当中。所以，发挥美育在提升想象力方面的作用，将有助于创新意识和能力的增强。

美育和智力开发教育有着特殊的联系，我国当前实行的教育体制中，将求真作为智力开发教育的重点，并且其教育的主要内容是前人发明发现的科学理论，是总结性的，其培养的就是理解能力和普通的动手能力。而在"真"面前，"美"有着别样的重要性，特别是从教师的角度来看，美育贯穿了其教学活动和效果，以及教育的理念和能力。其背后的支撑就在于美育是极富创造性的教育，在帮助学生形成和提升创造力方面有着独特的重要价值。为了探索想象与科学研究之间的联系，化学家范特霍夫对大量科学家进行过调研，得出的结论是伟大的科学家通常有着强大的想象能力。与此同时，不能忽视的一点是，不同于智力开发教育，美育虽然能够起到智力开发的作用，但是这种作用不是直接的、表面的，而是有着无法测量的特点，所以美育的这一功能往往不会受到教育工作者的重视，并且被认为是虚无缥缈的，或者被认为是单纯的娱乐，而不对此采取行动。这些观点显然是片面的，所以我们必须正确且全面地认识到美育是十分受学生喜爱并接受的教育方式，这是因为其形式的多样性、灵活性和趣味性。所以，我们应当对美育予以应有的重视，主动地、有序地构建并健全美育教育体系，借此潜移默化地培养学生的思维能力和创造精神。

（二）美育的社会功能

审美的教育有巨大的社会功能，表现为可以激发爱国激情，可以使人开启智慧、追求真理，还可以使人心理健康、道德高尚、身心健美。

1. 美育使人激发爱国激情

《旧唐书·魏徵传》"以铜为镜，可以正衣冠；以古为镜，可以知兴替"。美育的教学，从不同角度体现了文化之灿烂、山河之壮丽、人格之善恶。由此激发的爱国激情是自然而然的，这是美育重要的社会功能。例如，在对古诗古词古文欣赏的过程中，屈原、陆游、李白、杜甫、辛弃疾一系列鲜活的历史人物历历在目。品味他们的佳作名句，感受到的是他们火热的爱国豪情；欣赏祖国的名山大川、历史文物，体验历史的悠久文化。即使是欣赏一幅郑板桥的竹画，仍然可以感受到人格的高尚。"衙斋卧听萧萧竹，疑是民间疾苦声。些小吾曹州县吏，一枝一叶总关情。"（郑板桥《潍县署中画竹呈年伯包大中丞括》）以美爱国，以文育心，以象观理，可以增强民族自豪感，激发大学生的爱国心，培养一种对祖国对人民的深厚的情感。

2. 美育使人追求真理，开启智慧

除了激发爱国激情之外，美育还有助于激励人追求真理，开发智慧。其原因在于美和真紧密相连，我们能够通过美的事物的形象感知到客观世界的真，基于辩证唯物主义自然观，对于客观世界，我们应当以辩证的观点去看待，反映其本来面目，这是科学精神的要求，蕴含着社会科学和自然科学的真谛。为了培养大学生正确的世界观，可以采取美育这种教育形式，对真理的追求是永恒的时代精神。美育教学活动中，关于形象思维的激发并非基于抽象思维这个出发点，有着一望可知的智力潜能开发作用。根据脑科学研究，抽象思维和形象思维分别是大脑左、右半球的功能。同样有研究发现，拥有形象思维能力的大脑右半球是智力潜能开发的关键。关于形象思维，爱因斯坦曾说过对于问题的思维，往往是形象、跳跃式的思维，然后再用逻辑的语言把其表达出来。量子学创始人——罗杰教授曾说道，量子是人脑中最微观的，用一个形象化的表达就是，从量子这种极微观的视角看人，就像一个人在同一房间里，能够分身数人，同时开展多个活动，如写字、唱歌、跑步等，这反映出人脑具有不可估量的潜能，关于开发人脑潜力的方法也是科学家致力探索的，不少科学家将右半球看作智力潜能开发的关键，而审美教育正是关于形象思维的教育，能够对人脑右半球进行直接开发。审美教育涉及直觉思维、顿悟思维、灵感思维及多向思维等。我国数学家苏步青教授对此持有统一看法，形象思维有助于提升思维、开发思路，求真和求美是一体两面的，都是创造的过程，开展社会主义建设需要加强审美教育，借此创新思维方式和思路，促进开拓和创新。

3. 美育使人调控情感，心理健康

中央音乐学院开设了国内第一家音乐治疗室，有家杂志以"音乐是旗，爱是风"为题报道了这一事件,许多患者在轻松的音乐声中恢复了健康。人们常说"笑一笑十年少,愁一愁白了头"。大学生在紧张的专业学习中,有很多烦恼、不如意,如就业压力、婚恋压力、求学压力等。美育可以调整心理、振奋精神、缓解压力、增强心理防御机制,不仅是音乐,其他的美育活动也都有此功能。如古人看山水画,称为"卧游",书法的练习也可以静心屏息。在纵情山水中,人们则心旷神怡,不快、烦恼皆忘。徐志摩的《再别康桥》"那榆荫下的一潭,不是清泉,是天上虹;揉碎在浮藻间,沉淀着彩虹似的梦。寻梦?撑一支长篙,向青草更青处漫溯;满载一船星辉,在星辉斑斓里放歌"。这么美的诗境,每个人听了都会振奋、向往。美可移情,调整心理,是人们在社会生活中不可缺少的内容,也是大学生保证心理健康的重要条件。

4. 美育使人修身养性,身体健美

我国医学心理学家认为,人的许多疾病,如高血压、胃溃疡、神经系统的疾病都与人际关系失调有关。在社会生活中,紧张、悲愁、抑郁,不仅导致心理失常,也同样影响生理上的健康,造成不同的病态。中医认为,怒伤肝、喜伤心、虑伤脾、忧伤肺、恐伤肾。春秋时代的伍子胥一夜之间须眉发都变白了,是国人皆知的故事。社会美育活动开展得好,人间温暖如春,多组织一些健康的艺术活动,社会风气就会好起来。大学里学生社团活动、艺术节活动多开展一些,大学生活也就浪漫了很多。把美育教学与运动健身相结合,也是我们美育老师今后工作应当注意的。

二、当代高校美育的原则

原则是人们对问题进行观察和处理的准绳,一个人对问题形成的看法和进行的处理,通常会因为个人立场、观点和方法而有所不同。原则是抽象的,是源于自然界和人类历史的,要保证原则的正确性,就必须对客观规律进行正确反映。

教育的原则是从教学实践中抽象出来的。脱离了教学实践,教育原则就如无源之水、无本之木,唯有教学实践这个源头"活水来",教育原则才能"清如许",才能够持续更新发展。当教学活动产生之后,基于教学实践,人们进行了长期的探讨和研究,逐渐探求到了教学成功背后的一些规律,也总结了教学失败形成的教训。因此,古往今来的思想家和教育家就把这些规律和教训进行总结、提炼和概括，教育理论原则得以形成，为教学实践提供指导法则。

人是复杂的统一体，兼具感性、理性及非理性，所以只有将人的感性、理性及非理性实现完善和发展的教育才算是完整的教育。如今，很多高校的大学生在对文学艺术作品进行欣赏的时候，并没有对其中蕴含的作者的情感和思想加以领会，也就难以在心灵和审美上获得享受；不管是传世的画作、音乐作品，还是大自然，都不能使他们的心灵被触动。由此可见，高校中普遍存在着这种大学生审美能力不足的现象，他们难以对美进行分辨、欣赏，也就无法对美进行表现和创造。其背后反映了美育的缺失。美育作为教育的一种，对于学生的培养有其自身的目标，那就是使学生形成较好的审美相关的能力、情趣和修养，进而促使学生的人格获得发展和完善。美育有别于一般的知识教育、艺术教育或技术教育，是全面性的审美素质教育，是将目标设定为培养学生完善人格的教育。美育对学生的培养，不仅仅停留在关于美的欣赏和创造的能力上，更是要使大学生在理想、品格、情操上达到美的境界，最终培养出完美人格。

如今，教育改革持续深化，学校美育越发受到社会重视，相关的理论和实践相比之前有所发展，但是其在高校教育中的实际状况仍旧不能令人满意。在当前的高校教育中，尽管在推进全面教育，但是相比德育、智育、体育，美育的完善程度明显不足，在实际的教育活动中，有着显著的问题，尤其是在教学方向模糊、教学原则缺失方面。这种问题主要体现在以下几个方面。第一，仍然有部分教师和学生抱有"唯分数论"的思想，学生将通过考试作为主要学习目标，进而出现了严重的厌学现象，没有形成轻松和谐的学习氛围和环境，而这正是培养科学素质所必需的。第二，在当前的高校教育现实中，位于主流的是理性主义教育，这种教育对理性进行了片面强调，而对感性和非理性进行了忽视，其主要目的在于让大学生习得理性知识和提高理性能力，主要采取的是科学的手段。这种教育没有做到实现学生理性、感性、非理性能力的全面发展，偏重理性而损害了感性，导致学生的感受力没有得到应有的发展，使其逐渐丧失了对新鲜事物的好奇心，在精神生活上存在贫困，严重者会使学生出现情感冷漠。第三，高校教育还有一个普遍存在的问题就是美育和学生思想行为相脱离，不管是教师还是学生，都认为美育是一项课程任务，而没有将其融入学习和生活的行为活动当中，更不用说将其融入自身价值观。其背后的原因在于当前高校的美育没有审美过程，只有枯燥、抽象的理论知识。第四，当前高校的美育过程呈现明显的模式化情况，阻碍了学生的个性发展，忽视了学生作为教学主体对象的差异性特征，向差异化的学生灌输单一的知识和教学模式。在教育中过分强调共同目标，而没有做到尊重学生个性，对来自不同生活环境、存在文化修养差距的学生都使用同样的教材进行教学；对于基础素质和兴趣、能力存在明显差距的学生都使用同样的试卷进行考核；这种同一把尺子和评价标准是对学生学习和发展轨迹差异的忽视。当学生差异化的学习和发展需求没有得到应有的关注，当学生自身的教材之外的观点被否定，当公平流于"教"的形式而不存在于"学"的实际，将会出现的后果就是"因材施教"被违背和抛弃。更严重的后果在于对学生自由发展权利的剥夺、对学生个性的禁锢、对学生天赋的浪费。这样的美育只会使学生的灵性被磨灭，成为没有个性和特点的模板。持续下去，中华民族的精神也会被损害。以上论述的现象都在多个角度反映出当前高校美育中原则的缺位，也都对学生完美人格的养成造成了阻碍。

基于美育基本定位，分析当前大学美育原则缺失的现实问题，笔者认为，在高校开展美育要注重以下四个基本原则。

（一）乐中施教的原则

美育是情感教育，是让人感到"乐"的教育。就如孔子所言"知之者不如好之者，好之者不如乐之者"，"乐在其中"的状态下，人们会自然地欣然受教。古罗马诗人、文艺理论家贺拉斯在《诗艺》中也提出"寓教于乐"的美育原则，明确表示诗歌能够让人获得乐趣和诸多益处，也会获得劝谕和启发。毫无疑问，美能够使人的感官获得愉悦，让人的情感受到触动，人们沉浸于美，所以乐意受教。需要我们认识到的是，审美愉悦不仅仅是审美对象带来的，同样也是人自身的智慧和力量在发挥作用。所以，学生在参与美育活动的时候，其心理和精神上都是愉快的，会有强烈的情感体验，获得极大的审美享受。正是因为这愉悦感能够让人被感染和启发，能够让人被吸引，人们才乐于审美和美育。

美育的乐中施教原则，指在高校美育过程中，要基于教育目的，充分分析学生审美特征，做到美育活动的有的放矢，不仅让学生在美育过程中获得简单的生理愉悦，更要将之转化为蕴含理性的高尚情操的原则。乐中施教原则有着明显的寓教于乐和以乐促教的意味，这就是其显著优势所在。高校美育应当遵循乐中施教的原则，在美育的全过程中要始终坚持愉悦教育和形象教育。

然而，在当前的高校教育中，存在着美育工作和实际不同步的情况，美育效果不理想、内容和方法过时，这通常表现为自上而下、千篇一律地讲道理，没有考虑到学生的情感、年龄和个性等因素，将其放置在被动的位置，学生无法积极投入其中，就会出现冷漠和抵触的情绪。唯有在学生人格培养的过程中融入愉悦性，才能够使这种说教式的单调和乏味被负面影响降低。所以，在通过美育对学生人格进行发展和完善的时候，要强调对其兴趣的调动，让学生不再被动参与，而是积极主动地投入其中，以美育促使学生在活泼且有意义的活动中受教育，将会取得理想化的教育效果。

要想做到愉悦性贯穿高校学生人格发展和完善的教育过程，要做到以下两点。第一，不管是教材还是教学过程，不管是教师语言行为还是教学环境，都要强调愉悦和趣味，因此，在编写教材时，不仅要突出思想深度，更要基于高校学生实际，避免空谈说教。在美育教学形式上也要做到多样化，采取组织演讲、话剧等多种方式，借助现代化教学技术，融入高校学生关注的热点话题。教师要起到启发和引导的作用，重视个别教育，尊重学生个性和发扬民主。第二，组织高校学生喜闻乐见的活动。例如，组织学生观看蕴含美好品德的电影；鼓励学生参与校内演出，基于自身生活编演小品；组织主题阳光健康的歌曲和绘画比赛；等等，让学生能够通过活动参与美的欣赏和创作，并沉浸其中，利用这一过程，学生就能获得各种情感体验，养成美的意识自觉，实现人格的发展和完善。

总而言之，进行教学时，美育具备愉悦性，学生感受到这种愉悦性会自然地转变角色，成为发现者和创造者，学习过程也会变成精神享受的过程，在这种引导下，学生会养成丰满的人格。

形象教育是美育要遵循的另一个特质。美学家蒋孔阳教授说："美是形象，面对形象，不能单靠理性来认识，而要通过感性的形式，通过情感和想象，来体味感知。"[①] 从大卫雕像上，人们能够感受到顽强、坚定和正义的情感，在人们眼中他就成了保家卫国的一种象征。维纳斯雕像展现了巧夺天工的雕刻，呈现了完美的艺术形象，人们从中能够感受到诗意和魅力，体会到一种崇高的精神美感。从古至今，美育就是通过美的形象让人们感受到情感和心灵上的愉悦，使得人们学

---

① 蒋孔阳. 美学研究中的理性和感性[J]. 文艺研究，1999（3）：57-59.

会感知自然万物的美，学会通过多样的美的形态去创造新的美，促使人的情感和操守受到陶冶。美育之所以能够以情动人，就是因为其具有审美形象。这种形象性不仅是指感性形象，也是指对形象所蕴含的情感的体会和领悟，情感的触动、持续、深化和表现都和感性形象的产生和运动息息相关，将形象性贯穿在美育的过程中，可以以美引善，使人在潜移默化中实现人格的完善。

美育具有形象直观的特点，尤其在高校学生人格培养上，能够给学生提供创造思维的空间。美育能够借助诗情画意的形象让学生产生想象和联想，在外在形象和内在情感的相互交融的意境中，学生能够通过想象感受到千年之前、万里之外的画面和情感，从而产生强烈的学习兴趣，并激发创作灵感，进而进行创作，让自己的想象力获得丰富和活跃，最后达到开发智力、完善人格的目的。所以说，在高校美育中，教育者应当为学生提供走进自然和欣赏自然的机会，举办远足、登山等活动，让学生能够欣赏到美好的自然景象和人文古迹，以此感受自然之美，激发审美兴趣；应当为学生提供阅读和欣赏著名文学作品、绘画和雕塑等作品的机会，对其中所蕴含的美的情感和意蕴进行感受和感悟。文艺家创作的艺术作品都是创作者精神的凝聚和升华，蕴含着创作者关于人性的思考，关于真、善、美的追求，是人类文明的瑰宝。将经典文艺作品融入美育内容，能够在培养高校学生完美人格方面发挥不可或缺的作用。

不管是艺术，还是科学，都有着共同的基础，那就是人类的想象力和创造力，而美育则是想象力与现实、精神与物质之间的桥梁。从这个层面出发，美育可以说是促使学生在教育中，自觉和乐意地对美育进行享受，净化学生的心灵，帮助学生养成创新思维，达成人性美好境界。

（二）潜移默化的原则

人格的发展和完善并非一朝一夕之功，而是持续人的一生的；美育的作用同样并非吹糠见米，也需要花费较长时间进行培育。"学校无小事，事事都育人"，高校教育要重视美育，将其作为学生培养的重要内容，全方位、全过程地开展美育。这就要求高校美育要避免选择急于求成的态度和拔苗助长的措施，而应当遵循潜移默化的原则。这一原则指的是高校要将美育融入学校教学和生活的方方面面、时时刻刻，耳濡目染地让学生在学习和生活中为美育所影响，形成良好的行为习惯和思想道德。美育要遵循潜移默化的原则就要关注如下两点。

第一，让美育充分融入教育的各个环节、全部过程。在高校教学中，要让美育的理念、审美的意识贯穿全过程，不管是学校整体环境还是教师环境，不管是教育还是教学，不管是管理还是后勤，不管是教育活动的整体设计还是其细节把握，都要做到这一点。在教育中突出审美意识的目的在于使教育的目的和教育活动的目的能够更好实现，帮助学生实现全面发展，尤其是人格发展，使学生的各种潜能得到开发。这既要求重视通过教育活动来促进学生掌握知识技能，提升身体素质、智力和审美能力，又强调促使学生养成完善的人格和良好的修养。让美融入教育过程，能够让学生朝气蓬勃，愉快地进行自由创造，基于此组织的活动才是学生喜爱的、乐于参与的。美育以情动人，能够创造出和谐愉快的环境和氛围，让学生沉浸其中，不知不觉地在美的感染和影响下，获得知识，并且完善人格，让学生潜移默化地实现人格的丰满与全面发展。

高校美育是全面的、全过程的，不仅仅局限于艺术、知识和技能这些方面，更蕴含在所有的教育方法、教育艺术之中。教育工作者的自身生活和情感中都含有美育的因素，超脱了一般的教育技巧。不仅仅是艺术学科的教育，在所有学科的教育教学活动中，都要体现美，这样才能吸引学生自觉和积极投入到学习当中，这样教学活动也就具有了审美性质，成为独特的审美活动，不管是学生还是教师都能够在其中感受到美，感受到愉悦，潜移默化地实现人格的完善。

与此同时，美育作为全面教育的一部分，也与其他三部分教育，即德育、智育和体育有所融合。进行德育时，可以采取文艺活动、艺术鉴赏等多种方法和内容，这样德育就打破了枯燥的说教，具备了审美愉悦，也更能够吸引学生投入其中。进行智育时，要认识到其与美育是相互促进的，当学生具备充分的知识和智力，就能够更好地对美进行欣赏、感受和创造，也就提高了艺术素养。智育对学生想象力和形象思维能力的发展有利，有助于帮助学生获得健康的审美趣味，在学习中获得愉悦，感受到创造的乐趣。进行体育时，要确保健康体质和健美身材兼重，采取运动锻炼和形体训练结合的方式，重视科学和艺术的结合，要认识到体育也能增强审美能力。组织体育活动时，要强调活动的精彩性，同时也要提倡互助合作的精神，外在上要有健美的形体、协调的动作，内在上要有不惧艰辛、不甘人后、积极竞争的精神，对学生的品质、意志、人格进行培养。另外，劳动技能也要和美育结合。关于劳动技能的教育，要让学生能够学到实用的劳动知识和技能，并基于此帮助学生形成正确的劳动观念和习惯。创造无疑是美的，学生能够在劳动创造中感受到美，这种体验能够促使学生更好地进行美的创造，追求美的生活，树立美的理想，形成美的心灵。

总而言之，高校在教育和培养人才时，不但要重视美育的独立性，将其学科特点进行突出，而且要重视美育的全面性和过程性，将其融入整体教育的全过程，发挥其潜移默化的作用，使之融入教育、管理的方方面面。

第二，让美育与校园文化有机融合。校园文化具有特殊性，属于社会文化的一部分，其组成成分主要有校园文化教育、校园文化生活、校园文化环境、校园文化队伍、校园文化制度、校园文化政策及校园文化组织和设施等，是一个复合体。也就是让学生直接参加，基于完善的文化组织，借助当前存在的文化设施和政策，组织多种多样的校园文化活动，这样就形成了相应的文化环境，进而推崇相应的文化观念。校园文化是在科学的思维理念的指导下，构建的特殊的校园精神和风气。

在美育过程中，要重视校园文化这一重要途径，它具有饱满的内涵和显著的特点，能够为高等教育开展起到多样化的作用，在关于学生人格的发展和完善方面有着重要的意义。首先，高校应当不断对校园环境进行维护和修整，营造美好的景色，让学生获得多样的审美体验，让学生只要置身于校园就能感受到美。作为校园文化的物质载体，校园环境有着相当重要的功能，明亮安静的图书馆、温馨舒适的宿舍楼、宽敞整洁的教室、幽静清雅的小树林、蕴含人文精神的雕塑等，都能够使学生赏心悦目。良好的校园环境有助于学生更好地进行学习和参与活动。学生的生活较为简单，多数时间都生活在校园内，这不仅是学习的主要场所，更具有家的意味。如果这个"家"是杂乱的，生活在其中的学生自然会产生很多负面情绪，诸如焦虑、抑郁等；如果这个"家"是优美的，生活在其中的学生自然能够在美的熏陶下，获得愉悦的感受，潜移默化中形成良好的品质。其次，校园文化所具备的审美性，能够无形之中激励学生向往和养成完善的人格，这种激励是"随风潜入夜，润物细无声"的春雨一般的熏陶。因此，高校要积极利用校园文化的这种审美性，努力构建尊重科学、求新求真、团结共进、积极阳光的校园文化，给学生带来直接的体验和感悟，让美深深进入学生的心灵世界。采取模范表扬的方法，以先进个人和先进集体的示范作用，对学生进行引导和鼓励。构建美好的校园环境和优良的风气，让学生的学习、科研和生活的需求得到满足，情感品质得到熏陶，心灵得到净化。

（三）因材施教的原则

关于美，每个人都有自己的标准、偏好和感受，审美是主观的。每个人的生理感受不同、心理感受不同，基于此关于审美就有了差异化的需要、能力和情趣，对于美都有着独特的认识和理解。所以，在高校美育活动中，也要注意到这一点，尊重客观规律，始终遵循因材施教的原则。这一原则指的是，高校美育要以学生个体的能力、个性和兴趣等采取差异化的美育方法、形式、内容等，让学生能够发展个性，能够实现自由发展。

从个人人格的完善和发展层面来看，尊重学生审美个性有着重要价值。教育学理论认为，因材施教原则背后反映出的是突出了学生的主体性，以及科学对待个体在身体、心理和智力上的差异，也提供了空间给学生的后续发展。从教育教学的视角分析，基于学生个体的具体情况，结合其差异化的特点，采取差异化教学，能够使教育做到有的放矢，能够帮助学生在适合自己的途径和方法下参与教学，最终实现教学效果最大化。正因如此，教育教学不能违背个体身心发展规律，而要坚持因材施教原则，这是对其规律的践行。

对于美育中因材施教的原则，我们可以从以下几个方面来贯彻。

第一，要对定位进行明确，做到从实际出发。开展美育要进行一定的准备，应当对学生基本情况进行了解，掌握学生的兴趣、优势，以及需要帮助的地方，明确其审美认知水平，对此作出科学定位，先"把好脉"，再找出"症状"。同时，还要促使学生加深自我认知，知道自身在审美方面的水平，发现自身优势，这样才能够使学生对学习充满兴趣，并最终形成学习自信。

第二，对症下药，基于学生具体特点，制定合适的方案，促进学生个性发展。进行美育时，教师要结合学生的知识基础、学习能力、爱好、才能等方面的实际情况，对不同的学生制定个性化教育方案，帮助学生扬长避短，实现针对性的美育。

第三，对个体差异形成正确的认识，并进行合理对待，提升学生学习积极性。进行美育时，要对学生在审美方面的需要、爱好和天赋予以应有的尊重，帮助学生发展自身的才能和爱好，并对此深入学习。这就对教师提出了要求，也就是必须要充分了解学生的具体情况，尽可能对学生的爱好加以全面把握，在适当的时机给予学生充分的帮助和鼓励，帮助学生建立起学习自信，提升其对自身进行美育的积极性和主动性。要想让学生获得真正的教育，就必须引导和激励学生进行自我教育。必须坚持因材施教的原则，学生的审美爱好和积极性才能够被充分调动起来，其审美能力才能够得到有效增强，从而实现个性的协调发展，最终实现人格完善。

（四）循序渐进的原则

高校美育过程中要坚持循序渐进的原则，这指的是为了通过美育来促进学生人格的发展和完善，应当按照人的认识发展顺序，做到由浅入深、由易到难、由低到高。

根据人的认识发展的客观规律，关于事物，人们形成的认识都是从感性到理性、由表及里、由此及彼的，学生学习同样属于认识的形成，符合这一规律。所以，坚持循序渐进原则，在进行美育的过程中要立足于由表及里、由简到繁的认识规律开展教学的组织和安排。从高中到大学，高校学生面对的是全新的人生阶段，此时的学生长期生活在学校这座象牙塔之中，没有足够的实践经验，不管是在思想上、心理上，还是在行为上和处事上，都处于未成熟的状态，其审美观也是良莠不齐的，既有正确和健康的，也存在错误和不良的，而后者就会导致学生无法意识到美，甚至对美进行扭曲和颠覆，对其身心健康发展造成顽固的阻碍。所以，开展审美教育，要将帮助学生对美形成欣赏能力放在前面，先培养大学生健康的审美价值取向，进而对其审美想象力和创造力进行培养，最后帮助大学生实现个人的完善。这个培养过程就是循序渐进的。

第一，促使大学生形成正确、健康的审美态度。简而言之，审美态度指的就是审美观。正确健康的审美态度要求对于世界进行认识和分析时要坚持从美的角度出发，欣赏美进而挣脱名利和物欲的束缚，保持愉悦感进而实现精神上的自由和沉浸。在这种审美态度下，高校学生将能够树立积极阳光的三观，能够以欣赏的眼光对生活中的美进行挖掘，以美的经验对问题和冲突进行解决，而不会犹豫不决，沉浸于一时的得失。对人生路上的艰辛和苦难保持平常心和正确的态度，在风雨浪涛中始终坚挺，对竞争压力进行消化并将之作为前进的动力，以乐观的态度面对学习、工作和生活。

第二，促使大学生强化审美欣赏和判断方面的能力。这种能力指的是人们参与审美活动时对美的感受、辨别和欣赏的能力。有了良好的审美欣赏和判断能力，学生才能够明辨美丑、区分善恶，才有了批判假恶丑、推崇真善美及将世界建设得更加美好的前提。培养这一能力要关注以下两点。其一是要对知识传授进行掌握，把握课堂教学这一阵地。借助课堂教学对审美知识进行传授，大学生就能够习得一定的审美理论知识，对美的本质、特征形成正确的认识，对美的内容和形式进行了解，进而养成基本的美学素养，并立足于此，树立正确的审美标准，进而以正确的理论为审美活动提供指导。其二是要积极组织审美实践活动，这样学生才能够有更多的机会参与到多样化的艺术实践当中，通过真实的审美体验，于大自然、社会活动、艺术作品当中感受美、体会美，将感情升华于这种沉浸和共鸣之中，进而增强自身审美能力，完善自身人格。

第三，帮助大学生提升审美创造能力。人才培养中不可忽视的一点就是对人的创造性的培养，这对于人的人格完整也有着关键性作用。这种能力指的是，人们进行审美实践的时候，能够根据美的规律和原则，自主地对美的事物进行创造的能力。这种能力的产生和提升与身心解放、天马行空的想象力、强大的实践能力息息相关。高校学生正值青春年华，十分热情活泼，乐于追求变化和新鲜事物，高校美育过程中要对其创作的激情进行激发，并且引导其在生活中坚持美的尺度和标准，在对世界进行建设和改造的时候坚持美的规律。为了提升学生的审美创造热情，高校要提供充分的平台，为其提供更多的机会进行美的创造和展示，为其注入勇气和信心及能力去创造美的人生和世界。对于学生而言，美育能够有效增强其创作意愿、创造能力，以及达成人格的发展和完善。

第四，促使大学生形成用美来修养身心的自觉。高校学生正处于指点江山、挥斥方遒的阶段，他们风华正茂、好学乐学，有知识和才能。但是这些并不代表他们同样有着高尚的品质和情操，有知识和才能也不意味着一定能够拥有成功的事业。养成高尚的情操和道德离不开美的塑造。高校美育应当促使学生形成用美来修养身心的自觉，使之能够以美的要求进行外在和内在形象的塑造。除了个人的努力之外，要具有良好的审美素养，还需要成长环境和成长方向的加持。所以，高校推进美育工作，实现学生素质的全面发展，是一场长期战役，要进行全方位的系统建设，除了要建设相应的艺术鉴赏课程之外，还要积极组织多样化的课外活动，将之作为美育的第二课堂，健全校园文化建设，创建美好的校园环境。同时，不能忽视积极阳光的艺术实践，开发学生潜力，促进其人格的完整构建，使其保持昂扬的精神状态。帮助大学生通过审美素养的持续增强，实现身心协调发展。

除此之外，循序渐进原则还体现在不断反复的美育过程中。美的熏陶是持续的，美好的文艺作品，经得起实践的考验，值得反复品味，并且在欣赏中往往会有新的体会和领悟。所以，进行美育时，学生的认识和体会是在持续深化的，想象也在持续发展。这就意味着美育的过程需要不断反复、加深，在循环往复中实现人格的完善。

第二章 当代高校美育理论

美学这个概念的出现时间比较晚,但是这种思想其实很早就出现在了人类历史当中。美育理论是伴随着人类社会的不断发展而发展的。本章内容为当代高校美育理论,阐述了中国美育思想演变、西方美育思想演变、马克思主义美育理论三个方面的内容。

第一节 中国美育思想演变

中华文明绵延不绝、源远流长,孕育和铸就了诸多人类文明的思想文化结晶,譬如美育思想。中国美育思想在长期的历史发展和社会实践过程中,逐步萌生、发展、完善和成熟,并最终形成一定的理论体系。中国美育思想及理论建构,对中国乃至世界美育理论的发展都具有一定的影响。因此,研究和探析中国美育理论的流变对当代美育理论的创新和发展具有重要意义。

一、儒家的美育思想

美育随着中华文明的产生发展而开始萌芽发育。中国古代的美育由于受到生产力、生产方式及宗教活动的影响和制约,往往是不自觉的、自发的、无意识的。中国最早的美育基本形态主要是夏、商、周时期形成和确立的礼乐教化形式,到了西周时期以礼乐教化为核心内容的古代美育已发展到相当高的程度。春秋战国时期中国历史上出现了第一次思想大发展,"诸子百家""百家争鸣",其中对后世最具有影响力的就是以孔子、孟子为代表的儒家思想。儒家思想在其发展过程中逐渐成为中国封建社会的正统思想,其所主张的思想理念、伦理道德、价值诉求等对后世产生了深远影响。在儒家思想体系内,对美育思想有着经典阐述,可以说儒家经典美育思想实质上就代表着中国古代的美育理论。孔子是儒家学派的创始人,春秋时期著名的思想家、政治家、教育家,其首次提出了系统的美育思想体系。孔子及其弟子关于美育的思想是中国古代美育的理论基础,在中国美育思想发展中占有重要地位。

(一)以"仁"为核心,塑造"仁"的自觉人格

孔子思想的核心是"仁","仁"即"爱人",人与人之间相互亲爱,和谐共生。孔子的美育思想正是以"仁"为核心和基点,追求人与人之间的和谐互爱,彰显人性本质,塑造"仁"的自觉人格。孔子提出教育的基本内容主要是"六艺"——礼、乐、射、御、书、数,其中"乐"是指综合的艺术教育,实际上就是美育。孔子尤为重视"礼"的作用,认为礼是一种行为规范。他认为,治理国家"礼"和"乐"是相辅相成的,缺一不可。"礼"可以安邦治民,"乐"则可以移风易俗,审美教育对人的成长发展影响重大,是一个达到"仁"的境界的重要手段,所谓"兴于《诗》,立于礼,成于乐"《论语·泰伯》。孔子认为,判断一个人的修养必须通过"乐"才能完成,即需要通过审美教育,陶冶人的情操,将道德与审美有机结合,使"仁"内化成一种自觉的人格,用艺术和美来感人、育人、化人,使人达到高尚的君子境界。正所谓"知之者不如好之者,好之者不如乐之者"《论语·雍也》,一个人仅仅知道"仁"是远远不够的,还要从情感上对"仁"产生愉悦,这样才能真正做到心甘情愿的主观认同,将"仁"转化为自觉追求。这就是孔子"礼乐相济"的美育中和论,这一思想理论逐渐成为中国古代"中和论"美育观的基础。此外,孔子还提出了如何"以美成人"的问题,"志于道,据于德,依于仁,游于艺。"《论语·述而》在他看来,先要把志向放在学道上,不违反道德规范,然后应坚持"仁"的理念,最后还应了解和学习多种艺事,才能够实现完美人格的塑造。

(二)以修身养性为根本,追求人性之美

立足于孔子"以仁为美"的思想,孟子提出了性善论,指出人自出生起就有关于仁、义、礼、智等认识,但是这种认识只是小小的萌芽,要想发展成为完美道德,就不能不进行道德教育和修养,只有进行修养,人才能够寻求到人性之美,回归本善。"恻隐之心,仁之端也;羞恶之心,义之端也;辞让之心,礼之端也;是非之心,智之端也。人之有四端也,犹其有四体也。"《孟子·公

孙丑上》在他看来"充实之谓美"是人性美的体现。"充实而有光辉之谓大,大而化之之谓圣,圣而不可知之之谓神。"当具备了充分的道德文化素养,人自然"诚于内而形于外",将之内化,从而形成高尚品质,这就是人性的美。而后荀子又对儒家美育思想进行了发展和充实,将道家和法家优秀的思想融入其中。荀子与孟子相反,提出性恶论,要求以社会秩序对人进行规范。美不仅仅是肤浅的外在,更应该是内在的品质,"君子知夫不全不粹之不足以为美也"《荀子·劝学》,要用美的形象来陶冶人的情感。人需要通过后天教育实现"化性起伪",当一个人拥有纯粹而完备的道德修养就可以成为"美"的。而审美教育在促进道德修养方面具有特殊的意义。"性不能自美",只有通过美育的修养才能符合道德修养的要求,实现真正的美,使人性由"恶"转"善"。

(三)通过"制乐"以"化人"

关于人格的培养,荀子尤其强调美育的重要性。他指出"故乐者,天下之大齐也,中和之纪也,人情之所必不免也。""夫声乐之入人也深,其化人也速,故先王谨为之文"《荀子·乐论》。对于"化性起伪",音乐有着不可忽视的作用,其可以触动心灵,使之被感染、形成共鸣,进而得到净化,实现人格教化。荀子的《乐论》是中国历史上第一篇系统的美育理论文献,他对"乐"的产生、本质、功能、意义做了系统的阐述。荀子认为审美愉悦是人情感生活中所必需的,而"乐"则是情感的必然表现,"乐"对感染和塑造人性具有关键作用。"君子乐得其道,小人乐得其欲;以道制欲,则乐而不乱;以欲忘道,则惑而不乐。故乐者,所以道乐也"。正是因为人需要对情感进行宣泄,才会有"乐"的产生,"乐"能够对人的情感和思想进行表现和传达,也就是"夫乐者,乐也,人情之所必不免也,故人不能无乐。乐则必发于声音,形于动静,而人之道,声音动静,性术之变尽是矣。故人不能不乐。……故乐者,人情之所必不免也"。音乐是人的情感的表现和传达形式,能够直接触及听者的内心世界并发挥作用,"夫声乐之入人也深,其化人也速""其感人深,其移风易俗""移风易俗,天下皆宁,美善相乐"。所以说,"乐"能够"入人""化人""感人",因此应当对感官刺激予以合理的克制,用"道"来引导,即"以道制欲,则乐而不乱;以欲忘道,则惑而不乐。故乐者,所以道乐也。金石丝竹,所以道德也"。

二、道家的美育思想

春秋战国时期诸子百家中，道家关于美育的思想对后世的影响也较为显著。道家美育思想的典型代表人物是庄子。

（一）追求"真人"的理想人格

关于理想人格，道家更加倾向于"出世"，带有着绝圣弃智、为道崇愚、崇尚自然的特征。庄子作为道家美育思想的代表者，对此提出了诸多名号，如"真人""至人""神人""圣人""德人""大人""天人""全人"等。其中，最能代表其理想人格特征的就是"真人"和"神人"。关于"真人"，庄子的《大宗师》是这样说的，"古之真人，不逆寡，不雄成，不谟士。若然者，过而弗悔，当而不自得也。若然者，登高不栗，入水不濡，入火不热。是知之能登假于道者也若此……古之真人，不知说生，不知恶死。其出不䜣，其入不距。翛然而往，翛然而来而已矣。不忘其所始，不求其所终；受而喜之，忘而复之。是之谓不以心捐道，不以人助天，是之谓真人。"由此可知，庄子提出的"真人"是对势弱的人不欺凌，不因成就事业而自傲，不对俗世汲汲营营。犯了错误不过分懊悔，成功了不扬扬自得。居于高处不感到害怕，进到水里不被沾湿，进到火里不感到热，这样的人就已经实现了"道"的境界。真人"不知说生、不知恶死"，出生后不感到欣喜，死亡到来也不拒绝，不管是来到这个世界还是离开都是自由的、自然的、无拘束的，对出生和死亡并不遗忘和追求，以轻松的态度面对生死，最终回归自然。这就是超脱世俗的境界。可见，真人就是不用自己的心智和力量去阻碍道或者帮助道，是无人无我、效法自然的理想人格。是达到"无人""无人无我"的境界的人，是"能登假于道者"，也即掌握了"道"的人。"真人"是庄子推崇备至的一种理想人格。

（二）崇尚"神人"的艺术人格

除了"真人"的理想人格外，庄子还有一种进入到审美境界的艺术人格，即"神人"。关于"神人"，庄子在《逍遥游》中是这样描述的："肌肤若冰雪，淖约如处子；不食五谷，吸风饮露，乘云气，御飞龙，而游乎四海之外""之人也，之德也，将旁（磅）礴万物以为一，世蕲乎乱，孰弊弊焉以天下为事！之人也，物莫之伤，大浸稽天而不溺，大旱金石流，土山焦而不热。是其尘垢秕糠将犹陶铸尧舜者也，孰肯以物为事？"庄子理想中的人格就是这种"神人"，他逍遥自在、神踪缥缈，其德行能够给万物，也包括人类，带来诸多福泽，不管是世俗还是自然都不能干扰他，处于绝对自由的状态，可以"大浸稽天而不溺，大旱金石流，土山焦而不热"，融于天地、融于万物，实现了"天人合一"。所以说，"神人"就是庄子崇尚的完美人格。"神人"潇洒自在，能够凭借运气在天地间游荡，在精神世界翱翔，超越了世俗功利。庄子在审美高度的理想人格就是"神人"，而要想实现这一境界，就要借助自然和审美，也就是通过对美和艺术的体验和感悟实现人性和自然的统一。

三、王国维的美育思想

自先秦时期到鸦片战争的整个中国古代封建社会时期，儒家思想一直占据着正统地位。儒家美育思想的基本观念是礼乐教化，核心是"中和论"，是以道德修养为核心的美育。这些基本上在先秦时期的百家争鸣中得到确立，秦汉以后到明清时期，美育思想的发展也都基本上建立在"中和论"的基础上，强调道德修养的作用，强调人与人之间的和谐，强调人与社会的和谐，最终到人与自然的和谐。近代以来，受西方文明的影响，在近代美育理论方面做出开创性贡献的典型代表就是王国维。

王国维，是我国近代国学大师，在文学、美学、史学、哲学、古文字学、考古学等领域均有涉猎，并都留下浓墨重彩的一笔。从美育思想史来看，王国维是"美育"这个术语的首创者，我国的美育先河也由此开启，王国维的《论教育之宗旨》将心育和体育作为教育的两大部分，将智育、德育、美育作为心育的三个构成内容，指出"完全之教育，不可不备此三者[①]"。强调美育，是王国维的一贯观点。对此，他曾说："盖人心之动，无不束缚于一己之利害，独美之为物，使人忘一己之利害而入高尚纯洁之域。"因为儒家传统人格美育思想的影响，其美育思想主要体现在以下方面。

（一）倡导人格修养目的由"仁"转向"自由"

基于中华传统美学思想，王国维又吸收了西方美学思想的精华，形成自身

[①] 王国维. 王国维文集[M]. 北京：北京燕山出版社，1997.

的美学思想，并在融合中西方优秀文化之后对其进行完善。儒家学派基于孔子思想不断发展，始终把"仁"作为最高标准的人格美的核心，强调美善统一，仁者爱人，从"己所不欲，勿施于人"的律己宽人到舍己为人的大义凛然。将"恭、宽、信、敏、惠"作为人格信条，这是塑造人格美的具体表现形式。对于儒家教育王国维表示旗帜鲜明的批判，在他看来，只有兼通世界学术者才能够在未来将中国之学术发扬光大，而非"一孔之陋儒"。基于此，王国维反对"一孔之陋儒"，认为其不是脱离了儒家学派人格美育的本质，其关于儒家人格美的思想是被宋代以后程朱理学阉割肢解过的。儒家学派的开创者——孔子强调的通过审美情感培养健全人格的"乐教"被"一孔之陋儒"背离，"诗教""礼教"已经被扭曲。

除此之外，他并未过分强调美育，对德育进行贬低，而是始终强调智育、德育、美育并重。这正契合了孔子《孝经》中的"移风易俗，莫善于乐；"安上治民，莫善于礼，即兼重礼乐结合以培养高尚人格。以这个层面分析，王国维坚持将目标定位为"完全之人物"的完美人格与传统以孔子为代表的儒家学派的人格美有着共同点，将西方美育思想融入中国传统美育理论。人格只有达到了仁爱宽厚、德行高洁才能被认为是完美的，从本质上看，在人格美的培养方面，"忠、孝、恭、顺、礼、信"本身是正确的，然而当时这种思想已经被扭曲，成了一种僵化的道德训诫，对人性自由造成了禁锢，也就与人格美的培养相背离了。王国维将中华传统人格美的境界升华，破解了单纯以"仁"为目的的传统的人格美育误区，而是将核心目的放在自由上面，将完美人格归为感性与理性、情感与逻辑相统一，并且明确了养成完美人格必须基于真实自由的"游戏"，即审美自由活动。在接纳席勒关于完美人性的部分观点之后，王国维将之与中国传统的守礼重德的人格修养思想有机结合，重视审美主体的自由独立精神，着重破除世俗功利对人性的禁锢，最终实现完美人格。

（二）美育是达到人格完满的必由途径

因受康德理论的影响，王国维把人的精神分为三部分，也就是"知、意、情"，并针对此，提出将对应的教育定位为智育、德育、美育。其中，智力、意志、情感的理想境界分别是真、善、美，所以美育的性质就是情感教育。王国维认为，古今中外伟大的哲学家都认为美育具有超功利性、纯粹性，这并非一家之言，也不仅是异邦思想。在中国，孔子就是最早形成和传播美育思想的人，以身为范，强调"其教人也，始于美育，终于美育。"这一点在《论语》中也有体现："兴于《诗》，立于礼，成于乐。"孔子曰："诗三百，一言以蔽之，曰：'思无邪'。"孔子之所以重视诗乐等艺术教育，王国维将其原因归于，美育是达到人格完满的必由途径。他认为，孔子把教育的开端放在美育的原因在于，想要培养人的德行，第一点要求的就是使其好学、乐学，也就是要从情感教育出发，"先涵养美情"，让人体会到学的其乐无穷，进而变得欲罢不能，再将道德认知融入其中，磨炼意志，实现知情意有机结合，从而完成人格的发展。

（三）注重人性培养，营造"完美之域"

因为康德哲学和美学思想的影响，王国维大力主张其提出的"审美无利害"。他认为完美人格就是在心灵上超脱了世俗功利的禁锢，"忘一己之利害"，进而达到崇高纯洁的境界，个人的审美自由不再被"物役"所扰，这种观点在一定程度上类似于道学中的"坐忘""齐物"。他的美育思想立足于"无用之用"这一观点，也因此对于人格塑造，形成对功利和世俗的排斥，以及对完美的追求。这与他所处的社会主流是相悖的，那个时期的社会中，主流观念认为文艺和美育是玩物丧志的，为了救亡图存更加推崇科学教育、职业教育等实用性的教育。王国维则大胆地表达对这种物欲化潮流的反对，主张借助哲学进行国人的人文精神的塑造，要求让国民形成具有审美素质的高尚人格，将重心放在民族高尚灵魂的培养。而这种思想尽管没有在那个时期的社会中发挥出显著的作用，但是在我国近现代美育的建设上，以及在社会的发展上，发挥了深远而持久的作用。关于完美人格的养成，他认为脱离"生活之欲"是非常重要的，要让人"忘一己之利害，而入高尚纯洁之域"。而要想做到这一点就必须进行无功利性的美育，同时因为叔本华悲观主义思想的影响，他将欲望看作是人生一定会存在，并会让人产生不满足感，这种不满足感还会导致痛苦。可以说，正是在这种"原罪"思想下，王国维十分重视审美活动，将之作为人脱离"生活之欲"的关键性途径。

四、蔡元培的美育思想

蔡元培是中国近代美育理论发展进程中的另一位重要代表人物。作为中国近代美育的首倡者和奠基人，蔡元培先生提出了一系列的美育思想，对后世产生了深远影响。他较为全面地阐述了美育的本质。他主张人皆有感情，但高尚行为却不是与生俱来的，而是要经由对美的欣赏和美育，才能够使情感增强、增厚，进而升华为高尚行为。在《美育与人生》中他给美育做了界定："人人都有感情，而并非都有伟大而高尚的行为，这由于感情推动力的薄弱，要转弱而为强，转薄而为厚，有待于陶养。陶养的工具，为美的对象；陶养的作用，叫作美育。"①

（一）美育陶养人性

关于美育，蔡元培在其所著的《教育大辞书》中这样阐述："美育者，应用美学理论于教育，以陶养感情为目的者也。……顾欲行为之适当，必有两方面之准备：一方面，计较利害，考察因果，以冷静之头脑判定之；凡保身卫国之德，属于此类，赖智育之助也。又一方面，不顾祸福，不计生死，以热烈感情奔赴之；凡与人同乐，舍己为群之德，属于此类，赖美育之助者也。所以美育者，与智育相辅而行，以图德育之完成者也。"当审美的主体和对象彼此融合，物我合一，就会进入美感境界，这种美感有着"陶养"的功能。美的对象能够以自身的美使人的心灵受到触动，激发相应的情感，就是在这种潜移默化中对人性进行着陶养。他在《美育与人生》中指出："（一切之美）皆足以破人我之见，去利害得失之计较，则其所以陶养性灵，使之日进于高尚者，固已足矣。"蔡元培提出，"自由即美德"，在他看来，塑造"完全之人格"要做好个性自由和群体自由相互发展，是在使两者实现统一。他重视美育在塑造"完全之人格"中的重要作用。美育具有无目的的合目的性，能够促使人追求更高的精神层次，发展智力，特别是能够让人形成崇高的道德和健全的人格。他认为美育的任务就是与智育相辅，促进德育的完成。他在《创办国立艺术大学之提案》中指出："美育之目的，在陶冶活泼敏锐之性灵，养成高尚纯洁之人格，故为达到美育实施之艺术教育，除适当之课程外，尤应注意学校的环境，以引起学者清醇之兴趣，高尚之精神。"

（二）美育健全人格

关于美育功能，蔡元培认为是颐养性情、超越利害、激发创造。封建统治终结后，教育要培养的不再是革命者，而是培养具有完善人格和科学创造精神的人。

---

① 蔡元培. 蔡元培全集：第7卷[M]. 杭州：浙江教育出版社，1997.

此时蔡元培意识到了，美育在人格完善上的作用，所以积极异性美育，认为"人的一生不外乎意志的活动，而意志是盲目的，其所恃以为较近之观照者，是知识；而以供远照、旁照之用者，是感情"[①]。换句话说，人的行为都是基于意识进行的，而要培养人清醒的意识，做到将国家、社会利益放在个人利益之前，就要凭借知识；做到对世人充满关怀，就要借助情感的超脱。进行美育，能够发挥修养性情的作用，让人超脱功利性，超脱个人的得失，而对美进行感受欣赏，升华超脱的情感。他指出，美育就是要发挥美的超脱性和普遍性。他还认识到，是美育和科学造就了进步的西方国家，提出国家要兼重科学教育和美育，美育对于科学和社会发展而言是重要的思想动力。美育能够培养创造精神这正与科学相契合，注重科学而忽视美育会过分偏重概念、分析、机械的作用，这样的人对世界和人生的观念也是机械的，对个人和社会缺乏积极情感，在科学上缺乏创造精神。

（三）美育当从家庭、学校和社会三方面加以实施

蔡元培在《创办国立艺术大学提案》中指出："美育之实施，直以艺术为教育，培养美的创造及鉴赏的知识，而普及于社会。"关于美育的本质，在他看来就是"化育"，其状态是出于反复之中的，能够不知不觉地让人受到熏陶，所以开展美育就要构建优质的"化育"状态，让美育贯穿到人的教育全过程。展开来说，要关注三部分：首先是家庭美育，如胎教院和育婴院，这些场所各方面都要美，对孩子进行美育；其次是学校美育，如幼儿园、中小学、大学都要设立适当的艺术相关的课程，教材和设备要突出美育意识；最后是社会美育，其一是专设机关，如博物馆、艺术馆、植物园等，其二是地方美化，如公园、绿化等。对于美育，蔡元培十分注重，其美育思想对开启中国近代审美教育具有重要的历史意义。

五、李泽厚的美育思想

李泽厚是当代中国思想界卓有影响力的学者，其在美学领域的研究颇有造诣。在进行美的本质和美育的规律的认识和研究当中，李泽厚开创性地借助了马克思"人化的自然"理论，在他看来，美是客观性和社会性的统一。一方面，美具有不依存于人类主观意识、情趣而独立存在的客观性质；另一方面，"美是一种人

---

① 高平叔. 蔡元培美育论集[M]. 长沙：湖南教育出版社，1987.

类社会生活的属性、现象、规律。它客观地存在于人类社会生活之中，它是人类社会生活的产物。没有人类社会生活，就没有美[①]"。正是在"人化的自然"的过程中，客观性和社会性才达成了统一。唯有当自然对象变成"人化的自然"，基于自然对象"客观地揭开了人的本质的丰富性"的时候，才成为美。

（一）美学研究应走向美育，其目的在于塑造和提升人的文化—心理结构

关于人的存在，在李泽厚看来，其本体归于情感。他指出人的存在是复杂的，有诸如工具性存在、情感性存在、价值性存在等不同的形式。而其中和本真的个人的存在最为贴合的就是情感性存在，这也能够让人更加理想化，同样这也最符合美育的目标。他认为，从人的现世生存的角度看，情感的、精神的存在是具有关键性价值的，并且这种存在是无法脱离时间的。我们生活中常用的社会时间，或者生物钟的绵延都不是情感本真的时间，李泽厚把"情感本体"融于审美和时间，"存在—时间—情感"是统一的整体。美育能够突破时间的限制，让人从中领会到存在的本真，由此个体本身就是一种情感存在，也变得丰富化和深刻化。换言之，美育在情感上的塑造作用也作用于人的心理和文化，能够在根本上发挥塑造人性的作用。

（二）提出建立新美感的美育思想

进行美育理论研究时，对于美感问题的探讨始终和美紧密相连，关于美或者美感的探讨永远不能脱离对方而进行。对美感的形成问题，李泽厚将之归因于社会历史的"沉淀"。"'积淀'的意思，就是指把社会的、理性的、历史的东西积淀为个体的、感性的、直观的东西，它是通过自然的人化的过程来实现的。"[②] "自然的人化"包括两部分，即外在自然的人化和内在自然的人化，美感属于后者。内在自然的人化即人自身的人化，是感官和心理两方面的人化，前者指的是由动物的感官转变为人的感官。后者"也就是对人的情感的塑造和陶冶"[③]，进一步将人的情感进行净化，这样审美情感就会超脱原本本能的、功利的情感存在。在长期的人化自然的历史发展当中，人类代代相传地积累和发展才形成美感心理。在他看来，新的美感的形成，离不开教育，特别是审美教育，从本真上看，审美教

---

① 李泽厚. 美学论集 [M]. 上海：上海文艺出版社，1980.
② 李泽厚. 李泽厚哲学美学文选 [M]. 长沙：湖南人民出版社，1985.
③ 李泽厚. 李泽厚哲学美学文选 [M]. 长沙：湖南人民出版社，1985.

育其实就是审美生活。他指出，新美感的形成从根本上看就是借助审美活动对新人性和新人格进行塑造，我们尤其要关注的是文学艺术在其中具备的重要功能和价值，也就是美育的意义和价值。

（三）美育的内容和形式

李泽厚认为艺术在美育中具有重要地位，但也不能将美育的内容和形式限定在艺术范围内。他认为美学是以美感经验为中心研究美和艺术的学科，美育是以美感经验和艺术进行审美教育的教育活动。他在艺术研究方面贡献最大的是艺术审美思维，即形象思维的研究，全面地论述了艺术中形象思维的概念、特点、实质和作用。李泽厚提出："形象思维可以说是达到本质认识的艺术想象。"[①]形象思维"即是艺术想象，是包含想象、情感、理解、感知等多种心理因素，心理功能的有机综合体"[②]。形象思维在实质上与逻辑思维相同，也是从现象到本质、从感性到理性的一种认识过程，其观点是形象思维与抽象思维有不同的规律和特点，需要深入理解和把握。

除了上述学者之外，当代美育思想领域，不乏其他具有代表性的学者。蒋孔阳就是其中之一，作为负有盛名的美学家，其著名论断为"审美生活即享受与幸福"。他的美育思想是从审美关系论出发的，将"自由"作为思想理论的核心，关于审美教育活动，把其最根本特征和最终理想归于自由的审美生活。在美育的目的、价值方面，蒋孔阳付出了研究心血，有着独到而深刻的观点，那就是审美生活对于人类幸福生活来说是内在构成部分，还是人类生存的主要方式，在其中，美育发挥了不可忽视的作用；美育追求的是使人形成有所不为的道德，达到高尚的道德和精神境界；所有的时代，特别是变革的时代，都在强烈要求和推动着美育；美育最深层的目标就是培养身心健康的人。曾繁仁是一位当代著名美育学家，其观点是"美育作为情感教育，不同于一般的情感教育，而是一种非功利非认识而以自由和创造力为特征的情感教育"[③]。他依次构建了"审美情感教育论"和"人生美育论"，深刻研究了美育学学科性质的确立。他提出了三个美育学命题并进行了系统研究，分别是审美力的概念、审美教育现代性的建构和"致中和"的审美教育论，这三个方面是曾繁仁美育思想的主体部分。另外，曾繁仁还提出了美

---

① 李泽厚. 美学论集[M]. 上海：上海文艺出版社，1980.
② 李泽厚. 美学论集[M]. 上海：上海文艺出版社，1980.
③ 曾繁仁，高旭东. 审美教育新论[M]. 北京：北京大学出版社，1997.

育的转向问题，即生存论的美育转向，这对于中国美育研究的进一步深入具有重要理论意义和学术价值。

第二节 西方美育思想演变

西方美育研究起源于古希腊时代，大约从公元前6世纪开始。在西方哲学和美学领域有大量著名人士深层次地研究了美育的理论，在人类美育理论的发展史上留下了浓墨重彩的痕迹。

一、柏拉图的美育理论

西方古代美育的研究对象和内容受到西方哲学的影响，主要从哲学本体论上来理解人类审美活动和文艺实践。古希腊时期的美育是西方美育史的起源，经历了希腊古典早期、盛期及"希腊化时期"和古罗马时期，其美学思想尽管在具体的内容上发生了变化，但是研究的重点仍旧是美的本质和艺术与现实的关系。在古希腊研究美育的众多学者中，柏拉图是最具有代表性的人物。柏拉图，不仅是古希腊伟大的哲学家，更是人类文明发展史上最伟大的哲学家和思想家之一，他对美育的研究造诣颇深，美育思想在其哲学思想体系中占有重要地位，其美育思想理论对后世美育发展影响最大。

立足于"理念论"，柏拉图完成了美学思想的构建，他认为理念和个别事物之间是相互独立的，是脱离了人的认识存在的，是一种实体，世界的根本就是永恒不变的理念。柏拉图将美作为真实存在进行了承认，并且将美的境界放置于理念世界中最高的位置，可以升至美的境界的只有真正的诗人。"这种美是永恒的，无始无终，不生不灭，不增不减的""一切美的事物都以它为泉源，有了它那一切美的事物才成其为美"[①]。美是永恒的，但是只有从行为和制度的美进到各种知识学问的美，再进到心灵的美，最后才能进到理念世界的最高境界的美。所以，只有做到心灵的美和身体的美的和谐统一，才是达到最高境界的美。因此，柏拉图尤为重视审美教育，对美育提出了独到的见解。

柏拉图认为美育是培养人格的最有效手段。在他看来，在进行人格培养时，

---

① 柏拉图. 柏拉图文艺对话集 [M]. 朱光潜, 译. 北京：人民文学出版社, 1963.

能够采取的最有效手段就是艺术教育。他说:"就应该找一些有本领的艺术家,把自然的优美方面描绘出来,青年们像住在风和日暖的地带一样,四周一切都对健康有益,天天耳濡目染于优美的作品中,像从一种清幽境界呼吸一阵春风,来接受他们的好影响,使青年们不知不觉地从小就培养起对于美的爱好,并且培养起融美与心灵的习惯。"[①] 要求重视儿童阶段的美育,个人如果在儿童阶段接受美育,成人后更容易形成正确的美育判断和取向,获得完善的人格。同时,柏拉图还认为美育能滋养人性,使人的性格更加高尚优美。柏拉图特别重视音乐教育的作用,认为只有音乐的节奏和旋律才能有效地震撼人的心灵,到达人性的最深处。他认为,只有懂得音乐的人才能更好地辨别美与丑、善与恶,一个接受过音乐教育的人,能够喜好和赞扬美的事物,能将美吸收到内心最深处,从而洗礼心灵,滋养人性,使自我性格变得更为高尚优美。

另外,柏拉图还非常重视美育的形式问题。他认为应该启发人们从爱好一种美的形体开始,再进一步认识这一美的形体与其他美的形体是相通的。所以,柏拉图很强调模仿教育,并且要模仿一切好的,柏拉图不仅对美育的内容与形式有严格要求,而且对实施美育的人也有严格要求。他认为凡是不符合"理想国"要求的诗人与艺术家,都要被赶出"理想国"。对不符合"理想国"要求的文艺作品,也一律禁止,不能流传。他说:"如果有一位聪明人有本领模仿任何事物,乔扮任何形状,如果他来到我们的城邦,提议向我们展览他的身子和他的诗,我们要把他当作一位神奇而愉快的人物看待,向他鞠躬敬礼;但是我们也告诉他:我们的城邦里没有像他这样一个人,法律上也不准许有像他这样一个人,然后把他涂上香水,戴上王冠,请他到旁的城邦去。"[②] 柏拉图认为一切文艺作品都要用理智压制人性中的丑恶部分,只能写美的方面,不能写丑的方面。他是西方世界第一位重视艺术的美育作用的哲学家和美学家。

二、卢梭的美育理论

西欧进入封建社会是在中世纪,这一时间内,其封建社会渐至繁荣,其文明最显著的特征在于基督教不仅在宗教领域十分强势,在政治和经济上的地位也不可动摇,在整个欧洲的思想文化方面实现了完全的控制。就如恩格斯所言,中世

---

① 夸美纽斯. 大教学论[M]. 傅任敢,译. 北京:人民教育出版社,1957.
② 柏拉图. 柏拉图文艺对话集[M]. 朱光潜,译. 北京:人民文学出版社,1963.

纪"把古代文明、古代哲学、政治和法律一扫而光"。"承受下来的唯一事物就是基督教"。在神学占统治地位的中世纪，美学也不可避免地被纳入神学当中。这一时期美育研究的基本特点从神学出发研究美学问题，用美学来附会基督教教义，美育要为神学服务。其研究的对象不是现实世界的美，也不是艺术，而是论证上帝的美。14世纪文艺复兴运动，开始关注人的价值，注重人性的回归，人逐渐从封建神学的束缚中被解放出来，西方美育思想研究转向人文主义。18世纪的启蒙运动，为了适应资本主义的发展和满足新兴资产阶级的需要，西方美育研究迅速发展，在这一时期的启蒙思想家中涌现大批美学家、美育家，并出现了一系列美学、美育论著，美学逐步发展成哲学中的一门独立学科。法国启蒙运动思想家卢梭在美育领域也有着突出的贡献，形成具有代表性的美育思想。自然哲学是卢梭哲学的核心和精髓，卢梭的美育思想就建立在其自然哲学理论基础之上。他认为，"自然的"就是"完美的""好的"，要通过自然美的途径进行审美教育，美育就是使人"返回自然"，在自然中感受美，用美来熏陶人的心灵，以恢复人的自然本性。卢梭以自然为逻辑基点，阐释了他的美育思想。

（一）完美的人性需要美育加以培养和保持

卢梭认为，理想、完美的人性就是以自然情感为基础的全面发展，这种情感是人的内在心灵和自然的和谐结合的产物，是一种天生的感性的美。这种情感还容易被后天欲望、社会环境所污染和败坏。"随着科学与艺术的光芒在我们的天边升起，德行也就消失了"[①]。卢梭旗帜鲜明地对当时的社会和文化进行批判，在他看来，理性逐渐完善，但是人类整体确实在逐渐败坏。因此，人类要回归自然，成为自然人，只有这样人性才能完美。卢梭在其著作《爱弥儿》中提出，教育就是防止人在社会中被污染走向坏的方面。所以，必须要进行自然的美育，唯有此，才能够让人获得纯净之心、赤子之心，形成美好的性格及情感，这样人类才能够重新归于自然，发展出完整的人格。另外，完美的人性是人的自然本性，其通过美育才得以培养和保持的同时，美育培育和提升了人的审美力，人的审美力又成了完美人性的重要标志和尺度，审美力是一个健全发展的人的心理结构的必要组成部分，真正的自然人即完美的人，定是具有较高审美能力的人。

---

① 卢梭. 论科学与艺术 [M]. 何兆武，译. 北京：商务印书馆, 1959.

（二）美育的终极目的是实现人性的完整和自由

卢梭认为美育思想的目标，"它不是别的，就是自然的目标"，通过美育人要成于自然，归于自然，成为自然人。"你首先要想到的是，虽然是我把他培养成为一个自然的人，但不能因此就一定要使他成为一个野蛮人，一定要把他赶到森林中去"[①]，通过自然的审美教育，实现人的自然本性，成为名副其实的"自然人"。但是"自然人"并不是卢梭美育所指向的最终目的。卢梭认为，人是自由平等的，自由是人的根本天性。同样，自由也是美、美育的本质所在。他把充分自然的人当作自由的人，把性自由的人当作伟大的人、审美的人。同时认为，人自由的、审美的天性往往通过美体现，通过美育得以实现。美育实质上就是培养完美人性，实现人的自由全面发展的"自由"教育。所以，审美心理的建构，人性的完整与自由的实现，这就是审美教育的实质，亦即终极目的。因此，卢梭认为，美育的最终目的为培养完整的人性、自由的人性。

三、席勒的美育理论

18世纪末到19世纪初这一时期，德国古典美学形成并发展，其理论基础是德国古典哲学，对于德国古典哲学而言，是不可或缺的组成部分。德国古典美学的典型代表人物和观点主要包括康德的"美是无目的的合目的性形式"、黑格尔的"美是理念的感性显现"和席勒的"美在自由"等。其中，关于美育的研究和探索，集大成者无疑就是席勒。席勒是德国伟大的诗人、剧作家和美学家，从整个人类的美学史上看，他是对美育概念进行提出并全面深刻阐释的第一人，在美学理论方面取得了划时代的成就。席勒构建了相当健全的美育理论体系，这是围绕着美育这一核心命题形成的，其美育方面的理论，也为现代美育理论基础的形成作出贡献。席勒的美育理论主要可以概括为以下几个方面。

（一）美育使感性的人成为理性的人

在席勒看来，只有通过塑造审美的人这一途径，感性的人才能够变成理性的人，也只有经由审美自由这一中间状态，感觉的受动状态才能够变为思维和意志的主动状态。对于自然之人成长为理性之人，美育是必经道路，也是唯一方式。

---

① 卢梭. 爱弥儿[M]. 李平沤, 译. 北京：商务印书馆, 1982.

他主张审美是感性的人成为理性的人的必要前提。其观点在于单纯感性的人或者单纯理性的人都是畸形的，是"异化"了的人。并且对于人的"冲动"，被他分为两种，一种是"感性冲动"，一种是"形式冲动"，前者指的源于人的天性或者是源于人的物质生存，后者源于人的理性或者源于人的绝对生存。而只有找到这两者外的另一种冲动，也就是"游戏冲动"，人才算是完整的。这种冲动是前两者之间的，也就是当前两者在人身上统一才会形成。他认为这种冲动就蕴含在美、艺术当中，要找到这种冲动必须通过美和艺术化，这样才能让人性从分裂走向完整。唯有借助美和艺术，人才能够到达自由的境界，只有美可以造福全世界。在审美这个国度里面，人们皆为自由共鸣，没有平民和贵族之分，大家在权利上实现了平等。人要想实现发展，获得人性完整和自由，进而达到高尚的理性殿堂，必须要经过美的中介作用，这种作用是无法被替代的。

（二）理想的美育途径才能培养理想的性格，使人性达到完整

席勒认为，社会分工的局限性和必然性，致使人性发生分裂，出现人性"异化"的现象。不仅如此，社会生活中法律与风俗分裂、国家脱离教会、享乐主义盛行、手段与目的脱节，导致人性无法得到全方位的发展，从而产生异化的现象。而人性的"异化"显然背离了对美的要求。席勒的思想包含了积极的人道主义精神。正如他所说："只有当人是完整意义上的人时，他才游戏；而只有当人在游戏时，他才是完整的人。"[①]在席勒的观念中，通过提高人的审美，才能克服人性的割裂，实现人性的完整和统一。精神能力的协调一致才能够造就幸福而完美的人。席勒认为，艺术教育是提高人的审美最重要的手段，美育成功，才能造就美好的人性。因为艺术教育提倡实现人的自由、平等，弥补了现实中人性在这方面的缺失。他说："人性丧失了自己的尊严，但是艺术拯救了它，并把它保存在充满意味的石头之中；真理在错觉中继续存在，原型从仿制品中又会重新建立"。[②]席勒认为，实现美育理想的途径是从优美中认识到崇高，最终达到人性的高尚。美育教育的过程，也是对理想人性培养的过程。席勒还提出理想的美育培养方式，是将"柔软的美"和"刚毅的美"相结合，只有这样才能培养出完整的人性和美好的性格。席勒的美育理论带有一定的浪漫主义色彩。他的理论虽然丰富且深刻，却

---

① 席勒. 审美教育书简［M］. 张玉能，译. 南京：译林出版社，2009.
② 席勒. 审美教育书简［M］. 张玉能，译. 南京：译林出版社，2009.

脱离了人类的社会属性，抛开现实社会谈论人性的完整，将实现人性的自由完美仅仅寄托于对人的美育，显然是不太现实的。但是，也应该看到，席勒的这种通过美育实现人性完整的理论是西方美育思想的进步发展，在美育发展史上占有一定地位。

四、海德格尔的美育理论

马丁·海德格尔，德国哲学家、美学家，20世纪存在主义哲学的创始人之一。海德格尔是当代存在主义哲学与美学的重要代表人物，他在其存在主义基本本体论哲学的基础上，提出审美乃是遮蔽到解蔽的真理显现，是走向诗意的栖居。"艺术作品以自己的方式敞开了存在者的存在。这种敞开，就是揭示，也就是说，存在者的真理是在作品中实现的。在艺术作品中，存在者的真理自行置入作品的真理"[1]。"诗意地栖居"就是使当代人抛弃"技术地栖居"，走向人的自由解放的美好的生存。海德格尔关于艺术和美育的理论思想对当代美学与美育理论的建构都有着深远影响。

（一）艺术是置身于作品中的真理

海德格尔认为，美学将艺术作品当作一种对象，一种美学的对象，广义的审美理解的对象。如今我们称这种审美理解为经验，人体验艺术的方式，被设想为提供关于艺术本性的知识。海德格尔以其哲学存在论为出发点，认为艺术作品是展示存在着的存在之物，艺术作品的本性是艺术自行置于作品之中的真理。如果在作品中出现一种特殊的存在者的揭示，揭示了它是什么，又如何存在的，那么，这里就出现、发生了作品的真理。艺术的本性应当是：存在者的真理置设于作品之中。海德格尔深刻地剖析了资本主义社会危机及社会制度的诸多弊端，认为工具理性的膨胀、人性本质的失真等，使得当今社会之中人的生存出现前所未有的困境，人类正面临着诸多现实性的生存问题，他不断思考和探究"人的存在之谜""人存在的意义何在""人存在何去何从"等一系列问题。通过对人基本本体和艺术的真理性存在的分析和认识，海德格尔认为"人的存在只有突破资本主义社会制度和工具理性的重重压力，才能由遮蔽走向敞开，实现真理的自行置入，

---

[1] 朱立元. 现代西方美学史[M]. 上海：上海文艺出版社, 1993.

人才得以进入审美的生存境界"[①]。审美教育可以将艺术作品中的"艺术真理"得以凸显，使人的存在价值得以彰显。只有通过美育的途径，人的存在困境才能得以改善，人类才能进入高尚、优美、和谐、崇高的生存境界。

（二）审美教育的理想追求即"人诗意地栖居"

海德格尔认为真理就是诗意，艺术的本质是真理，更是诗。"人诗意地栖居于这片大地上"是海德格尔对诗和诗人的本性、本源的发问和解答。他认为，诗人的历史使命就是将存在的意义传达给生存在茫茫黑暗之中的迷茫的广大民众，让他们找到存在的意义与价值，构建属于自我的精神家园，更加坚定人存在的本真。在这里，海德格尔探入"人类存在的根基"，认为诗（艺术）和诗人使人真正寻找到了自己的"存在之家""精神家园"。"人诗意地栖居于这片大地上"的本质就是人走向了"美"的国度，在"美"的领域内生存、生活。人类的审美教育就是使人感悟艺术，学会"作诗吟诗"，成为"诗人"，这种审美的理想就是旨在促使人"诗意地栖居于这片大地上"，走向人的自由解放的美好的生存。

第三节　马克思主义美育理论

一、马克思和恩格斯的美育思想

马克思、恩格斯是马克思主义的创始人。他们没有留下专门的、系统性的美学、美育著作，其美学、美育论述大多融合在哲学、经济学和历史学的论著中，但这些观点具有内在的统一性，已经构成了一个深刻的美学思想体系。其中，关于实现人的全面发展的美育理论，对于大学生美育研究具有直接的理论指导意义。

（一）人的全面发展的内涵及其实现的根本途径

在马克思主义思想中，人始终是其理论的出发点和归结点。

1.人的全面发展的主要内涵

第一，人的全面发展就是人的解放。

马克思主义理论特别重视人的解放，马克思和恩格斯的全面发展学说就是人

[①] 曾繁仁. 现代美育理论[M]. 郑州：河南人民出版社，2006.

的解放理论的有机组成部分。马克思深刻揭示了资本主义私有制及社会分工给工人造成的局限和对工人的摧残。在这样的制度里个人受分工支配，分工使他变成片面的人，使他畸形发展、受到限制。工人在生产中只需要机械地劳动，身体和精神饱受摧残，并且并没有发挥到人的体力和智力优势。这样的分工把工人禁锢在特定的活动范围中，工人被剥夺了按着自然禀赋独立地从事其他工作的可能性，成为丧失自由的"从属品"和片面发展的畸形人。马克思和恩格斯所说的全面发展就是摆脱资本主义私有制及工场手工业的分工套在人身上的枷锁，改变人畸形发展、片面发展的命运，使人获得真正、彻底的解放。马克思和恩格斯强调人的解放的理论的立足点就是"人是人的最高本质"，是以人为本，对人的主体地位和人的自由、权利、尊严、价值毫无条件的尊重和维护。实现人的解放是人的全面发展的根本前提和重要内容。

第二，人的全面发展的基础是能力的全面提高。

在社会历史的进程中，人的能力只有达到一定的高度和全面性，才能够使人"作为一个完整的人，占有自己的全面的本质"[①]。

马克思反对资产阶级世界将生产当成目的，将实现金钱和财富当作生产的结果。马克思认为这是一种本末倒置的现象：积累财富的目的就是要发挥人类支配自然的能力。既支配自然界中的生产资料，又支配人类社会中的生产资料。人类发挥自身的所有能力，去实现支配生产的目的。他以反证的表达方式阐明了人类应具备的能力，即：一是既能支配外在的客体自然，又能支配内在的主体自然；二是人的一切方面的能力，包括创造力，都能得到充分而全面的发掘与发挥。

第三，人的全面发展的本质是实现个性自由发展。

要想实现人的全面发展，马克思和恩格斯认为，首先需要实现个体不同个性的自由发展。在马克思主义学说中，认为以人的全面发展，取代资本主义社会"物的统治"，是新的社会形态形成的标准。只有将人的个性不受拘束地全面展示出来，人的能力才能成为社会生产能力，成为社会进步的基石。"自由个性"是人"全面发展"的基础。马克思在阐述剩余劳动对社会的贡献时曾经指出，剩余劳动为发展人的丰富个性提供物质基础。另外，恩格斯谈起社会主义社会中的青年人"轮流从一个生产部门转到另一个生产部门"时说，那是依据"社会需要或他们自己

---

① 马克思. 1844年经济学哲学手稿[M]. 中共中央马克思恩格斯列宁斯大林著作变异局，译. 北京：人民出版社，1985.

的爱好",以及在现实世界中,个人有许多需要,他们的需要即他们的本性,人有"多种多样的志趣",多种多样的"个人才能"等。在心理学中,爱好、志趣、需要、才能等,也都属于个性的范畴。总体看来,马克思和恩格斯所说的全面发展实质上就是个性的自由发展。

2. 彻底消灭私有制是实现人的全面发展的根本途径

马克思和恩格斯指出:个人的全面性不是想象的或设想的全面性,而是他的现实关系和观念关系的全面性。只有在集体中,个人才能获得全面发展其才能的机会。这一论述揭示了人全面发展的社会现实的经济基础与观念意识条件,指明人要获得彻底解放,实现能力的全面发展及个性的自由发展,其根本途径是彻底消灭私有制,实现共产主义。

马克思认为,在共产主义当中,人之所以能够获得全面发展,首先得益于高度发达的社会生产力及与之相适应的社会生产关系。他明确指出:在共产主义社会中,即在个人的独创的和自由的发展不再是一句空话的唯一的社会中,这种发展正是取决于个人间的联系,而这种个人间的联系则表现为经济前提、一切人的自由发展的必要的团结一致,以及在现有的生产力基础上的个人的共同活动方式。并且随着对生产实行共产主义的调节(这种调节消灭人们对于自己产品的异化关系),供求关系的统治也将消失,人们将使交换、生产及其相互关系的方式重新受自己的支配。阐明了在共产主义时代,生产力极大提高,生产方式实现彻底变革,旧式的社会分工消失,人们必要劳动时间大大缩短,可以自由支配的闲暇时间增多,个人会在艺术、科学等方面得到充分发展。马克思在设想未来社会中的人时,还特别强调了个性的丰富性和活动的全面性。总的来说,马克思认为,只有在人与自然、个体与社会的协调关系真正形成的共产主义社会当中,人的全面发展才会充分实现,人才能成为具有高度审美意义的人。

(二)美育是实现人的全面发展的重要途径

在马克思和恩格斯的美育思想中,培养全面发展的人是美育的根本任务。他们将消灭私有制,铲除异化现象,建立共产主义作为实现人的全面发展的根本途径。但是,共产主义的建设既需要大力发展生产力,又需要通过教育的途径不断提高人的精神素质,使人走向全面发展。教育能够促进个性的自由发展,使人摆脱片面性、获得解放。

在马克思和恩格斯的思想中，美育对于实现人的全面发展具有独特的作用。具体来说主要体现在以下三个方面。

第一，美育对于异化现象具有一定程度的"纠偏"作用。马克思强调"劳动创造了美"，但同时也揭示了资本主义私有制下的异化劳动和分工对人性的摧残。如何解决这一问题呢？消灭私有制当然是最根本的途径，而在现实社会条件下，马克思认为："在异化范围内活动的人们仅仅把人的普遍存在、宗教，或者具有抽象普遍本质的历史，如政治、艺术和文学等，理解为人的本质力量的现实性和人类活动。"①"资本主义生产就同某些精神生产部门如艺术和诗歌相敌对。"②这实际上是说，当能够产生美的主要的实践形式——劳动，在私有制社会不可避免地产生了异化而不足以显示人的本质力量时，即"自由自觉"的实践活动能力的对象，至少还有"艺术和文学"，也就是实践的另一种形式——艺术生产。在一定程度上，艺术可以对这种异化进行"纠偏"和"救治"。因为，美的创造与欣赏具有强烈的情感性。美不带有直接的功利性，最具自由品格。审美活动是个体思想意识的活动，因此能够不受外界影响，充分调动自身情感体验和想象力，享受充分的精神自由。审美活动可以解放人的思想不再受社会条条框框束缚，能够纠正人类个性在社会影响下产生的"异化"现象。

第二，美育运用审美形象作用于人的情感，具有强烈的感染性，它能激发人的潜能、振奋人的精神，使人产生新的生命需要。需要是能力的内在规定，需要的丰富和发展促进了能力的丰富与发展，两者相互促进，形成良性循环，必然使人的发展不断趋于全面。

第三，美育帮助人们用艺术的方式把握世界，这对人们更好地认识社会和人生具有重要意义。马克思把人对世界的掌握分为物质性和精神性两类：物质性掌握是指人类的物质实践活动本身；精神性掌握是指人类用头脑对世界加以掌握，即世界在人的头脑中的具体再现，而精神性掌握又包括理论思维、艺术、宗教、实践、精神等多种方式。其中，艺术的掌握方式是通过创造美的形象来再现审美对象和表现审美意识，它既是对客观世界的反映，又是对主观感受的表现。艺术掌握世界的过程实际上就是美的创造过程，即人按照美的规律来改造客观世界和

---

① 马克思. 1844年经济学哲学手稿［M］. 刘丕坤，译. 北京：人民出版社，1979.
② 马克思，恩格斯. 马克思恩格斯全集：第3卷［M］. 中共中央马克思恩格斯列宁斯大林著作编译局，译. 北京：人民出版社，1972.

改造人类自身的过程。美育无疑有助于人们从整体上认识世界、了解人生，从而促进个人的全面发展。

（三）关于美育的来源与内容

1. 关于美育的来源

马克思和恩格斯没有把美育局限于艺术教育，而是认为美育必须与实践紧密结合，使美育渗透到社会生产、生活的各个领域。

首先，审美活动并不是凭空产生的，而是在生产生活实践中产生的，所谓"劳动创造美"就是这个道理。实践活动中产生了审美主体、审美对象和审美活动本身，人类通过五官感觉认识世界的美。所以，马克思认为，人的器官机能和审美形式一样，都是在长期的社会生产实践中发展起来的。除此之外，根据马克思主义学说："社会的人的感觉不同于非社会的人的感觉，只是由于人的本质客观地展开的主体的、人的感性的丰富性……"在这个论述中，"人的本质客观地展开"的意思，就是指人在社会生活中开展的实践活动。人类在实践活动的积累中，逐渐产生各种丰富的感觉，有了自己独特的审美。如果没有实践，没有社会创造活动，人类就不可能形成美感，更不要说对人的审美教育。因此，美育的来源和发展是社会生产生活实践发展的结果。

其次，美育作为一种精神意识形态，属于上层建筑的范畴，是由社会经济基础决定的。马克思主义认为，生产实践的发展，促使社会产生了国家、宗教、法律、科学、艺术等不同上层建筑形式，实质上它们是生产的特殊方式，同样受生产实践客观规律的支配。这个理论揭示了实践活动在社会中的重要地位，同时也揭示了它与艺术和审美之间的关系。根据马克思主义理论，美育本身就是一种社会实践活动，美育思想的产生发展与实践紧密相连，因此美育必须要在实践中进行，通过实践的检验才能发展。

2. 关于艺术美

首先，在马克思和恩格斯看来，艺术是美育的重要内容，他们非常重视艺术的审美作用与教育作用的有机统一。他们认为，一方面，艺术是人的创造物，是人的本质力量的对象化，是人们欣赏的对象；另一方面，艺术也以自己的美，对人的生活产生积极的影响，艺术的欣赏过程是伴随着人的愉悦体验的过程。人类对美的欣赏、对艺术的修养，是通过提高审美能力来实现的。

其次，马克思和恩格斯强调正确对待民族传统的文化艺术。建立在历史唯物主义和艺术创造的特殊规律的基础之上，马克思和恩格斯主张用美学和历史的观点来进行文艺批评，反对割断历史，强调发扬民族文化艺术传统，运用历史上的优良的艺术成果来进行美育。

3. 关于自然与自然美

马克思主义强调社会实践对美育的影响，同时也强调自然和自然美的价值。马克思和恩格斯反对人与自然之间的主体和客体说，反对将人类中心主义，更反对将人和自然看成一对矛盾对立。他们认为，人与自然是统一的、平等的关系。人是在自然界中生存的，人类为了实现自身发展必须与自然界和谐相处。人是自然界的一部分，人对物质资料的需求和精神生活需求全部来自认识自然和改造自然的实践中。马克思和恩格斯的这一理论，体现了他们尊重自然、强调人与自然和谐相处的生态意识。他们反对人类对自然的肆意破坏，崇尚自然界的美对人类审美意识的启迪。大自然为人类提供了丰富的物质生活资料，人们通过劳动等实践活动认识自然，并提高自我审美意识，大自然也是人类精神生活的源泉。例如，自然界中的动植物、阳光、空气、水等，一方面是人类生存所必需的物质资料；另一方面是人类精神加工的对象，是一切艺术活动的来源，自然界中的美给人类带来最初的懵懂的美育启蒙和精神食粮。在人类的实践活动中，人类首先将自然界看作劳动对象来获取生存必需的物质资料，在生存满足的基础上，才懂得发现自然界的美，并将其作为精神追求和艺术加工对象，最终变成人类精神生活的一部分。可见，在马克思看来，对自然美的欣赏同样是美育的重要内容，人们从中不仅可以得到娱乐和休息，更重要的是可以陶冶性情、健全人格、增强生命活力。

（四）意义与启示

美育的发展和人类社会的发展几乎是同步的，是紧紧联系在一起的。这是因为，社会实践活动促进美育的发展，同时美育也为社会变革和进步提供动力和精神支持。与以往脱离社会实际的"乌托邦"式的美育观不同，马克思主义美育理论从人类历史发展和人类社会实践活动中出发，具有重要的现实意义，是以促进人全面发展为目的的理论，也是对大学生进行美育教育的重要的理论依据。

1. 关于人的全面发展的问题

关于人的全面发展，在古希腊时期就有思想家和教育家提出来。到了资本主义文艺复兴时期，一些先进的教育学者投入对这一问题的深入研究当中，并提出自己的主张和理论学说。马克思和恩格斯从不同的角度研究人的全面发展问题。以往的主张和学说脱离社会实践，存在抽象性和空想性的弊端，只是提出了理论，并没有揭示实现人的全面发展的路径。而马克思学说，立足于社会历史实践，将人的全面发展和社会历史及现实的社会改造有机结合，提出实现它的物质条件和社会环境。目前，马克思主义理论中对于人的全面发展问题的研究，也是我国目前教育思想理论的哲学基础。马克思主义美育理论遵循着人是按照美的规律来创造世界与自身的这一基本理论创立的，它将美育作为人的全面发展的重要途径，从美育对人的生命活力的催生和整体性思维方式的把握等方面阐明其对于人的全面发展的独特作用，这些都为大学生美育研究提供了科学的方法论和坚实的理论基础。

2. 关于人的片面发展与美育问题

马克思运用辩证唯物主义的思维方法对劳动与美，以及劳动与人的全面发展的相互关系进行了科学分析。一方面，提出"劳动创造了美""生产劳动是造就全面发展的人的唯一方法"；另一方面，也阐明了私有制下的异化劳动摧残了劳动者及占有者的审美能力，社会化大生产的高度分工导致人的片面发展。马克思和恩格斯既从唯物史观的高度指出解决这些矛盾的根本途径，也明确了美育在其中能够发挥的重要作用。我国目前正处于社会主义初级阶段，实现人的全面发展虽然拥有政治基础，但社会分工也还在不断细化，科技发展带来新的异化现象，人的片面发展仍阻碍着人们享有美好人生、构建和谐社会。马克思和恩格斯关于人的全面发展的理论对于我们今天正确理解美育在高等教育中的地位和作用，有针对性地开展大学生美育工作具有十分重要的现实指导意义。

3. 关于美育的内容与途径问题

马克思和恩格斯站在唯物史观的高度，拥有广阔的审美视野。他们既看到了艺术对于人类认识世界、掌握世界，人类认识自我、完善自我，获得精神自由、人格解放所独有的美育功能，也看到了艺术在自然领域不仅为人们提供物质生活条件，也是人们提供必要的精神食粮，是我们取之不尽、用之不竭的审美源泉。同时，他们坚持美育与实践相结合，引导人们投身广泛的社会实践当中，去感受无比丰富和鲜活的社会生活美。美育的内容涵盖艺术美、自然美和社会生活美三大领域；美育的途径离不开实践，在实践中进行，用实践来检验。对于马克思和恩格斯这些思想，在理论上我们并不陌生，但在现实的大学生美育实践中如何真正融会贯通，还是一个值得我们深入探讨的问题。此外，马克思和恩格斯关于人与自然关系及生态问题的深刻阐释为当代美学新兴的一个分支——生态美学奠定了理论基础。在环境危机不断加剧的今天，马克思和恩格斯的思想理论仍令我们震撼和深思，也使我们深感加强大学生美育的迫切性。

二、列宁的美育思想

列宁继承和发展了马克思主义，形成列宁主义理论。列宁也没有专门的美学、美育著述，他的美学、美育思想是在运用马克思主义基本理论，结合自身社会主义实践，对形形色色的唯心主义和机械唯物论的批判中提出来的，主要渗透在他关于人的全面发展的思想和文学艺术美育理论之中。

（一）关于人的全面发展及其实现的理论

列宁继承并发展了马克思和恩格斯关于人的全面发展的思想。列宁提出，无产阶级国家政权建立之后，需要重视实现全体国民的自由、全面发展，才有利于发展社会生产，进行社会主义各项事业的建设。

1. 将马克思、恩格斯"人的全面发展理论"具体化，并作为社会主义发展的最高目标

列宁将马克思和恩格斯提出的"人的全面发展"理论更加目标化。认为实现人的全面发展，就是消除人的社会分工，通过教育培养出可以做"一切工作"的人，并将培养出"会做一切工作的人"作为共产主义社会的目标。通过教育和时间的累积，这样的理想目标一定是能够实现的。在这里，列宁升华了"人的全面发展"，不仅把它当成人的一种能力，更将它看作实现共产主义的有效途径。列宁还强调人的理想的重要作用，认为只有树立共产主义理想，才可以获得奋斗的动力；只有树立为人类社会发展服务的远大理想，才可以成为一名合格的共产主义者。可见，列宁将马克思主义人的全面发展的思想与现实社会生活紧密结合起来，使其更加具体化。

列宁将人的全面发展的思想写入党的纲领，积极促进这一目标的实现。1902

年，列宁主持制定了第一个共产党纲领，并在纲领中提出，满足社会中全体成员的需求，是无产阶级革命的最终目标。要实现这个目标，首先要实现社会生产的进步以保证人民的物质需求，在满足物质需求的基础上实现人的自由和全面发展。在这里，列宁将人的全面发展当作实现共产主义最高目标，并写进了纲领。

2. 大力加强全面发展的国民教育，积极探索实现人的全面发展的现实途径

列宁十分重视教育的作用，甚至认为"党处在教育工作的年代"，提出国民教育最迫切的任务之一，就是培养出全面发展的社会人才。在资本主义社会，教师的地位并不高，在社会主义社会中，列宁提出要提高教师的社会地位和物质待遇，使他们获得全社会的尊敬，进而提高修养，为国家培养优秀人才。列宁认为，必须提高全体群众的文化水平，这是国家文学、艺术、科学发展的基础，也是使社会强大起来的力量源泉。在列宁看来，提高全体国民的素质，就应该从基础教育做起，在贫困的地区建立学校，比在展览会上展出陈列品的效果要好得多。健全的教育是人全面发展的基础，其中美育是教育过程不可或缺的一部分。

3. 将教育与生产劳动相结合作为促进人的全面发展的重要途径

列宁以马克思基本理论为基础，结合当时实际的社会环境，提出教育要与劳动实践相结合，体力劳动要与脑力劳动相结合的理论，指导着当时社会条件下促进人的全面发展的教育目标。列宁认为，通过参与生产劳动实践，才能实现人的全面发展。而以往的教育弊端就是知识学习与生产劳动脱节，这样的教育培养出来的人才不符合共产主义对人的需求。共产主义学校就是要培养劳动和知识相结合的全面发展的人才。列宁指出："没有年轻一代的教育和生产劳动的结合，未来社会的理想是不能想象的，无论是脱离生产劳动的教学和教育，或者没有同时进行教学和教育的生产劳动，都不能达到现代技术水平和科学知识现状所要求的高度。"[①] 在列宁看来，人要想获得全面发展，能够参加生产劳动是基础条件。为此，列宁在《俄共（布）党纲草案》中明确规定："把教育和儿童的社会生产劳动紧密地结合起来。"这个规定中要求，在学校教育中要将知识文化的学习和劳动实践相结合。鼓励和组织学生参加一些与所学技能和美育相关的劳动实践，培养出"全面发展和受到全面训练的人"。

---

① 列宁. 列宁全集：第39卷［M］. 中共中央马克思恩格斯列宁斯大林著作编译局，译. 北京：人民出版社，1986.

（二）关于文学艺术美育的理论

为了培养全面发展的社会主义文化建设者，列宁阐发了大量关于文学艺术美育的理论。他的文学艺术美育思想是马克思主义美育思想体系的重要组成部分之一，其哲学基础是唯物主义反映论。他提出，艺术与其他社会意识形态一样是对生活的反映。文学艺术是对生活的反映，但不是直接简单的反映，而是复杂的、曲折的、能动的反映。列宁关于文学艺术美育的思想主要体现在文学艺术美育的功能、文学艺术创作的原则及如何对待文化遗产等方面。

1. 关于文学艺术美育的功能

第一，文学艺术美育的社会认识功能。基于"艺术是对生活能动的反映"这一认识，列宁把文学艺术看作人们认识社会现实的工具。他指出，文学艺术不同于运用概念的科学，它用具体形象再现和表现生活。在文学艺术对社会现实的认识功能上，列宁主要通过对托尔斯泰小说的剖析来体现。他在《列夫·托尔斯泰是俄国革命的镜子》中将托尔斯泰与19世纪俄国革命实践结合起来。他指出，托尔斯泰的文学作品中具有独创性，通过描写那一时期的社会生活，体现了当时俄国社会的政治生活，再现了俄国革命的特点。文学艺术作品中的矛盾，实质上是当时农民阶级和其他阶层矛盾的一面镜子。可以说，人们通过文学作品可以深入了解俄国社会的历史进程及革命特点。

第二，文学艺术美育的情感激励功能。列宁在关于艺术特殊性的论述中，肯定了文学艺术的教育和情感激励的作用。在他看来，艺术尤其是作为"人学"的文学，具有突出的情感性特征，也具有曲折生动、扣人心弦等无法代替的"优越性"，从而拥有其他认识形式所不能媲美的教育引导和情感激励功能。他认为，真正的文学艺术能教导人、引导人、鼓舞人。

在列宁看来，文学艺术作品要充分发挥教育和情感激励的作用，还应该具备下列条件。一是文学艺术作品既要有对社会生活广度和深度的把握，也要有作者强烈的主观因素和主体意识。二是文学艺术作品必须真实地反映生活。列宁对文学艺术中粉饰现实的任何形式都进行了猛烈批评。三是文学艺术作品中，丰富的思想内容与相应完美的艺术形式应达到不可分割的统一。他既反对艺术上的形式主义、唯美主义，也反对一切忽视艺术形式的庸俗化倾向。

2. 关于文学艺术美育创作的原则

第一，文学艺术是为人民服务的原则。列宁明确指出了文艺的作用，认为社会文艺要为普通的劳动人民服务，文艺要扎根于千千万万劳动群众之间，才能焕发生命力，完成自己的价值和使命。文艺要贴近人民的生活，抚慰人民的感情，满足人民的思想和愿望，才能够团结群众，提高他们的精神境界。文艺的另一个使命是，唤醒群众中的艺术家并帮助其发展。这就是社会主义社会文学艺术创作的基本原则与基本的目标。用一句话概括就是，文艺要深入人民群众，并成为人民群众精神生活的一部分，才能发挥它为人民服务的宗旨。

第二，文学艺术的党性原则。列宁强调文学艺术要发挥为无产阶级总的事业服务的作用。针对当时资产阶级鼓吹"自由写作""非党的革命性"等反动口号，列宁明确提出了"文学应该成为党的文学"的观点，即"文学的党性原则"。列宁指出：写作事业应当成为无产阶级总的事业的一部分，成为统一的、伟大的、由整个工人阶级的先锋队所开动的一部巨大的社会民主主义机器的"齿轮和螺丝钉"。

第三，文学艺术的艺术原则。列宁虽然主张"文学的党性原则"，但并不排斥文学艺术的艺术性，两者有着内在的统一性。他强调文学艺术要遵循其自身特殊规律，实现真正自由的写作和创作。

3. 关于文化遗产的批判和继承问题

在对待民族文化的问题上，列宁主张汲取各民族文化中的民主主义和社会主义因素，与各民族中占统治地位的资产阶级文化进行斗争；强调对于历史文化遗产应该批判地继承，强调没有文化遗产的继承就没有无产阶级文化的重要观点。列宁既反对不加分析地肯定一切倾向，也反对笼统地全盘否定一切倾向。在他看来，对待文化遗产，无产阶级要采取分析的态度，既不否定一切，也不全面接受，要有吸收、有扬弃、有借鉴、有剔除、有创造地对待。坚持批判地继承人类创造的全部优秀文化遗产，才能使无产阶级充实和聪明起来，才能利用前人所积蓄起来的"有益的思想材料"建设新型的无产阶级文化。值得注意的是，列宁不但把传统的思想、精神文化当作宝贵遗产，而且把具有悠久历史的美术陈列馆、图书馆、公园等都视为文化遗产。

(三)意义与启示

列宁将马克思主义美育理论与俄国社会实际相结合,形成新的美育理念。他的美育思想也是马克思主义美育思想的一个重要组成部分。它以唯物主义反映论为基础,坚持辩证唯物主义和历史唯物主义的原则,提倡人的全面发展,重视劳动教育及文学艺术美育,对于当今的大学生美育研究具有重要的指导意义。

1. 关于人的全面发展的思想

与马克思和恩格斯关于人的全面发展理论相比,列宁思想的显著特点在于它鲜明的实践性。列宁建成了人类历史上第一个社会主义国家,为人的自由解放,在社会制度、生产关系上打碎旧枷锁进行了开创历史先河的实践探索。他赋予人的全面发展理论更为具体的内涵,把发展生产力作为人的全面发展的现实基础,从大力发展国民教育、把教育与生产劳动密切结合等方面来积极探索实现人的全面发展的现实途径。这既是对于马克思主义关于人的全面发展理论的继承和发展,又实现了由理论到实践的飞跃。值得一提的是,在列宁的人的全面发展的思想之中渗透着美育思想,美育在实现人的全面发展的现实途径中占有不可替代的地位。

2. 关于文学艺术美育的思想

列宁虽然没有从事过文学创作,但他与马克思和恩格斯一样,有着良好的文学艺术修养,毕生执着文学艺术爱好。基于对文学艺术的深切体会和哲学家、政治家的理论视角,列宁创造性地运用马克思主义反映论,阐明了文学艺术美育的功能、文学艺术创作的原则及文化遗产的继承等重要问题,极大丰富了马克思主义艺术美育的思想。其对中国新民主主义和社会主义建设初期的文化建设带来深远影响,为大学生美育研究提供了思想内容和方法论的指导。

3. 关于劳动美育的思想

列宁继承了马克思主义的实践论,坚持劳动是改造人的最基本的方式,认为劳动美育应该贯穿一个人的终身教育。这一思想是值得我们认真思考的。劳动创造了美,离开劳动谈美育,特别是谈社会生活美育,一定是脱离根本,难以发挥实效的。

三、毛泽东的美育思想

毛泽东是伟大的马克思主义者、毛泽东思想的主要创立者,也是一位杰出的诗人。他学习马克思主义的美育理论，并将其借鉴过来，与中国社会实际结合，形成具有中国特色的美育思想。简单梳理这些美育思想，可以发现其包含社会生活美育、文学艺术美育和自然美育等诸多方面的内容。

（一）关于社会生活美育

毛泽东关于社会生活美育的核心思想是造就全面发展的人。具体说来就是以推翻剥削制度来解放人、以共产主义理想来激励人、以英雄人物来影响人、以社会主义教育来培育人。

1. 以推翻剥削制度来解放人

早在新民主主义革命时期，毛泽东就指出，长期的封建统治和近代的民族压迫下，中国人民的个性发展受到残酷的压制。新民主主义制度的任务就是建立自由平等的社会制度，解除封建束缚和民族压迫，解放劳动人民，使其能自由发展个性。在他看来，只有推翻剥削制度，解除生产关系对人的束缚，才能实现人的全面发展。中华人民共和国的成立，正是人的全面发展理论实现的政治基础。

2. 以共产主义理想来激励人

毛泽东在读书时代就开始追寻自己的理想。1913年，他在《讲堂录》中写道："理想者，事实之母也"。他主张确立理想要以真理为指导。之后，随着在革命实践中的不断求索，毛泽东逐渐认识到马克思主义是对历史最正确的解释，从而转变为马克思主义者，确认共产主义为他的最高理想，并为之奋斗了一生，且终身坚持以共产主义理想来激励人。

3. 以英雄人物来影响人

在青年时代，毛泽东就认为，要改造中国，仅"有功德于民，以死勤业"是不够的，"来日之中国，艰难百倍于昔，非有奇杰不足言救济"[1]。所谓"奇杰"的概念界定，毛泽东并没有明确的阐述，但是从他早期的文稿中可以看出，"奇杰"多涵盖的是英雄之美，凡是具备"负责精神""务实精神""勤奋精神""进取精神""独立精神""无私精神""爱国精神"等的可称之为英雄。毛泽东特别注重英雄人物对广大民众所能起到的鼓舞作用。例如：在革命战争年代，他为革命英勇献身的刘胡兰题词："生的伟大，死的光荣"；在社会主义建设时期，树立典型王进喜，倡导全国人民学习"有条件要上，没有条件创造条件也要上"的铁人精神；

---

[1] 毛泽东. 毛泽东早期文稿[M]. 长沙：湖南人民出版社，1990.

等等。他始终坚持以蕴含着信仰美、道德美、心灵美的英雄形象来引领时代精神。

4. 以社会主义教育来培育人

中华人民共和国成立之初，国家就提出了"使受教育者在智育、德育、体育、美育等方面获得全面发展"的教育理念。这一理念在教育部发布的各类教育文件中得到了全面贯彻，如1952年3月教育部颁布的《幼儿园暂行规程（草案）》《小学暂行规程（草案）》《中学暂行规程（草案）》，同年7月颁发的《师范学校暂行规程（草案）》等文件，都就"实施智育、德育、体育、美育全面发展的教育"作出具体规定与要求。这些教育政策的明确规定有效促进了学校教育对于全面发展的人的培养。

概括来说，毛泽东提出的全面发展的人的内涵包括拥有自由的个性、坚定的共产主义理想、高尚的道德情操、渊博的学识和各方面才能。

（二）关于文学艺术美育

毛泽东是遵循马克思主义的基本原理来进行文学理论研究和实践探索的，他的文学艺术美育理论形成一个科学体系，是对马克思主义艺术美育理论的继承和发展。

1. 关于文学艺术的本源与特性

毛泽东从马克思主义认识论出发，把实践观点贯彻到审美理论中去，对文学艺术的本源问题作出富有指导意义的科学论断。文学艺术作品作为观念意识形态，它的源泉就是社会生活。文艺作品是社会生活通过人脑的加工、反映而形成的。因此，人民和社会生活才是一切艺术取之不尽的素材和源泉。这一理论揭示了文艺作品的素材来源和它的本质。关于文学艺术的特性，毛泽东认为主要有以下几个方面。

一是典型性和普遍性。文学艺术虽然来源于生活，却通过一定的艺术加工形式表现，因此反映的问题比实际生活更富有典型性、普遍性、集中性。他认为艺术美克服了现实美的粗糙、琐碎与分散，更集中地表现出美的典范形态。并且，艺术美突破了现实美的时空局限，把现实美凝固在更高层次的精神产品之中，使美得以更持久、更广泛地流传。

二是阶级性和政治性。文学艺术作品中往往蕴含着作者的思想，是当时社会现实的反映。因此，任何文艺作品都有阶级性，是为一定的阶级服务的。超越现实的艺术，为艺术而艺术的文学作品是不存在的。毛泽东的这一文艺理论，是当时革命实践在文艺上的反映，根植于马克思主义的唯物史观，体现了艺术作为观念形态的上层建筑，决定于经济基础，并受政治形态的上层建筑制约的理论思想。

三是时代性和大众化。毛泽东指出：无产阶级领导的革命是人民群众的革命实践，革命文学艺术就应当适应时代特点和要求，使文学艺术和新时代的群众相结合，为人民大众服务。

毛泽东强调："我们必须继承一切优秀的文学艺术遗产，批判地吸收其中一切有益的东西，作为我们从此时此地的人民生活中的文学艺术原料创造作品时候的借鉴。"① 我国几千年的封建社会曾创造了灿烂的文化，因此在整理古代传统文化的时候，需要对其加以甄别，抛弃封建社会腐朽的、落后的文化，将优秀的传统文化保留下来并将其发扬光大。吸取传统文化中民族和民主性的精华，是发展社会主义新文化的基础。同时还要积极学习国外的先进思想文化，将其和本民族文化相结合，形成新的文学艺术形式。但这种吸收，必须是建立在有利于弘扬中华优秀传统文化基础上的吸收，而非生吞活剥地、毫无批判地吸收。毛泽东深入阐释了对于民族传统的文学艺术和其他民族的文学艺术的继承与借鉴的目的和方法，具有理论指导性和实际操作性。

2. 关于文学艺术美育的实施原则

一是美育必须与社会实践相结合。这是马克思主义美育观对美育的重要途径和突出特点的基本认识。毛泽东从认识论的角度，区分了人类生产斗争、阶级斗争和科学实验三大实践类型，明确社会实践是人的认识来源。

毛泽东在《实践论》《人的正确思想是从哪里来的？》中有关实践的哲学理论，从中延伸出了毛泽东独特的美育思想。他论述了感觉和理解之间的关系为辩证统一的关系。人"感觉到的东西"并不一定能理解，但"理解了的东西"一定是经过了比较深刻的感觉。感觉到的是事情的表现，理解的才是事情的本质。明确表达了感性认识与理性认识的辩证关系，指明了由实践到认识，再实践到再认识，不断往复——这一不断使人类认识得以深化的必要途径，引导艺术创作者不断深入广泛的社会实践中。他进一步强调：具有革命思想的文学家、艺术家，

---

① 毛泽东. 毛泽东选集：第3卷[M]. 北京：人民出版社，1991.

要想取得一定的艺术成就，就必须要深入到群众中去，长期和群众在一起，发现、观察、体验他们的生活，他们的思想感情和喜怒哀乐。人民才是艺术创作丰富的源泉，发现人民群众中的阶级斗争形式、生活方式才是文艺最原始的素材来源，再进行艺术创作，作品才更真实生动。这种论述揭示了艺术创作一般途径和美育的基本规律。

二是革命现实主义和文艺浪漫主义相结合。文艺创作过程中，现实主义注重客观事物真实性描写，真实地显现典型环境中的典型人物。浪漫主义强调在反映现实生活的基础上，抒发对于理想的热烈追求。毛泽东在批判地继承以往文学艺术创作中优良传统的基础上，将革命的现实主义与革命的浪漫主义真正结合起来。早在1939年，毛泽东就根据抗日战争形势和文学艺术的任务，提出过革命现实主义和革命浪漫主义的口号。中华人民共和国成立后，结合我国古代文艺发展特征和社会历史现实，再一次强调将革命现实主义和浪漫主义结合的创作方法，通过文艺作品实现现实与理想的统一，为文学艺术创作的繁荣提供了条件，为美育开辟了新的境界。

三是革命内容与完美的艺术形式相统一。毛泽东认为文学艺术作品是对生活更高、更理想、更典型的艺术再现，是按照美的规律创造的，因此文学艺术本身审美价值的高低，既包括对思想内容的要求，也包括对艺术形式的要求。思想性强、艺术性高的作品，才能够满足欣赏者的审美要求，给人以深刻的教育。他既强调文学艺术内容的政治性、革命性，又主张绝不能忽视文学艺术的艺术形式。因此，毛泽东明确要求美育工作者要把为人民创作的革命动机和良好的审美效果统一起来，真正使自己的创作达到政治和艺术的统一、内容和形式的统一、革命的政治内容和尽可能完美的艺术形式的统一。这既是艺术美创造的原则，也是艺术欣赏的指南。

3. 关于文学艺术美育的功能

毛泽东认为，人类全部活动的目的，是改造客观世界以满足主观需求，同时改造主观世界以符合客观规律，从而不断走向更美好的理想境界。文学艺术作为一种审美实践活动，是人们实现这一目的的独特手段之一。文学艺术美育的功能主要体现在以下三个方面。

一是文学艺术的政治教育功能。毛泽东强调文学艺术的革命功利性，并把满足人民群众日益增长的审美要求作为考察文学艺术价值观的基本尺度。他认为，文学艺术作品是具有政治辅助功能的。文学艺术作品的创作目标，应该是鼓励群众团结一致，抗击侵略者的侵略，这样的文艺作品是积极向上的，是好的文艺作品；而腐朽的、反动的、不利于团结和抗日的作品，会使群众思想倒退，便是坏的文艺作品。毛泽东还主张将现实中存在的各种进步人物和事迹加入文学创作中，借助他们的榜样力量帮助群众进步，使文艺作品最大限度地发挥对人民的思想政治教育作用。

二是文学艺术的认识功能。毛泽东非常喜爱《红楼梦》，曾多次提及此书。其中他讲道：《红楼梦》里的"陋室空堂，当年笏满床；衰草枯杨，曾为歌舞场。蛛丝儿结满雕梁，绿纱今又糊在蓬窗上"，表明了封建社会家族的瓦解崩溃，造成土地所有权的转换，也助长了农民对土地的留恋心理。他还谈到这部书所描写的贾氏家族内部长幼的矛盾纷争，折射出我国封建家长制的不稳固由来已久，家长制处在不断分裂之中。这无疑都是针对《红楼梦》的认识功能的分析。

三是文学艺术的审美功能。文学艺术的审美功能集中体现在它可以超越语言的局限，把人们直觉到的意义和体验到的情感表达出来，并使欣赏者的情感表现得到激发。毛泽东指出，文学艺术是一种审美，它的功能在于激发人的意识，使人觉醒，进而有改造自我生存环境的欲望。这也是革命文学的全部价值体现和审美功能。在建党初期，毛泽东就非常重视文学艺术的审美功能，他强调，必须要认识到，革命运动必须有文学艺术的推动，否则就无法顺利进行。

（三）关于自然美育

毛泽东自然美育的思想亦主要是通过他的诗词来表达的。例如，在诗中，他用"春风杨柳万千条""待到山花烂漫时"描画明媚灿烂的春；用"赤橙黄绿青蓝紫，谁持彩练当空舞"勾勒繁茂缤纷的夏；用"万山红遍，层林尽染"渲染娇艳丰硕的秋；特别是用"望长城内外，惟余莽莽；大河上下，顿失滔滔。山舞银蛇，原驰蜡象，欲与天公试比高"描绘雪飘冰封的冬，诗中既生动呈现了北国冬雪的壮美，又充分表达了诗人对祖国山河的挚爱和革命家博大豪放的胸怀。毛泽东的诗词寄情于景、借景抒情、以景明志，既抒发了以他为代表的无产阶级和广大人民群众不畏艰难困苦，征服自然、改造世界的雄心壮志，又体现了他对自然美的欣赏。

（四）意义与启示

毛泽东的美育思想是毛泽东思想的组成部分，是马克思列宁主义美育观与中国革命和文学艺术实践相结合的产物，是马克思主义美育理论的中国化。毛泽东以辩证唯物主义和历史唯物主义为理论支柱，以艺术与现实的美学关系为立足点，以革命实践与艺术实践为客观标准，构建了他的美育思想体系。其文学艺术美育理论在相当长的历史时期，不仅是我国文学艺术创作的指导思想，也是评价文学艺术的理论规范，对我国的文学艺术美育实践产生了深远的历史影响。人的思想都来源于特定的历史时代，毛泽东的美育理论虽然不可避免地带有历史的印迹，但其中不乏真知灼见，在今天仍值得我们认真领会并付诸实践，对大学生美育具有现实的指导意义。

1. 关于社会生活美育的核心——人的全面发展的思想

毛泽东领导中国人民在一个经济文化比较落后的半殖民地半封建国家推翻了剥削制度和民族压迫，建立了社会主义制度，为实现人的自由解放创造了政治基础，这是对马克思主义人的全面发展理论的实践与发展。毛泽东以理想之美激励人，以英雄之美影响人，以社会主义教育培育人的审美思想，在几十年的中国革命和中华人民共和国成立之初的社会主义建设实践中充分证明了其有效性。改革开放以来，随着市场经济的深入，现代化的发展和物质生活的丰富，思想观念中的物质功利性在不知不觉中取代了革命功利性，侵蚀着当代人也包括大学生的心灵，理想信念缺失、美丑颠倒、道德滑坡的现象不仅存在于社会中，在高校中也并不鲜见。现实呼唤着理想信念，呼唤着令人信服、发人深省、激人奋进的英雄人物，呼唤着顺应时代发展的更为全面的教育。我们可以从审美的角度对这些需求积极地给予应答，这些需求应纳入大学生美育关注的视野当中。

2. 关于文学艺术美育的理论与实践

毛泽东关于文学艺术美育的理论虽然主要继承于列宁的文学艺术美育思想，但在许多方面都具有一定的开创性。如他基于实践阐明了艺术与生活的辩证关系，指出艺术是经过加工的现实生活，文学艺术来源于生活，比实际生活更集中、更典型、更理想，展现了普遍性的社会问题，不仅与以往唯心主义思想家脱离现实、"纯艺术"的观点迥然不同，也有别于马克思主义诞生以前的唯物主义美学家，仅把文学艺术看成是对现实世界的"模仿""复制"或"再现"的思想，并较之前的马克思主义经典作家的相关论述更集中、更概括和更明朗。

此外，毛泽东关于感性认识与理性认识的辩证关系的理论，关于文学艺术为群众和如何为群众这个根本性、原则性问题的阐述，关于文学艺术的批判继承、借鉴与革新问题等一系列科学论断都体现了马克思列宁主义基本理论与中国文学艺术实践紧密结合的特色，都丰富并完善了整个马克思主义美育理论体系，也为我们探索当代大学生美育的规律、指导大学生进行艺术美的欣赏和创造提供了理论工具。作为毛泽东文学艺术美育实践成果的毛泽东诗词，堪称中华民族文化的宝贵精神财富，它的美育功能体现在审美认识、情感陶冶和意志培养等诸多方面，是大学生美育中的重要内容，为我们提供了难得的教材。

四、邓小平的美育思想

邓小平是伟大的马克思主义者，中国社会主义改革开放和现代化建设的总设计师，创立了先进的邓小平理论。邓小平的美育思想以马克思列宁主义美育理论为基础，结合中国当代社会实际而形成。他虽然没有留下专门的美学、美育著作，但蕴含于邓小平的政治、经济、文化理论中的丰富的美育思想，对改革开放以来我国的美育实践及文学思潮产生了深远的影响。

（一）培养"四有"新人与美育

邓小平提出社会主义精神文明建设。他强调，建设中国特色社会主义，要一手抓物质文明建设一手抓精神文明建设。并且提出具体的目标"五讲四美三热爱"，要求青少年要做有理想、有道德、有文化、有纪律的社会主义接班人。邓小平认为，社会主义的建设本质不仅表现在发展生产力、实现共同富裕的物质目标上，也表现在精神文明建设方面。建设社会主义，关键在于造就千千万万"有理想、有道德、有文化、有纪律"的社会主义"四有"新人，"五讲四美三热爱"则是培养"四有"新人的重要途径。

邓小平所倡导的社会主义"四有"新人，在某种意义上，可以说是对马克思提出的"全面发展的人"在中国改革开放新时期的另一种解读。"五讲四美三热爱"是社会主义精神文明建设的重要组成部分，同时也是卓有成效地开展美育的社会活动方式。邓小平以其深邃的审美洞察力和实事求是的科学态度，充分肯定了"五讲四美三热爱"活动是提高全社会成员的道德水准和审美情趣，培养社会主义"四有"新人的有效途径，深刻阐明了美育与"两个文明"建设及造就具有新时代审美精神风貌新人的内在联系，从而有效推动了社会生活美育的蓬勃兴起。

与此同时，以邓小平同志为核心的党的第二代中央领导集体也充分认识到全面发展的学校教育，特别是久被忽略的美育对于培养"四有"新人的重要作用。党的十一届三中全会后，作为美育主要途径的学校艺术教育得到恢复。1986年3月，国务院制定颁布的《中华人民共和国国民经济和社会发展第七个五年计划（1986—1990年）》中明确规定："各级各类学校都要加强思想政治工作，贯彻德育、智育、体育、美育全面发展的方针，把学生培养成为有理想、有道德、有文化、有纪律的社会主义建设人才。"标志着美育在我国的教育方针又得到应有的重视，成为不可缺少的"一育"，充分肯定了在学校教育中，美育对于培养社会主义"四有"新人所具有的重要作用。邓小平对于美育的重要内容、观念形态的上层建筑——文学艺术非常重视，强调文学艺术美育对于精神文明建设、"四有"新人的培养具有特殊意义。他认为文学艺术因其独有的性质和功能对于人民特别是青年的思想倾向有很大影响。可以说，邓小平关于社会主义"四有"新人的思想是马克思主义关于人的全面发展的理论在中国当代的继承和发展。他不是单纯就美育来谈美育，而是将美育、培养"四有"新人的根本任务与建设社会主义的大目标紧密地联系在一起，把美育包括社会美育、学校美育，特别是文学艺术美育作为培养社会主义"四有"新人独特的、不可替代的重要手段。

（二）文学艺术美育的功能与特性

邓小平把文学艺术纳入建设两个文明理论的总框架，提出要提高民族科学文化水平，丰富群众的文化生活，发展社会主义精神文明。他关于文学艺术美育的理论非常丰富，较为集中的论述主要涉及文学艺术美育的功能与特性两大方面。

1.关于文学艺术美育的功能

文学艺术作品是一个以审美价值为核心的功能价值系统，它一旦为人们所接受，这些功能价值就会释放出来，从而影响人们的心灵，产生一定的社会作用。邓小平认为，好的文学艺术作品不仅能够使人得到娱乐和美的享受，也能够使人民得到教育和启发，从而发挥良好的社会效应。在社会主义市场经济条件下，文学艺术作品必然要进入市场产生一定的经济效益，但文学艺术作品的社会效益和经济效益并非并驾齐驱。邓小平强调，文学艺术创造决不能片面追求经济效益，思想、文化、教育、卫生部门，都要以社会效益为一切活动的唯一准则。

邓小平敏锐地察觉到文学艺术美育巨大的社会影响力。他曾明确指出，某些违背了"四项基本原则"的文学艺术作品所造成的精神污染危害很大，它们宣扬形形色色的个人主义，妄图混淆是非，通过宣扬享乐主义混淆人们的意志力，使人们产生与社会主义离心离德的情绪，不利于社会团结，助长一部分怀疑以至于否定社会主义和党的领导的思潮。他要求文学艺术创造"要通过有血有肉、生动感人的艺术形象，真实地反映丰富的社会生活，反映人们在各种社会关系中的本质，表现时代前进的要求和历史发展的趋势，并且努力用社会主义思想教育人民，给他们以积极进取、奋发图强的精神"[1]。为此，他根据时代需求重新定义了社会主义时期没有的特征。

2. 关于文学艺术美育的特性

邓小平提出，文艺工作者要始终坚持文艺作品为人民服务的原则，坚持做对人民负责的文艺工作者。在艺术创作中要坚持精益求精的原则，考虑作品将会产生的社会影响，为人民群众提供积极健康的精神食粮。邓小平认为，社会主义文艺作品要具有四个特征。

一是人民性。邓小平认为，人民才是社会主义文学艺术服务的主体。艺术是属于人民的，文艺工作者的一切艺术创作活动最终就是为人民提供"精神食粮"。如果文艺工作者割裂艺术和人民之间的联系，艺术创作就失去了源泉和生命。邓小平认为文艺具有社会功利性，反对为艺术而艺术，以及文学艺术超越历史现实的唯心主义观点。

二是艺术性。邓小平认为文学艺术在精神文明建设、"四有"新人培养方面要发挥应有的作用，还必须具有较强的艺术性。他认为文学艺术是反映现实的一种手段，因此要以现实社会内容为支撑，同时富有文艺作品的生动性。而艺术工作者在创作时不应该闭门造车，要走入群众中，倾听群众的意见。他同时指出，党对文艺工作的领导，不应该是政治命令，不应该将政治任务强加给文艺工作者，而应该以党的思想为指导方针，根据文学艺术特征和发展规律，为文艺工作者的创作提供条件，帮助他们创作出更多更好的文学艺术作品，来繁荣祖国的文学艺

---

[1] 邓小平. 邓小平文选：第2卷[M]. 北京：人民出版社，1993：209-210.

术事业。邓小平反对对艺术创作进行过多的行政干预，提倡尊重文艺创作的规律，以期为我国文艺发展作出贡献。

三是政治性。虽然政治干预会阻碍文学艺术的发展，但是我们也应该看到，文学艺术是为社会和人民服务的，因此具有政治性。优秀的文艺工作者在艺术创作过程中都会考虑国家、党和人民的利益，考虑作品将会在人民群众中带来的社会影响。在邓小平看来，新时期文学艺术的"政治性"就是为全国人民的最大利益和社会主义现代化建设服务。文学艺术的人民性即是文学艺术的政治性，这是邓小平文学艺术思想的核心。

四是多样性。邓小平认为社会主义文学艺术创作应该百花齐放。人民群众因为年龄不同、职业不同、民族不同、生活习俗不同及受教育程度不同，对艺术有着不同的偏好，有喜欢幽默风趣的、有喜欢情感细腻的、有喜欢富有哲理的。只要是能够满足人民精神需要，使群众获得教育和启发的文艺，都要大力支持其发展，成为文艺百花园里的一朵。文艺作品中内容的选择也应该更多样，从古代英雄人物到普通劳动人民，从宏伟的历史政治到普通人的喜怒哀乐，不拘泥于题材，都应该在文艺作品中有所反映。围绕着建设四个现代化的目标，文艺作品在党的方针路线和正确创作思想指导下，应该丰富创作题材和表现手法，敢于进行一些创新，才能走出单一、刻板、机械的公式化模式，使文艺创作丰富多彩。邓小平的这些观点有效地推动了"双百"（百花齐放、百家争鸣）方针的贯彻落实，极大地促进了新时期文学艺术的蓬勃发展。

（三）意义与启示

邓小平的美育理论是邓小平理论的重要组成部分。它是针对新时期我国社会主义建设、人才培养、文学艺术实践等方面所面临的新情况、新问题，运用马克思主义基本原理进行分析研究所得到的正确认识，是对马克思主义美育观的继承、实践和进一步发展，是新时期我国美育实践的指导方针。

1. 关于培育社会主义"四有"新人的理论

邓小平在对社会主义本质创造性的认识的基础上，提出社会主义"四有"新人的培养问题，把人的全面发展和实现共同富裕作为社会主义的根本目标，这是对马克思主义关于人的全面发展理论的继承与发展。他高度重视美育对于培养"四有"新人的重要作用，并从社会生活美育、文学艺术美育等各个层面积极倡导加强美育。在今天，面对多种多样的网络信息，使大学生拥有正确的审美观念，增强大学生美育的自觉意识，使大学生能够抵御假、恶、丑的诱惑，吸纳真、善、美的营养，对于促进大学生的全面发展具有重要的意义。

2. 关于德、智、体、美全面发展的教育方针

以邓小平同志为核心的党的第二代中央领导集体，开创了社会主义新时期，提出了德、智、体、美全面发展的教育方针，使美育在失落了几十年后重返教育领域，为学校教育切实培养全面发展的学生提供了政策保障。虽然这一回归之路并非一帆风顺，但这第一步至关重要，自此，学校美育蓬勃发展，迎来了欣欣向荣的春天，也开启了大学生美育理论与实践的新篇章。

3. 关于文学艺术美育的理论

邓小平的文学艺术美育理论以马克思主义实践观为核心，创造性地继承和发展了马克思列宁主义及毛泽东的文学艺术美育思想。与毛泽东一样，邓小平高度重视文学艺术美育的社会效应，强调文学艺术的思想教育功能和美育功能，倡导社会主义文学艺术的艺术性和人民性。同时，他又根据社会主义建设新时期的时代特点和形势需要，研究文学艺术发展的新情况、新问题，及时调整对于文学艺术与政治关系的认识，明确规定了党在新时期的文学艺术发展方针。邓小平的文学艺术美育理论充分体现出与时俱进的时代特征，其思想内容为大学生美育发展提供了理论指导。

纵观马克思主义的美育思想，一方面，无论是其创始人马克思、恩格斯，还是其继承和发展者列宁、毛泽东、邓小平，他们都是在辩证唯物主义和历史唯物主义理论的指导下，坚持从实际出发，不断实现理论创新，其思想都具有鲜明的时代特征。另一方面，他们的思想也明显体现出历史的传承性，如他们对美育实践性的强调、对文学艺术美育理论的特别关注及系统阐述等。他们的思想中都有一条一以贯之的红线，即人的全面发展的思想；他们都不是抽象地谈美育，而是把美育作为人的全面发展的一个重要手段，这一思想在我国一直传承至今。

第三章 当代高校美育现状及问题分析

随着社会的发展和进步，人们对于美育的认知和实践也在不断深入。从某些角度来看，美育的发展能够提高人类总体素质，满足其精神生活需求。高校美育是人类美育教育的一个重要途径，特别是对培养社会主义现代化人才方面，发挥着十分独特的作用。本章内容为当代高校美育现状及问题分析，包括当代高校美育现状、当代高校美育的问题分析。

第一节 当代高校美育现状

高校是国家培养高素质人才的重要基地，高校的美育在教学过程中有着非常重要的地位，甚至贯穿于德育、体育、智育的各个学科中，构成完整的美育系统。美育可以提高人的审美素养，是审美活动的必要环节，美育过程中必须与审美创造、审美传播、审美鉴赏相融合，因此，在高校美育过程中，必须遵循育人的教育规律及审美活动的规律。美育促进人的全面自由发展，在教育体系中的重要作用毋庸置疑，是关键一环。青年大学生的能力素质水平将决定一个国家和民族未来的发展前景。高校肩负着为国家培养优秀人才的重任，因而高校是开展美育的重要场所，也是重拾美育的重要阵地。在高校教育中，高校管理层、教师与学生在重拾美育的过程中发挥着举足轻重的作用，了解当前高校教师与在校大学生对于美育现状的态度和评价，在解决高校美育困境，寻求发展美育、丰富美育途径等方面具有重要意义。

一、高校美育的总体评价

（一）高校美育是高等教育中的薄弱环节，实效性较低

有学者就高校的美育现状展开了研究，结果发现七成以上学生认为没有接受

过美育教育。这是因为，大部分高校只注重专业课程建设，没有开设美育相关课程。除此之外，美育的实用性不高，注重提高学生的内在素养和审美意识，短时期内无法看到实际的教育效果。高校开展美育的途径主要有七种：一是将美育渗透到对学生的思想教育中；二是艺术类课程的开设；三是在选修课中增设一些传统文化教育等人文素养课程；四是学校组织举办与美育相关的讲座；五是增设人文、艺术类学生社团，开展校园文化活动；六是建设优美校园环境、和谐的人文环境；七是鼓励专业课教师在课堂上渗透美育教育。鼓励教师挖掘课程中的美育因素，积极发挥课堂上的美育教学优势，让学生切实感受到该门课程的美学意义。目前，高校学生感受不到美育，这说明高校还没有发挥以上美育途径的作用。例如，开设美术、音乐等艺术类课程，人文素养选修课和开展校园文化讲座，这些能够直接体现美育教育目标的形式几乎都不能做到，更不要说靠专业课教师在课堂中融入美育、校园环境建设这些相对隐蔽的美育形式，更是无法让学生感受到美育的存在，因此美育效果不突出也在情理之中。与专业课相比，美育的教育意义显得可有可无，因此并不受教师和学生的重视。特别是美育的功能很难在短时间内发挥作用，时效性低。

有关研究表明，超过八成以上的教师对高校美育持赞成态度，同时认为高校美育环节确实是高等教育中的薄弱环节，应当加强高校美育建设。一方面，教师认为高校缺乏对美育的重视程度，高校美育的被感知度较低，再加上学生和教师的美育意识薄弱，进一步加剧了高校美育的被忽视程度，从而促使学生和教师基本没有对学校美育产生感知。另一方面，由于高校美育的被感知度低，其所具有的育人功能也很难发挥作用，这导致高校美育虽然具有促进学生人格养成的功能和目标，但是在提升学生审美意识、提高学生审美能力、养成学生完整人格方面显得"力不从心"。新时期，美育的核心是对人和人的精神需求的关怀，培养人们在生活中发现美、欣赏美、创造美的能力。唤醒人们内心对美的追求，从而完善自身的人格。但是，目前而言高校美育还没有完全发挥它的作用，在通过美育提高学生综合素质方面，还有许多工作要做，需要从思想意识层面认识到美育的重要功能。

（二）高校师生对于开展高校美育普遍持积极肯定的态度

对于美育对学生素质的提高和人格培养的功能，高校中大多数人持认可的态度，认为美育可以使学生加深对于美的理解，可以对大学生的世界观、人生观和价值观形成正确的引导，促进学生的全面发展和成长成才。

第一，高校美育有利于大学生树立正确的世界观、人生观和价值观，使大学生能够正确判断真假、美丑与对错。通过高校审美教育，大学生首先能够认识到什么是真善美，什么是丑恶；什么是正确的事情，什么是错误的事情；什么是虚假的，什么是真诚的；等等。提升对美好事物的追求，约束自身的行为，提升自我的道德品质，对大学生的发展和成才具有重要作用。有关研究表明，高校美育是对大学生进行综合素质提升和培养的重要举措，能够促进大学生形成更加完善的人格，树立良好的三观。大学生的成才不仅是专业技能的提高，还应该增加自身知识的积累，美育课程能帮助学生开阔视野、丰富知识，提高对美好事物的认识和判断，因而高校美育不仅是知识层面的教育，更是思想意识层面的教育和提升。

第二，高校美育能提高学生的审美素养。只有具备了发现美、欣赏美的能力，才能创造出美，促进大学生的全面发展。席勒是提出"美育"概念的第一人。他认为美育的内涵是自由，是人性的解放的自由，是通过审美克服人性分裂，走向人性完整；是超越实在的一种审美的自由，是一种"心境"意义上的自由。高校师生普遍认可美育能提高大学生发现生活自身美好的能力，而这样的能力是提高审美素养的基础，因为审美素养体现的是一种全面的综合素质，需要持续积累和培养。大学生只有提高自身审美素养，才能在生活中发现美、体验美，养成自由的"心境"。学校美育让学生对美有了新的认识，不是将美局限于单一的外在美，而是深刻理解美的真正内涵，从而能够发现身边更多的真善美，能够让学生更加自由、轻松、快乐地学习和生活，高校美育是一种让学生更多地感受到生活正能量的教育，对大学生的全面发展成长成才具有重要的积极作用。美育一方面能够培养对美的认识和感受，提高个人修养；另一方面，美感可以丰富个人生活情趣，养成良好的兴趣爱好，丰富个人生活。除此之外，还可以开阔视野，提升艺术品位。因而，高校美育不仅是一个能够提升个人综合能力素质的教育，也是一种能够极大丰富大学生精神生活的教育，对大学生的全面发展和成长成才具有积极的促进作用。

第三，高校美育能够提升个人素养和气质，提升大学生在人际交往中的魅力，增加求职就业的成功率。美育是美的教育，是人指向人的心灵的教育，是人类通向美的境界的阶梯。具有审美素养的人，言谈举止、举手投足之间都会彰显长期接受教育而逐渐积累形成的内在修养，展现出一种高雅的气质。因此，高校师生都认为加强高校美育能够提升大学生的内在素养，彰显高雅气质，能够使自己在人际交往中焕发更多的魅力，获得更多的人脉关系，受到他人的尊重和欢迎，同时能够增加求职就业方面的成功率。学校美育，一方面能够让学生接触到更多高雅的艺术，在美育的熏陶中逐渐养成不凡的气质，彰显大学生有文化、有素质、有修养的一面，在同他人的交流过程中，能够显现出大方得体的良好形象，这些能够为我们的就业面试增分。此外，通过具体知识的教授和学习，学生能够广泛了解和掌握有关音乐、美术、服饰、色彩等方面的知识，不仅能够丰富学生的爱好，增进学生同他人的交流，获得更多成长的机会，而且接受一段时间的审美教育，学生无论在思想上还是在行为上，都会逐渐养成良好的习惯，对于他们在未来能够成为一名更加出色的人十分有益处。

美育意识是高校教师所必须具备的重要意识之一，高校加强美育建设，不仅能够促进学生美育意识的加强，有利于其自身的人格养成和顺利成长成才，也有利于教师美育意识的提高，促进教师全面综合素质的提高和教育教学能力的提升。

第一，高校美育能够促进教师提升美育意识，有利于教师更好地开展教育教学活动。大部分高校教师认为美育意识是高校教师所必备的意识之一。在高效课堂上，教师通过自身丰富的知识积累、得体的言谈举止和独特的人格魅力，将一堂生动、充实的专业课程教授给学生，这就是一种审美教育的过程。高校美育是一个系统工程，每一位教师都应该具有美育意识，注重自身的一言一行，有意识、有目标地对学生的思想意识施加积极的影响，这是教师开展教育教学活动的有力保障。

第二，美育意识对于教师成长和综合素质提高具有重要意义。一方面，具有美育意识的教师会将美育的内容和方式方法融入教学的全过程。这种具有新意的美育思想的融入，会使课堂更富生机和生命力，能够提升学生的学习兴趣，提高课堂教学效率。另一方面，具备美育意识的教师，在言谈举止和自我提升方面会提高对自己的要求，无论是在课堂的授课过程中，还是在日常与学生的交流过程中，美育意识都会贯穿教师行为和思想的始终，因而教师会有意识地从美育的角度来自觉约束和形成自身合乎"美"的言谈举止，这对于提升高校美育效果，树立高校教师的良好形象和影响力具有积极的促进作用。

具备美育意识的教师会有意识地在自我修养和自我提升中注重补充美学方面的知识，这既是教师对学生进行美育所必备的知识储备，也是高校教师逐渐形成和完善自身的审美素养的必然要求，因而高校教师具备美育意识会促进教师自身综合素养的提升。

二、高校美育的认知现状

了解高校师生对高校美育的评价和态度，是建设和发展高校美育的思想前提，而对高校美育目前具体情况的掌握对于进一步建设和开展高校美育具有关键性作用，是决定高校美育建设应该从何处着手，采取何种措施的重要依据。有关研究表明，目前高校师生对美育概念的认识存在多样化现象。

美育是审美教育的简称，曾经被称为"美感教育""情感教育""人格教育""艺术教育""审美观教育""审美能力教育""美学知识教育"等，这样的称谓表明过去大多数人对于美育的概念和范畴的认识以偏概全，因而造成大众对于美育认识的长期不一致，对美育概念的界定模糊。大学生对于美育概念认识的不一致，有的甚至明确表示不知道什么是美育。

第一，认为高校美育是课堂中对学生进行的审美知识和审美感受的教育。对高校美育作出进一步认识补充的学生认为美育课程是高校美育的重要方面。但是，通过分析大学生的表述，发现有部分学生对于高校美育的评价是以高校是否开设美育课程为标准的，他们认为高校美育就是高校的美育课程教育，这些学生认为课堂是教授审美知识，培养审美感受的重要途径和场所。

部分表示自身感受到高校美育的大学生认为，学校开设美学教育课程让学生有机会直接地接触生活中的美与真。还有大学生表示对高校美育感受不深刻，专业课压力大。选修课涉及美育，学生也都是为修学分才选的，表示不能感受到学校美育的学生认为，学校基本上没有开设过相关的课程，因为学校开设的课程基本上是和专业教育相关的内容，即使有少量的美育方面的课程，资源也很少，所以几乎不能感受到学校美育。从学生的表达可以看出，学生将美育课程作为高校是否存在美育的重要评价标准，即认为高校美育是课堂中对学生进行的审美知识和审美感受的教育。

第二，认为德育就是美育，将德育与美育相混淆。一些学生对于德育和美育的界限并不清晰，或者将二者相混淆，或者将二者同一。美育和德育都是教育的要素之一，都具有培养人的功能和作用，但是美育和德育又都具有各自的特色及教育的特殊目的和目标。德育主要在于培育具有自觉的道德意识和高尚的道德行为的人，也就是道德感强烈、一心向善的人；美育主要培育具有先进的审美感官和高度的审美能力、能独立从事审美欣赏、独立从事审美创造的人，也就是执着进行审美追求的人。美育在德育教育中起到了不可忽视的作用。在德育过程中融入美育形式，如可以通过艺术鉴赏、文体活动、学习实践、文明规范等形式，使德育过程更加生动有趣，学生才能真正融入其中，得到熏陶。王国维对美育的功能进行了概括，在《论教育之宗旨》中，他指出，"美育者，一面使人之感情发达，以达完美之域；一面又为德育与智育之手段"。[①] 因而，我们可以发现，大学生目前并不能真正理解美育的内涵，存在对美育的片面认识。

第三，认为美育就是对审美能力和审美素养的培养和教育。有学生对于美育的看法与其他大学生看待美育的视角不同，他们没有过多地考虑学校美育是通过何种方式、借用何种载体来开展的，而是从美育的效果着眼，提出了学校美育是学校对学生审美能力和审美素养的培养和教育。大部分学生对美育课程持肯定态度，表示学校开设了美育课程，且在学生的日常生活中通过各项活动把正确积极的审美观融入大学生的生活之中，这种方式能深入培养大学生的美学素养，有利于大学生美学素养的形成。学校立足于当前大学生审美素养的现状，以培养学生良好的审美能力、审美情趣和审美修养为目标，把握建构大学生审美精神的内在规律，使学生摆脱社会现实的条条框框，促进了大学生审美教育的发展。研究发现，当前高校美育的课堂教学基本采用"满堂灌"的机械式教学方式，通过这种方式也许能够容易让学生记住知识，但使学生缺乏灵活运用知识的能力，更重要的是在思想上限制了大学生的自我思考的空间，影响了大学生审美能力的提高。

三、高校美育的课程现状

高校师生对美育的渴望越来越强烈。有调查显示，有超过六成的大学生建议

---

① 王国维. 论教育之宗旨 [J]. 基础教育课程，2009（03）：1.

学校增设一些美育相关的课程。美育课程是培养学生审美能力的载体，大学生评价高校美育成果的重要标准就是美育课程的设置情况。有部分高校尚未建立起美育课程体系，即使已经建立起美育课程体系的高校在美育课程中依然存在很多问题，归纳起来包括如下三个方面。

第一，仅开设美育通识选修类课程，且课程数量较少，覆盖面小。对于非艺术类的大学生而言，选修课是唯一能够接触到的美育类课程形式。但是，有关美育的选修课科目少，并且对人数有限制，难以满足全校学生对美育课程的需求。这也很好地反映出一个问题，就是同一所学校的学生，有的学生提到自己所在高校存在美育，因为开设了美育的公共选修课，而有些学生表示完全没有感受到学校的美育，在这类学生中，有很多都表达了希望学校能够开设美育课程的愿望。这里很明显地反映出，虽然高校开设了美育的公共选修课，但是由于课程数量较少，覆盖率较低，很多学生无法选修到此类课程，造成了高校美育的进一步缺失。一些高校中，学生直接表达自己的想法，希望能增设美育选修课，满足大学生的选课需求。

第二，美育课程的内容较为传统，缺乏创新，没有相应的美育教材。大部分大学生认为有必要开设美育课程，不过当前的美育课程还存在一些问题，如目前高校开设的美育课程比较陈旧，没能及时根据时代发展更新课程内容，致使美育课堂乏味，美育内容缺少实用性，难以满足当代大学生的审美需求。时代是不断进步和发展着的，人们的审美感受和审美需求也在发展着、变化着，需要在教学内容中增添更多的时尚元素和时代气息，才能够引起学生的学习兴趣，进而切实发挥高校美育课程的育人功能。

第三，教学方法、授课形式比较陈旧，缺乏新意。大学生更喜欢生动有趣的课堂。但是目前美育课程的课堂教学方法比较陈旧，依然延续着传统的老师讲学生听的灌输式教学模式，课堂上缺少师生间的互动与交流。这样的教学模式下，学生不能参与到课堂中，难免会产生抵触情绪。也很难在听课过程中融入自己的思考，只是单纯地储备知识，而失去了自主思考能力。因此，高校要努力加强美育建设，开辟新的教育方式和方法，切实发挥美育课程的作用，塑造学生良好的人格品质，培养有创造精神、创新能力，具有智慧和能够解决实际问题的全面发展的人才。

第二节 当代高校美育的问题分析

美育是高校素质教育的重要组成部分，在促进学生的全面发展方面发挥着不可替代的作用。从近代开始，我国就已经设置了美育学科，但是因为一些原因，今天高校美育还处在发展和摸索阶段，美育发展还不成熟，从观念到实践存在着许多待解决的问题。例如，对美育的特点和本质认知不够，没有形成系统性的美育课程设置，美育教学方法枯燥单一，等等，都在制约着我国高校美育的发展。

一、对美育认识不到位

第一，高校领导对美育对学生的教育功能认识不清。近年来，随着中央文件将"改进美育教学"明文纳入深入社会改革的重大问题之列，已经有许多高校认识到美育的重要作用。以教育管理部门为先导，许多教学单位积极配合，将"改进美育"作为年度中心工作，并且纷纷开始行动。例如：中国人生科学学会成立了美育研究会，紧随其后，中国教育学会成立了美育研究分会；一些高校紧跟步伐，也开始重视美育的作用，已经成立或者正在筹建不同规模的美育研究机构。高校如火如荼地掀起美育的热潮，但是不可否认的是，如今对美育的内涵缺乏深层次认知，对如何开展美育还没有系统的规划。比如，在认知上，有人将美育简单等同于艺术教育，实际上，美育的内容要比艺术教育更宽泛，两者的教学目标也是完全不同的，美育贯穿于学生整个学习生涯中，艺术教育也只是美育的一种实施途径而已。在实施途径方面，到目前为止，美育还未形成标准的课程体系，甚至没有完整的课程设计。美育一直处于专科学科教学之外的尴尬地位。

对美育的认识不到位还体现在，许多教育工作者对美育概念认识不清。不少人认为美育只是一门课程，但实际上，美育不仅仅是一门课程，更是一项教育目标。针对这种误解，有学者就专门指出：首先，"美育"并不是一门课程，而是教育的一项基本目标，是所有教育内容和教学课程都不可或缺的一个有机组成部分；其次，美育不是一项专业技术，而是每一个教育工作者理应具备的素养，也是教育教学的一个基本原则和方法。因此，任何课都应该是美育课，教任何学科的教师都应该是美育教师。

《关于全面加强和改进学校美育工作的意见》中强调，要将美育贯穿于学校教育的各个方面，将立德树人作为美育的根本任务。即便国家颁布的文件中明确强调了美育的任务，但在实际工作中，依然有不少的教育工作者将美育和艺术教育画等号。在美育教学方法的选择上，有些学校沿用传统的知识课堂教育模式，简单将美育理解成一项需要掌握的知识技能学科。

第二，对美育的特性认识不到位。美育并不是美学知识的灌输，而是强调以学生为主体，以学生的参与性和情感体验为中心，教师在教育活动中引导学生认识美、欣赏美，从而达到提高自身美学素养的目标。这就要求美育必须要通过具体可感的事物激发学生的审美情感，在活动和体验中接受美的熏陶，进而提高学生的审美理解力和创造力，提高学生自身的综合素质。

美育的特性决定了它不同于知识技能类学科的课堂形式。美是抽象的，如果只靠说教显然不会引起学生的兴趣，需要借助具体的事物或者形象，来告诉学生美的具象存在。传统的教学方式中以灌输式学习为主，教师是课堂的主体，学生与教师之间几乎没有互动交流。这样的教学方式是机械、呆板、单一的，课堂枯燥乏味，学生敷衍听课，这显然不符合素质教育的培养要求。美育本身就是对于人全面发展的培养，也是素质教育的要求。但是，现在的灌输式教学模式老师讲台上讲，学生讲台下听，导致师生间缺乏沟通互动，学生在课堂上扮演着存储知识的容器，并没有进行深入的思考，更不用说自己的判断能力了。传统课堂与美育的特性严重不符，抑制着学生的创造力和想象力，阻碍了学生创新思维的发展。

灌输式教学模式难以满足美育的教学目标，也不符合素质教育"以人为本"的教育观。想要打破这样的局面，需要从认清美育的特性，从其"陶冶""内化"的规律改变教育方法，美育本身具有魅力，才会感染学生，吸引学生主动学习。情景化教学和审美化教学是符合美育特性的教学模式，通过为学生营造"审美现场"，让学生快速融入课堂的审美情境中，在审美活动潜移默化地熏陶学生的身心，令其产生强烈的情感共鸣。在这种教学模式下，学生处于教学中的主体地位，教师起到引导作用，引导和启发学生进行思考，调动他们的创造性思维，使其在轻松的氛围中得到美的教育。

二、美育课程设置缺乏体系

社会越发达分工就越细，从而带来高校学科的划分也越来越细，专业的不断细化使通识教育不可能实现。美育集中了许多学科的知识，因此在课程设置上出现一定的难度，首先体现在学科归属上，很难被纳入任何一个高校现有的成熟课程体系。现有的大学制度下，只有学校设置的学科和专业，才能够以课程的方式进入大学课堂。美学家曾繁仁教授曾将美育归入人文学科，但它离真正的学科还有一定距离。美育找不到自己的学科归属，也就只能依附于其他教育形式，无法单独进入课堂，独立发挥作用。

和人文学科一样，美育追求的不是客观规律，而是一种精神价值及审美价值。美育面对的对象是人，要通过外界美的事物和活动，教育、感染、熏陶人，从而提高受教育者的审美能力，提高他们创造美好事物的能力。音乐、舞蹈、美术等艺术教育虽然传播的是关于美的事物，但本质还是技术和技艺的传授，因此不能等同于美育。美育最重要的特点是具有非专业性，它不像其他学科以培养专业性人才为目的，而是从关心人的角度出发，以提升人的审美素养和精神境界为目标。美育之所以难以单独成为学科，其一是因为它不像其他学科一样是智性，它本身是非智性的；其二是因为它本身的非智性，导致很难进行考评，不能考评就意味着它无法作为学科出现在大学课堂中；其三是因为大学学科学习是阶段性的，美育是终身性的。正是因为美育的这些特点，为其进课堂带来很大阻力。因此，高校在进行美育课程开设上也要充分考虑它本身的特性。

高校美育工作的现状不尽如人意，主要体现在课程目标设置、课程内容、课程方向上都存在不足。第一，课程设置。目前，大部分高校并没有单独设置美育类专业课程；美育通识课尽管在有些高校存在，也存在着课时少、内容单一的问题。第二，课程内容。美育的教育内容还局限在艺术美，课程内容表现比较单一，以音乐、书法、影视欣赏等艺术类课程为主。第三，课程方向。在课程方向上，比较关注艺术审美，忽略了对人的生存意义和生命价值等更深层的关怀。因此，课程目标到底是什么，并不是十分清晰，美育课程流于形式化。目前为止，高校在美育课程内容、课程管理、教学设备配置、教材、师资力量等基本方面都比较薄弱，并没有条件形成一门独立的学科。

三、美育教学评价单一

高校的美育教学中，存在不少问题，主要是教学方法、教学形式、教学评价的单一及缺乏教学实践。

　　首先是教学方法单一。传统的美育课堂先以单一美学思辨为主，辅以简单的多媒体教学。而一些比较先进的教学模式，如体验式教学、讨论式教学、自我展示性教学等很少用到。其次是教学形式单一。大多数高校只有美育理论课程，仅限于在课堂上讲授理论知识。几乎没有外出采风、调研、组织讲座、外出参观等实践形式，美育课程成了文化课和理论课。理论课程是非常必要的，有利于开拓学生的审美视野。但是，因为缺乏实践课程，理论课就会失去根基，显得苍白而乏味，导致学生失去学习的兴趣，无法获得真正的美育效果。最后是教学评价的单一。美育课程模仿知识技能课程的评价方式，主要以考试分数和知识掌握为评价内容，而忽略了学生审美素养的提高及心灵的成长；美育教学评价还沿袭了传统的阶段性评价，以成绩为主，忽略对学生长期综合发展的关注。因此，对于高校美育，需要建立起多元化、特殊化的评价体系。

四、美育环境建设不够完善

　　软环境建设和硬件环境建设是开展美育的重要条件。软环境建设主要是指美育的校园精神文化建设等，软环境建设在美育中起到潜移默化的影响作用。硬件环境建设是美育实施的基础，包括开展美育活动需要的场地、设施、器材、经费，以及美育课程开设的师资力量、教材、美育资源等。

　　长期以来，高校很少舍得投入经费和资源到美育中，导致美育在硬件环境建设上一直止步不前。美育课需要的活动场地、教室、实践经费、设备器材等很难得到满足。硬件的短缺严重制约了美育的发展。另外，高校缺乏专业的美育师资，没有建立良好的课程体系等，软环境不完善同样阻碍了美育的发展。

五、美育资源挖掘整合不足

　　长期以来，我国的教育受西方教育理念的影响比较大，在对美育资源的认识上，也只看到了西方美育中一些代表"高、精、尖"的美育资源，在课程的开设上，基本上以艺术教育为主。这样的背景下，很多高校缺乏对我国具有民族特色的美育资源的挖掘和了解，更不要说融入美育课堂中去。本土化美育资源的缺失，导致学生对容易获得的本民族文化艺术也缺乏重视和尊重。因此，在很多人的观念中，错误地认为美育是精英阶层才能够享受的精神盛宴。这样的认识，使美育更加难以普及。

实际上，美育并不是高高在上不可企及的。在我们的生活中，只要用心就能发现美，一切具有美的特点事物和活动都可称得上是美与资源。例如，山川湖泊的自然美、建筑美、科技美等。而我们生活中的大自然、博物馆、图书馆、电影院、歌舞剧院、民俗文化馆等场所，都能找到取之不尽用之不竭的美育资源。特别是我国传统的民间技艺和文化，有着几千年的传承，具有更广泛的群众基础，比西方的油画、芭蕾、雕塑艺术更容易普及。例如，传统的剪纸、皮影戏、轧染等技艺，不仅有悠久的历史，还能在学习和体验过程中陶冶情操，增强学生民族自豪感，是非常优质的美育资源。

第四章　当代高校美育实践探索

改革开放以来，人们热衷于对物质的追求而忽略精神文明的价值。特别是近十年来，当代大学生受社会物质思潮的影响，精神危机日益严重。高校美育的作用逐渐被我国学者重视。本章内容为当代高校美育实践探索，阐述了自然美审美实践、社会美审美实践、艺术美审美实践三个方面的内容。

第一节　自然美审美实践

一、自然美的形成与特征

（一）自然美的形成

所谓自然美，是指现实生活中自然事物、自然现象及其关系所呈现出来的美。它能激发人们的情感体验，是一种天然的、有意味的形式美。诸如日月星辰、山水树木、花鸟鱼虫、园林田野等，都属于自然美。

自然美是社会实践和社会生活的产物。在人类出现之前，日月星辰、江河湖海、山川小溪、花鸟鱼虫等自然景物早已存在，但没有人类对它的审美评价，大自然本身无所谓美丑。人类出现之后，最先需要解决的就是生存问题。在人类眼中，大自然最开始是作为一种异己对立物存在的，人类要征服自然获得物质资料，就不可能将它看作审美对象，也发现不了大自然中的美学价值。随着人类社会的发展，物质资料的满足让人们开始重新审视自然界，自然界中的有些事物才被认为是美的。随着人类审美能力的提高和认知的进步，人类认为的自然美的数量在不断增多。由此可见，自然美的形成是有条件的。具体地说，自然美的形成除了自然物本身的属性、形状美之外，还必须具备以下几个条件。

第一，自然经过人类直接的实践、改造，使自然物打上了人的本质力量的烙印，从而具有了审美价值。

马克思说过："自然界起初是作为一种完全异己的、有无限威力的和不可制服的力量与人们对立的，人们同自然界的关系完全像动物同自然界的关系一样，人们就像牲畜一样慑服于自然。"[1] 在远古时代，泛滥的洪水曾经危及人类的生活和生命，导致"江河横溢，人或为鱼鳖"的悲惨景象。那时，水流河川处在同人类相敌对的地位，人们只能像奴隶一样服从它的威力。这样的自然物，如同毒蛇猛兽一样可怕，当然无美可言。只有认识了自然，掌握了自然的规律，并使其能够逐渐为人类服务时，这样的自然才能使人感到可亲、可爱，从而产生美感。坐在装有避雷针的高塔之巅，观看夏夜电闪雷鸣的壮观；站在三峡水库巍然高耸的大坝上，眼见孜孜江水顺从地纳入人为的水道，化作巨大的电能；坐在有保护装置的浏览车中，欣赏野生动物园内狮虎怒吼的雄姿……都会让人感到自然的神奇绚丽。因为，在这种自然景物中，人们不但看到了自然物本身所具有的美，而且从中看到了人的智慧、才能和力量，人能够在自然中"直观自身"，自然物中打上了"人的本质力量"的烙印。这样的自然，马克思把它称之为"人化的自然"。

人类通过对自然的征服和改造，为自然界打上了人为标志的烙印，这就是所谓的"人化的自然"。黑格尔曾经说过，自然界中的事物是天然存在的，是不变的。而人首先是自然界中的一分子，其次作为心灵的存在，可以反复认识自我、思考自我、最终在自然中去复现不同的自己。这段话的意思是，人类可以通过自己的行为去改变自然，并在自然中复现自己。比如，"沙漠变绿洲"的现象，就体现出人类改变自然的成果，显现着人的本质力量的光辉烙印，人们改变自然，并可以从中获得审美愉悦。

第二，人类通过认识和掌握自然规律，与自然和谐相处，使自然成为人们生活的一部分，并从中获得审美价值。

自然界和人类及社会生活息息相关，它以长期固定的姿态存在着，影响着生活在其中的人们的生活和行为习惯。因此，自然物并不需要改变自身，也不需要同社会功利目的联系起来，就可以成为人类的审美对象。也就是说，有些自然物并不一定都经过人的直接加工，而是在人与其相处交往中，得其利，赏其美，畅

---

[1] 马克思，恩格斯. 马克思恩格斯选集：第1卷 [M]. 中共中央马克思恩格斯列宁斯大林著作编译局，译. 北京：人民出版社，1995.

神陶情，化为自己生活中的一部分。

在远古时代，因为物质水平低，人们的认知水平有限，因此虽然人类生活在大自然中，但不可能将自然中的山水、星月、花朵同人的精神需求联系在一起。随着社会生产力的进步，人类认知水平也随之进步，对精神和审美的需求就逐渐显现出来了。人们在劳动实践活动中，一方面同大自然搏斗，一方面同大自然和谐相处，并逐渐融入自然环境中。这时，自然成为人类生活的一部分，人类随着视野的开拓，对自然的认知越来越强，并从中获得审美价值。

大自然中有许多壮观景象，如宇宙星空、云雾日月、原始森林、高山大海等，正是在人类长期与这些自然事物交往的过程中为人所认识，并逐渐掌握了其规律，从而同人们的生活发生了某种联系，产生了情感上的相通。"白云苍狗"让人联想到人世沧桑；月色朦胧引起思乡情怀；夕阳黄昏比喻为人生暮年；云霞雾霭幻化出神仙世界……这些都能给人以美感。人们喜爱黄山的奇峰怪石，留恋漓江的碧波清流，即便是寻常农家景象，林边的小河垂柳，房后的青山夕照，也足以使人忘却身心的劳顿，产生无限的遐想。再比如：广阔的草原、巍峨的雪山，可以娱悦人们的精神；皎洁的月光、闪烁的星空，与人们的生活是紧密相连的，在潜移默化中给予人类美的享受。

第三，自然物作为人和人类精神生活的某种象征，而被人格化、人情化，从而显示出审美意义。

这种情况的发生，主要是自然物的某些特征、规律同人的情感心理产生"异质同构"，形成审美中的移情现象。比如：月亮因它那淡淡的幽光，出现于静谧的夜空，最易引发人们思亲思乡的寂寞情怀，所谓"举头望明月，低头思故乡"；又因它那团团如玉轮或弯弯似银钩的形态，出没云间，最易使人产生超现实的种种神秘幻想，所谓"不知天上宫阙，今夕是何年"；等等。

综上所述，我们不难看出，自然美是在人与自然的关系中产生出来的，是人类历史发展的产物，是一个自然事物的客观性与社会性相统一的过程，即"自然的人化"的过程。正是通过生产劳动，人与自然的异己关系发生了根本性改变，而人在与自然的交往中，审美的本质力量不断得到丰富，逐渐形成能够欣赏自然美的审美能力。毫无疑问，我们强调使人的本质力量得以对象化到自然物上的社会实践，是构成自然美的决定性因素，并非否认自然物自身的某些属性（诸如生物的、化学的、物理的，以及结构形式的属性等）同自然美的关系。事实上，这些属性的意义也不可忽视，它们也是构成某一自然事物的特定美的物质条件。

（二）自然美的特征

自然美作为一种天然的形式美，它的美既决定于它的自然属性，又决定于它的社会属性。它主要具有以下几个方面的特征。

1. 丰富性、自然性

自然界中的美是千变万化、种类繁多的。从天上到地下，从水中到陆地，从日月星辰到花鸟树木，有着多姿多彩、形态丰富的美。其丰富性、自然性是其他一切美无法比拟的。人类无时无刻不在跟自然接触，自然美是人类进行艺术活动时所有灵感的源泉，也是一座取之不尽的素材宝库。跟其他任何形式的美不同，自然没有人工雕刻的痕迹，保留着纯真、古朴的天然本色，有着清水出芙蓉，天然去雕饰的魅力，陶冶着人们的审美情操。融入自然山水，可以涤荡心灵，净化精神，保留人类的纯真本色。我们以九寨沟的水为例：同样是水，却有着不同的形态。镜月湖中的水碧绿宁静，仿佛一块美玉；珍珠滩中，水流湍急，溅起的水滴如同散落的珍珠在跳跃，调皮地跟游人做游戏；诺日朗瀑布中的水，则有着万马奔腾的气势，几十道瀑布奔泻而下，显得雄伟壮观；五彩池中的水跟它的名字一样，凭借水底石头折射的光，在池中呈现五彩斑斓的颜色，如同个聚宝盆……看到这里，人们则会叹为观止，大自然竟能赋予水如此巨大的魅力！

自然美的丰富性更是其他美无法比拟的。以青山之美为例，我国的许多名山，山山不同，各有特色，黄山之奇，泰山之雄，峨眉之秀，华山之险，青城之幽，无不令人赞叹。而每座山中各有奇观，配有飞瀑、流泉、怪石、岩洞、云海……真是变化万千，百媚千娇。

2. 寓意性、象征性

随着社会认知的发展，人类不仅懂得欣赏自然界中的美，还将自然界中的事物同社会生活联系起来，赋予其一定的人格。这种隐含的寓意一般通过暗示、象征体现出来。例如：松树四季常青，不畏风雪，人们将它看作坚毅不屈的代表；"春风起，万物生"人们将春风比作生机和生命；等等。历朝历代的文学艺术家，总是喜欢赋予自然界中的事物"某种特征"，使其成为人的精神意志的代表。比如，宋朝的周敦颐赞美莲花"出淤泥而不染，濯清涟而不妖"，将莲花拟人化，赞美它如同人一样的高洁的品质；"可远观而不可亵玩焉"，莲花像品德高尚的人一样令人神往，但不可亵渎。同时，也将莲花的自然属性"不蔓不枝""亭亭净植"同人类发生联系，暗示着作者对理想人格的向往。人们赋予自然界中物品象征性的意义，其以美好的寓意陶冶人的情操，触动人的心灵，使人的精神获得提升。

3. 变易性、多义性

自然界中美是不断变化的，自然美是"自然的人化"，因此自然界中的事物既遵循自然界的变化规律，又受到人类社会实践的影响，从而呈现变易性和多义性的规律，以及不同的审美特征。这样的多变性表现在阴晴的变化、朝暮的变化、四季的变化、方位的变化等方面，从不同时空角度欣赏同一审美对象，就会有不一样的审美感受。春花秋月、晨曦夕照、月夜花朝……自然界的时空变换带来了多姿多彩的美丽，大大拓宽了人类对自然美的审美想象。

自然美的变易性由多方面因素形成。首先，自然美是一种综合性的美。自然界中的事物很少是孤立存在的，它同周围的事物一起共同构成相互映衬、融合的美的情境。《林泉高致》中有"山得水而活，得草木而华，得烟云而秀媚"。意思是，同样是山，和水相互映衬就如同活了一样，和草木在一起就有了光彩，烟云笼罩的山峦显得秀丽多姿。同一事物，因为某一项或者几项因素有变化，就会改变它的综合美，呈现不一样的审美情趣。其次，自然美会受气候的变化影响。四季变化是自然界不变的规律，春华秋实、夏雨冬雪，时令、气候主宰着自然界中的景色，轮回交替谁也无法改变。自然界中的事物无不受它的支配，在四季中展现的美丽各不相同。自然界中的事物也都有着自身的变化规律。例如，植物大都春天发芽，夏天开花，秋天结果，冬天叶落，变化十分明显，显示出不一样的美。最后，人的实践活动会改变自然界中的美。随着人类社会的发展，人们对美的认知更加丰富，会按照自己的审美眼光来改变自然，或者建造山水园林，或者改变自然环境，或者赋予自然事物以人文情怀……自然美和人工美相结合，呈现审美的多样化。

自然美的变易性导致了它的多异性。意思就是，同一自然景物，在不同的情境之下，就会产生不一样的美的意蕴。例如，同一风景名胜，在和平年代会有热闹、喧哗的美丽；在战乱年代，萧条、宁静是另一种美丽。

4. 重在形式美

自然景物主要通过外在的形态，如颜色形状、质地形态、声音、光泽等，吸引人们的目光，引起他们对美的追求。自然物以生动、清晰、鲜明的形式展现出来，被人关注，才能成为审美主体。自然美侧重形式美，知仙鹤，因为羽毛雪白、姿态优美的外形特征广受人们的喜爱，在一些民族和地区还被视为神物。再比如蝴蝶，在蜕化之前是被人憎恶的毛毛虫，蜕化成美丽的蝴蝶之后，因为外形的改变被人类所喜欢，它作为代表美丽的形象，常出现在文学作品中，所谓"留连戏蝶时时舞，自在娇莺恰恰啼"。总之，自然物的看重形式美，是审美的本质所在，如果没有形式美，自然美就如同无源之水，失去了依托也就不复存在。

二、自然美的审美指导

当前，欣赏自然美已成为人们精神生活中不可或缺的内容。自然美的欣赏最为方便，也最为廉价。人们生活的周围到处都遍布着自然美，蓝天白云、旭日晚霞、青草绿树，几乎人人可以看到。当然一些高级的理想的自然美还需要我们去寻找和发现。但是，现实中并不是人人都懂得怎样去欣赏自然美。那么，怎样才能更好地领略自然美呢？

（一）欣赏自然美，要培养和练就一双善于捕捉和发现美的眼睛

我们生活在美丽的大自然中，自然美无处不在，无时不有，关键是我们要善于发现自然界中的美。正如罗丹所说："世界上并不缺少美，而是缺少发现美的眼睛"。生活只要留心处处都能看到美。清晨出门，朝霞映照在树木成行的小路上；黄昏散步，公园里花香扑鼻、奇花异草争奇斗艳；夜晚静坐窗前，月光如水般倾泻而下，伴随着窗外清脆的虫鸣声，宁静美好。只要有欣赏美的能力和心情，就会敏锐地发现，生活中处处不缺乏美好的事物和景色，处处充满着自然赋予我们的美丽。

对美的欣赏，大部分时间是通过视觉感觉完成的。除此之外，还可以通过听觉、嗅觉、触觉等其他感官，来捕捉大自然中别样的美。例如，山间小溪流叮咚流动的声响、大海中波涛冲刷岸边的声音、幽深丛林中的鸟叫声、空山深谷中的

回响声，种种自然界中的声音都能带给人融入其间的美的享受。再比如：可以抓起一把潮湿的沙子，感受它的松软；盛夏靠近奔腾而下的瀑布，感受溅起的小水雾飞到身上带来的凉爽感；用鼻子靠近盛开的花朵，深嗅花朵的芳香……触觉和嗅觉带来的感受，也能够让我们体验自然赋予人类的无穷无尽的美。人在欣赏美的过程中，并不是单一地使用某一感官，而是会不自觉地调动所有的感官使之发挥作用。所以，我们在欣赏不同形式的自然美时，要善于调动感官去获得更多美感享受。

（二）欣赏自然美，要善于选择最佳的时空与观景角度

自然美有无比丰富、生动的长处，也有零散、杂乱、易变的短处。因此，进行自然美欣赏时必须注意对自然景观的选择，取其精华，弃其糟粕，扬长避短。

首先是节令、气候的选择。自然景物的美往往瞬息万变，稍纵即逝，如雨后的七色彩虹、峨眉金顶的神奇佛光、沙漠里的绿洲幻影、蓬莱仙岛的海市蜃楼等。即便是一日之中，早午晚的风光也各有差异，因为同一景物在不同的自然环境中呈现的面目大不相同。它要受到阳光日照和雨雪风雾等各种因素的影响。晨曦和黄昏的景色所以格外迷人，就在于旭日和夕阳那灿烂而柔和的光色熏染，或洋溢着生命的朝气，或蕴含着眷恋的情怀，俱能使人流连忘返。

至于雨雾风霜，人们常担心它对自然美欣赏产生负面影响，其实在不少情境中，它们不但无损于自然美，还会增添某种特殊的诗意和情趣。例如：在淡淡的细雨中泛舟漓江，便能领略到一种晴日无法见到的朦胧美；在飘忽的云雾中登上张家界的天子山，群峰立，忽隐忽现，真如仙境。

其次，欣赏自然美的空间选择也非常重要。先要了解对象本身的特点去确定欣赏的位置和角度。拿我国几座名山来说，泰山"雄"，因此去泰山必须登高，且要登上山顶，方能尽览四周无垠平川，感悟"会当凌绝顶，一览众山小"的雄伟气势；黄山"奇"，有奇石、奇松，更奇的是云海，所以登黄山须选有云之时，登上天都峰诸高点观赏那云海中奇峰出没、如梦如幻的美景；华山"险"，必须专门去攀登千尺幢、百尺峡、苍龙岭等险关，方能领略"自古华山一条路"的险峻；峨眉"秀"，游峨眉则要穿行于绿荫葱茏的山径小路和清泉叮咚的峡谷幽溪之中，才可体验其秀丽清幽的妙处。

最后，在观景时还须注意最佳角度的选择。事实上，许多惟妙惟肖、引人联想的景观，都只能在特定的景点、恰当的角度才能看到，如庐山的五老峰、雁荡山的情人岩、漓江边各种名目繁多的山峰景观，往往是移步换景、稍纵即逝。一般说，景观处的亭子除了点缀景色、供人歇足外，主要功能还在于供人们赏景。例如，山间、山顶的亭子往往设在视野开阔或宜于观赏某种特定景物（观月、观瀑等）的场所，水边的台榭则多建在观赏水中倒影或宽阔水面的佳处。所以，到了这些地方应当稍做停留，细加浏览。不少年轻人爬山时常常一口气跑到山顶，照张相后即返回，对沿途景色不顾不问，这只能算运动健身，不能说是欣赏自然美。还需提醒的是，移动中的景物往往兼有一种动静交替的美，而且都是瞬息而过、变化万千的，最不能放过。所以，在一些依山傍水或鲜花盛开的田野草原行车时，欣赏行进中的外景本身就是一种有意义的旅游。

（三）欣赏自然美，要把自然美欣赏同艺术美欣赏融为一体

我国是有五千年历史的文明古国，文物古迹遍及全国。我国有许多旅游风景区，实现了自然景观和人文景观完美地融为一体。以山东泰山为例，登泰山一边可以欣赏自然景物独特的美，如泰山日出。同时，泰山作为历朝历代帝王的祭天封禅圣地，有着十分丰富的人文景观，如殿宇、石刻、文物等，更增添了人为制造的艺术美。此外，如果我们进一步了解泰山的历史，再登上顶峰俯瞰四海，就会产生一种"会当凌绝顶，一览众山小"的自豪感，为我们国家民族而感到骄傲。艺术美不仅仅是美好事物的表现，当我们参观圆明园的残垣断壁时，它展现出来的是一种苍凉悲壮的美。我们会将它和近代历史中中华民族所受的耻辱联系起来，苍凉悲壮的景色引起我们无穷的遐思。自然美不仅能够带给人美的享受，也不同程度地体现着民族精神和文化。

自然美同艺术美是有机联系的，以自然美为题材的艺术美其实是自然美的延伸与升华。例如，贝多芬的《田园交响乐》第二乐章重点描写田园的优美风光，有小溪流水，有布谷鸟鸣，有主人公置于田园的无限欣喜愉悦。倘若我们亲身到田野小溪、园林水池，领略了大自然的美色，再听听贝多芬的乐曲，必须会对自然美和艺术美都有深切的体验，获得双重的美感享受。

因此，提高欣赏自然美水准的另一有效途径是加强文史知识的学习和美学修养，在艺术与知识中汲取营养，尽力开阔自己的审美视野。一般说，文艺作品中的游记、音画、山水画、田园诗乃至名胜古迹上留下的无数楹联、诗词等，都是历代文人墨客留下的对自然美的赞歌，其中融入了他们对自然美的敏锐发现和深刻感悟，是引导我们观赏自然美的最好指南。

第二节　社会美审美实践

一、社会美的形成与特征

（一）社会美的形成

社会美是指在社会生活领域里所呈现的审美形态，即社会事物、社会现象、社会生活的美。在改造自然社会的过程中，人的本质力量得到充分的显现，显现社会实践活动的美、社会实践成果的美、社会实践主体的美，上述三个因素构成了社会美。社会美的内容范围包括人的美（社会美的基本内容）、劳动产品的美、社会环境的美（主要指人际关系和社会风气）。

社会美根源于社会实践，它最早是从人类为了生存而改造自然的生产活动中产生的。马克思主义认为，劳动创造了美。人在生产劳动过程中，人的自由、创造的才能和智慧、品格、意志、情感等本质力量得到了最直接、最集中的展示。人类的生产劳动作为调节人和自然关系的感性活动，是合目的性和合规律性相统一的活动，是显现和外化人的本质力量的活动，人类在劳动中看到自身的智慧和力量，把劳动和劳动的成果作为自身体力和智力的活动来享受，使精神产生极大满足，产生强烈的美感，劳动也就是创造美的活动。人类用自己的智慧和勤劳的双手，改造着自然，创造了一个又一个壮观的伟大工程，如三峡工程、英法海底隧道、荷兰的围海造田、太空中国际空间站的建造等，正是在这样的生产活动过程及其产品中人类体验到自身的伟大的自由创造力量，精神得到极大的满足，体验到成就感和美感。劳动创造了社会美，美是社会的产物，在不断追求美、发现美、实现美的过程中，人类的实践活动本身必然会更加显示出美的光彩。

（二）社会美的特征

1. 社会美侧重于社会内容

美是形式和内容的统一。自然美更注重形式，而社会美则更注重内容的表现。

社会美渗透着社会关系，体现着不以个人意志为转移的社会发展规律的必然性。另外，社会美是通过感性形式即具体行为显现出来的，而具体的行为总是受到思想意识的支配，存在着行为的动机，具有主动性和自觉性。社会美与人类社会的联系非常密切，非常直接，直接显示真和善的内容，显示人的本质力量。在社会事物和现象的内容和形式发生矛盾时，其侧重内容美的特征显现得非常鲜明。社会美的内容往往体现为一种精神力量、思想面貌、道德风范，是人类优美心灵的闪光。因此，内容同它的表现形式相比，往往具有举足轻重的位置。比如，抗日战争中那些维护民族大义、视死如归的民族精英的美，它靠的不是他们的外貌、身材，而是他们内心的光辉精神与优秀品质，它以荡气回肠的精神力量与高尚的思想品质，唤起人们内心情感上的激荡，给人们以美感和教益。社会美在很大程度上表现在内容上，不论是劳动美、斗争美和心灵美都会使人首先重视其内在的精神力量。

2. 社会美具有鲜明的时代性、历史性、具体性、阶级性、民族性、地域性、实践性和功利性

（1）社会美具有鲜明的时代性、历史性、具体性

社会美总与特定的社会历史条件有关，并受不同时期历史环境影响和制约，强烈地依赖社会历史环境、科技发展水平、社会风气和生活习俗。它随时代而变、随历史而进，在不同的历史时期呈现不一样的审美标准。历史唯物主义原理告诉我们一个规律：一个具体社会的美与丑，只能在它的历史地位与功能上加以区分。封建社会代替奴隶社会、资本主义社会代替封建社会，这是新制度对旧制度的胜利，是美对于丑的胜利。在同一种体制下，社会又表现出阶段性变化，奴隶社会、封建社会在初始阶段与鼎盛阶段曾经推动着历史向前发展，促进了生产力的进步，从而具备了美的性格；但是当它们走向衰落时，就会妨碍历史的进步，抑制生产力的发展而进入丑化阶段。

各朝各代审美所展现出来的面貌也各不相同。用女人的形体美来说，先秦时代以巨大强健而著称。《诗经》写美人，一再注重对此的描写，如"硕人其硕"（《卫风·硕人》），"有美一人，硕大且卷"（《陈风·泽陂》），"猗嗟昌兮，颀而长兮"（《齐风·猗嗟》）。硕、颀和昌这几个字是歌颂妇女健壮之美的，这些诗反映出当时人们对美的追求和赞美。至魏晋时代秀骨清像已成为人体美之准则，这可从这个时

代遗留下来的艺术作品上得到证明。汉代以后，随着社会经济文化的发展，美的内涵也有所变化，主要表现为对健美体形和优美体形的追求上。唐代则因经济的发展和生活的稳定，丰满微胖又成了女人美的典范，那时候仕女图体态饱满，洛阳龙门石窟唐代大佛，亦脸庞浑圆，表里如一。到了宋代，因为程朱理学禁锢了妇女，唐朝时期妇女那种生气勃勃之美，已不可见了，而是追求体形优美，于是"瘦骨嶙峋"便成了女性美的标准。今天，人们则把苗条修长、胸臀丰满、腰肢纤细、眉清目秀等作为女性美的一个条件。

（2）社会美具有阶级性

社会美是具有阶级性的。经济地位各异的社会集团，因其社会政治地位而异，生活内容与文化思想亦有差异，与此相应，也就出现了人们对美的要求与观念的不同，使社会美产生了阶级性。农村的妇女与城市姑娘相比，她们的社会美就显得更为鲜明、生动和具体。就人们行为道德风俗而言，它的美更表现为阶级性。俄国著名美学家车尔尼雪夫斯基对此做了精辟阐述：丰衣足食，辛勤劳作，所以农家少女的身体很健壮，"弱不禁风"是上流社会的美人，在农村人眼里，断然就是"不美了"。鲁迅也曾说过类似的话：贾府里的焦大是绝不会爱上林妹妹的。中国古代女性以三寸金莲为美，也是一个例子。

（3）社会美具有民族性和地域性

社会美具有民族性和地域性，不同民族和地域的人们，受地理环境、民族习俗、文化传统、道德观念等因素影响，积累了不同的审美经验，形成不同的审美标准。欧洲人的审美标准和中国人的审美标准就不一样。中国人公认的美女在欧洲人那里并不被认同，就是因为欧洲人认为的中国美女应该是塌鼻梁、小眼睛、单眼皮、眼尾上翘，如有一名模，欧洲人就认为她是中国的大美女，大跌国人眼镜。亚洲人以皮肤白为美，而欧洲人作为白种人却以拥有一身古铜色的肌肤为美。欧洲人认为皮肤苍白是不健康的、是丑的。所以亚洲的护肤品以增白型最好卖，而欧洲产的化妆品则很少有增白型的，欧美品牌的化妆品在进军亚洲市场时就因亚洲妇女喜欢增白效果明显的粉底而特地研制出原来在欧美地区并没有的增白型粉底。又如南太平洋的岛国汤加，这个民族以胖为美，女子越胖才更受欢迎，因此新娘出嫁前都会通过暴饮暴食增肥，对于男子也是一样，全国最胖的男子是姑娘心中最英俊的白马王子。

(4) 社会美具有直接实践性和功利性

一切美都离不开社会实践，人通过实践活动，创造出了物质文明和精神文明的美，离开了社会实践，美也就成为无源之水、无本之木，无美可言了。但是，各种形态的美同社会实践有着直接或间接的关系，并不是完全相同的。例如，自然美同社会实践之间，是一种间接的关系。这是由于自然界中美的事物和形式早于人类出现，它原本就是存在的。人类通过自身的实践活动，改变了自然与人的关系，两者之间由对立转向和谐相处，人类才发现了自然之美。因此，就是体现了间接性的特点。特别是一些没有经过人类加工的自然美，如长河落日、锦绣山河，更是如此。而社会美同社会实践的关系则不同，是一种直接的关系。社会美的产生，来源于人类生活的方方面面，受社会环境的制约和影响。它同时显示着动态的实践过程，以及静态的实践结果。例如，人际关系的美体现在人们的各种动态交往活动中，日常生活的美则存在于社会生活中。

社会美的功利性是非常明显的。好坏判断标准，是否对人有益。凡是合乎人的目的要求、对人有用的东西都具有审美价值，都是好东西。人们对社会事物、社会现象美的感受与评价，主要从它对人有没有用处、内容有没有生命力、有没有体现历史发展规律的角度考虑。由此可见，社会美的判断标准是以功利性为前提的，主要表现在它的社会有益性和实用性上。所谓社会有益性，就是指社会美的作用，即树立先进理想，建立积极生活态度，养成高尚道德品质，顿悟人生真理与价值，激发生活激情。所谓社会实用性，指的是劳动美、生活美、服饰美、饮食美等物质生活领域的美。具有审美和实用两大功能。其功能首先是实用，审美价值不过是充当实现实用价值的手段而已，审美附属于实用。精神生活中的心灵美、礼仪美，也要讲究其审美效应，讲究礼仪是为了融洽人际关系，便于团结合作，实现某些具体的功利事业。总之，社会美主要从两个角度体现功利性，一是精神的"实用"功利，一是物质的实用功利。社会美以强烈而直接的表现形式，强调了使用功效和实际利益。

3. 社会美具有相对的稳定性和确定性

虽然社会美会在不同的阶级、不同的时代和民族之间存在不同的区别，但是相对于自然美而言，依然表现出稳定性和明确性。原因在于，自然美依附于自然物，而自然物受自然界外部规律和自身内部规律支配，同时受到人类实践的影响，观察自然美往往会受到远近、方位、阴晴、四季变化的影响,如云彩,万里晴空飘过一朵流云,显得清新优美,夕阳西下,落日照射着金浪翻滚的彩云,呈现悲壮。社会美则不同,社会美具有突出的社会性,而社会具有相对的稳定性,因而社会对真的认识和对善的判断必然有一定的稳定性,而且是非常明确的。

二、社会美的审美指导

社会美包罗万象,大学生面对纷繁复杂的社会现象就涉及怎样进行社会审美的问题,要使自己成为具有人格力量、美好风度举止、审美眼光和审美意识的人,需要做到以下几点。

(一)要充分认识社会审美的价值

社会美具有直接影响人类社会环境,以及影响人的生活、心灵的作用。而自然美和艺术美对于人的生活和精神的美化是间接发挥作用的,它受一定的条件限制,不能够随时随地进行。

社会美则完全不一样,它因为人的活动而时时刻刻存在,因此只要有人的地方,就有美的欣赏和创造,社会美就能发挥它的审美功能,我们需要从认识社会美特别的审美价值开始,才能自觉发现社会美、尊重社会美,最终实现主动追求和创造社会美的目的。

(二)借助艺术作品感受现实生活中的美

艺术美形象而生动地反映了现实生活中的美,好的艺术作品,也成了生活中的教科书,我们能从这些作品中了解并体会到现实生活中的美好,从而增强对社会美的审美能力。

个人经历的人生很有限,但是在艺术的帮助下,我们可以体会到别人生活中的体验,大大充实并丰富了他们的生活阅历,由此可对比美与丑、善与恶,作出正确评价。艺术在人们生活中发挥着巨大而又深远的作用。它可以引导人们通过纷繁复杂的生活现象,去了解其中生活的本质,并使观赏者精神世界得到升华,形成一种审美人生态度。因此,在日常生活中,可通过各种途径去学习和掌握欣赏美、表现美的方法与技巧可诉诸多种艺术手段,如文学艺术、影视艺术、书法艺术、音乐艺术、美术作品等。

1. 借助文学艺术作品感悟生活美

当前我们使用的语文课本中，就有不少体现社会美的文章。这些文章中表现出了许多美好的品质。比如，热爱生活、珍惜生命，对亲情、友情、故乡情、民族情……的赞美，渗透在一篇篇文字优美的课文中。史铁生的名作《我与地坛》中，描绘出了浓浓的母子深情，令人震撼。儿子在青春年华突然瘫痪，母亲无法接受这个事实，备受打击。她情愿失去双腿的是自己，可事实无法改变，于是她只能默默承受。强忍住自己的悲伤给儿子以鼓励，默默包容儿子的坏脾气，苦苦地熬着，等待儿子能够走出痛苦和迷茫，重新建立对生活的信心，体现出母爱的无私伟大；从儿子的角度，他也深爱着母亲，对母亲充满崇敬和感激，特别是看到母亲因为自己偷偷抹泪，许多往事浮现在他的眼前，"母亲的苦难与伟大"是他振奋精神，走出迷茫的动力。文章中细腻的母子深情，触动了多少人的心扉，体现了伟大的人性美。《采莲赋》描绘出一幅江南采莲的热闹情景，将生活美展现得淋漓尽致。《邶风·静女》中，男女青年在城角约会、互赠礼品，真挚而浓烈的感情，表现出人性对美的追求。《记念刘和珍君》一文，赞美了刘和珍等热血青年，为了我国的解放事业，不惜付出自己的生命，她们的斗争精神，以及表现出来的坚毅、沉勇、友爱和高度的社会责任感无不令人肃然起敬。《谁是最可爱的人》中志愿军战士以苦为乐，在艰苦的环境中坚持着自己的信仰，在战场上奋力拼搏，将生死置之度外，令人感动和崇敬。

2. 借助影视艺术作品感悟生活美

影视艺术作品以其直观、逼真的整体再现客观现实的特色，成为各种视听艺术中最为人们所喜爱的载体之一，对人们的思想意识、生活方式影响极大。

透过影视艺术作品，我们能够体会现实生活中的美好。这是影视艺术所具有的特性所决定的。其一，跨越时空界限。由电影和电视所记载的历史更具感染力，体现出特定时代影视艺术美的精髓。鲁迅说过，艺术是国民精神所发出来的火光，它又是指引民族精神未来发展的火光。

我国出产了不少令人欢欣鼓舞，激动不已，感人至深的影视作品，呼唤并激励着大批有志者为国家建设和富强作出贡献。影视作品中，有田园牧歌式的浪漫，让欣赏者仿佛回到乡村，沐浴着温暖的阳光，呼吸着新鲜空气，听小溪淙淙在原野歌唱。又有主人公历尽千难万险，最终战胜邪恶、走出困境获得了一个美满的结局。崇高又有意义的主题，以及那些充满张力的追逐、惊心动魄的搏击，逸趣横生的误会巧合等，都可以为欣赏者带来惊奇和刺激，为我们平淡的生活添彩。有些影视作品，为观众营造了一个虚幻的世界，使他们暂时忘记真实世界，忘记个人的烦恼和现实社会的困难，获得了心灵上的解脱与安慰，同时获得了美的享受。影片中健康悠扬动听的音乐可以陶冶情操，给人们带来愉悦的心灵体验；战斗之歌，可以唤起人们的自信与坚强；轻快生动的乐曲能让人感受到青春的神态，让人获得赏心怡神般的艺术美与心灵满足。而电影《大决战》《大转折》《大进军》《较量》又勾起了人们对于中国革命那一段光辉历史的敬仰之情，对于历史伟人的膜拜之情。这些电影成为人们萦绕心头的"红色情结"，恢宏的声势、壮观的景象、豪迈的胸襟使人获得了心理上的满足。

电影《长征》使我们重新审视历史。重读这部彪炳千秋的革命史和精彩绝伦的华章，我们会更深刻地理解中国历史上该伟大历史事件，以及中国共产党殚精竭虑、历尽艰辛开创新中国所走过的艰辛历程。《长征》中表现出的精神内涵绝不只是在草地上翻越雪山，它带给人是绵绵不绝而又历久弥坚、深邃悠远的充实感和满足感。为纪念中国人民抗日战争胜利60周年，有一大批以抗战为题材的影视作品出现。60年后的今天，当我们回首抗日战争中全民族遭受的巨大灾难时，心情仍然是非常复杂的，骄傲、沉痛和悲愤相互交织。中华民族同日本侵略者的斗争艰苦卓绝，以中华民族取得重大胜利结束。抗日战争胜利，是中华民族品格、耐力、智慧的反映。影片《长征》中的恢宏的气势、庄重的画面，给人以耳目一新的审美享受。再比如《生死抉择》这部电影，它成功地塑造出一批优秀共产党员的光辉形象。其内容来源于生活、贴近实际、让人觉得真实、可信；影片中的情节起伏、引人入胜。又如几十年前轰动一时的伦理电影《妈妈再爱我一次》引起了人们对于亲情的思考，并以它强大的感染力引起了观众的关注。

第三节 艺术美审美实践

一、艺术美及其审美功能

艺术美在美的形态中有着特殊而重要的地位。艺术美拥有超出现实美的表现力，它更加直观、更有感染力，也更引人回味。这种独到的美主要来自艺术家的构思和创作，他们和普通人相比，有着更细腻的审美心理和情感体验，相当一部分艺术家还接受过专业化、系统化的培训指导，所以他们可以采用许多独到的表现手法来向人们诠释自己心目中"美"的概念，对艺术作品的欣赏和一定的艺术创作实践，是大学美育的重要手段。

（一）艺术美概述

1. 艺术美的概念

不同类型的艺术作品所表露和体现的美就是艺术美的具体内涵。没有很多表现形态，艺术美就是其中之一，它来自艺术家的创造性劳动，也就是特定的精神生产活动，如果分析这种活动的实质，可以将其视为人的本质力量的定向化活动。当艺术作品借助自身的艺术形象来感性反映人的本质力量时，艺术美就诞生了。而相比之下，现实美通常会受到一些外在条件的约束，如时间要素和空间要素等，所以它们很难获得集中概括体现现实美的特性，这是现实美与艺术美的主要差别所在：它不具备艺术美的精粹性和提炼性，毛泽东同志曾就此发表过这样的看法：尽管生活美和艺术美作为"美"的价值都应该得到认可，但文艺作品所体现的生活是理想化的，它比现实的平凡生活显露出更为强烈的情感，彰显的主观意愿的集中性，有典型示范作用，从这个角度来说，文艺作品的普遍性反而比现实生活要强。因而，艺术美在美的各种形态中占有极其重要的位置，历来是美学家研究的重点。集德国古典美学之大成的黑格尔，高度重视艺术美，皇皇百余万言的美学巨著，就是围绕着艺术美为中心而展开的。

2. 艺术美的本质

事物本身稳定维持且长久不变的、能够从根本上影响其性质、形态和发展的根本属性就是其本质所在。按照这一定义，艺术美的本质可以理解为诸多对艺术美认识的本质抽象。

（1）艺术美是主观和客观的统一

艺术美来源于现实生活，艺术美是艺术家对现实生活进行再创造的产物。马克思主义美学理论认为，就艺术美与现实的关系来说，现实美是艺术美的唯一源泉，属于社会存在的范畴，即第一性的美；艺术却属于社会意识范畴，是精神产品，属于第二性的美。艺术美不是人们头脑中固有的，或凭空产生的，而是人类对客观事物审美经验不断积累的结果,是现实美在人类头脑中客观反映的产物。它是人类对现实美的审美意识的物化形态,是艺术家对现实美的加工和创造的结果。

艺术美来源于现实生活,但并不仅仅是现实生活的机械反映或简单再现。艺术创造的途径结合了相当鲜明的艺术家个人主观判断。失去了艺术家基于现实的、有意识的加工、改造,艺术美的产生与发展也就无从谈起了。艺术美之所以有突出的主观性,往往也是艺术家在创作过程中加入充沛强烈的感情色彩而诠释出来的。

(2)艺术美是内容与形式的统一

艺术作品要想体现艺术美,应该实现形式美和内容美的有机统一。形式和内容是所有艺术作品都会包含的两个基本因素,前者是外在的,后者是内在的。在欣赏一件艺术作品的时候,通过感官直接体现的外在物质形式是我们首先会接触和体会的,在接受了外在的形式之后,我们就会逐渐发现被物质形式所包含和暗示的内在精神意味。不过,所有的艺术作品都来自特定的艺术创造活动,是一种物质结果,都会反映一定的形式和内容的融合。所谓优秀作品,首先要符合形式与内容紧密结合的要求,实现二者的理想化统一;而有些作品未能从形式上充分结合希望表达的内容,没有实现外在和内在的统一,这样也就不能称之为优秀的作品了。

艺术工作者在打造艺术形式时,必须借助特定的物质材料。具体来说,文字和语段是文学艺术创作的物质材料,旋律和音色等是音乐艺术创作的物质材料,色彩和线条等是绘画艺术创作的物质材料,运动和肢体等是舞蹈艺术创作的材料。不过,这些物质材料单独存在时,是不满足真正艺术的要求的,它们都需要创作者遵循美的规律,经由一定的程序加以改造和二次创作,被整合在一起,形成一个具有突出表现力的整体,只有经过了这样的创造,物质材料才能呈现符合艺术创作要求的形式。以文学艺术作品为例,它是一种已经完成的艺术形态,自身拥有特定的涵盖内容与表现形式,来自作家和艺术家的创造,本质是作者对现实生活的概括与反思结果,这种结果被借助凝练的手法加以物化,以物质形态呈现出来,这就是所谓的"将思想中的构思外化成物质符号"。文学艺术的内容来自作者的思想,是内在构思在物质上的反映。所以,假如某些艺术构思还仅仅停留在创作者的思维中，尚未用外显的方式加以刻画，那它就不能算作真正的艺术内容；必须通过一定的作品表达出来，才能够被称作"艺术的内容"。艺术内容的美学主要来自合理巧妙的艺术构思，深刻地体现在作品当中。比如，中国的汉字就是内涵与构思的完美结合，它融合了形、音、意三个方面的美感，而汉语文学来自汉字创作，进一步彰显了三个方面的美感，文学的形式美同样涵盖了形美和音美两个层次，至于意美就可以视为文学的更高层次了。

艺术美是内容和形式的完美统一，就是要以相应的、贴切的艺术形式来表现各自不同的审美内容，浑然一体、相得益彰。我国的传统文艺理论就相当重视作品的自然性，认为其形式最理想的状态应是"浑然天成""清水出芙蓉，天然去雕饰"，这种创作思想的内涵是：经由刻意雕琢裁剪而改变形态的作品，其所呈现的只是创作者的技巧与经验，并不是事物的本真面貌，这样就脱离了它最自然的韵味。艺术作品形式的最高境界应该是不着痕迹地还原事物的原始面貌，给欣赏者浑然天成之感。

读着茅盾先生的散文《风景谈》，我们强烈地感受到作者对延安的向往，对延安人民抗击日本侵略者、保卫祖国的赞美。作者正是运用了自己高超的剪裁布局和语言表达能力。这些形式技巧使"沙漠风光、高原晚归、延河夕阳、石洞西景、桃园即景、黎明剪影"一幅幅生动的画面跃然纸上。

（3）艺术美是真与善的统一

真，就艺术美来说，是指它所反映的真实性，包括客观和主观两个方面，即客观的真实生活和主观的真情实感。"真"是指那些具有本质意义的事实，而那些没有本质意义的事实，就不叫作真实，也没有审美价值。艺术家必须通过描写生活现象反映生活的本质。艺术还要以情动人，缺乏真情实感的作品就不能打动人心，实际上也难以称其为艺术。

善，是艺术作品的美的前提。就艺术美来说，"善"是指它的内容中所显示出来的特定的社会、阶级、人群伦理道德上肯定性的品格。它实际上指的是艺术作品描绘的艺术形象所蕴含的积极的社会意义。它和人的生活目的是紧密联系在一起的，反映着人们的利益、愿望、要求，往往具有功利性。

3. 艺术美的特点

艺术作品应该兼具现实属性和理想属性，才能认为是符合了"美"的完整要求,它们首先要建立在现实世界之中所存在的规律和现象的基础之上,也不能失去创造性和思想追求,需要灌注艺术家在面对生活时总结的审美志趣。当然,艺术家还应该借助准确、生动、有美感的形式来表达艺术思想。因此,艺术美的美学特性有三:集中性、永久性和综合性。

(1) 艺术美具有集中性

艺术作品的体裁多样,分类详细,大致可分为音乐作品、绘画作品、文学作品和雕塑作品等。这些作品虽然都取材于现实,但并非等同于全盘复刻现实事物,它们的常规创作手法是:总结并突出反映某一类事物的主要特性,借此来点明描述对象的本质和社会意义。艺术美是艺术家把一些分散的美集中起来,进行艺术的概括,从而创作出来的典型形象,因而艺术美比现实美更集中、更强烈、更具有普遍意义。

艺术家能够将现实生活中的事物,无论是美的还是丑的,通过集中、概括,使之成为渗透着艺术家情感评价的艺术形象。尤其是化丑为美,它已经不同于一般的丑了,而具有美学意义,是把丑的内容以一种和谐优美的艺术形式展现在欣赏者的面前,使其得到审美情感的满足。

而艺术美的集中性还突出体现在它的典型性上。艺术典型的共性、代表性,指的是它体现了事物的某些质的特征,表现了事物的某些内在联系和发展趋势。比如在恩格尔看来,巴尔扎克的作品汇集了法国社会的全部历史。之所以这样说,是因为巴尔扎克所塑造的艺术形象具有很强的代表性和概括性,刻画极其生动,而且忠于生活,深刻地概括了资本主义制度的本质特征。

鲁迅塑造的阿 Q 这个典型,也使我们认识到封建制度对农民在物质和精神上长期的剥削和摧残,迫使他自觉或不自觉地进行反抗斗争,这种盲目斗争又必然遭到失败,因而他又只能以"精神胜利法"自我安慰。他最后被杀害,是封建制度统治的必然结果,同时也反映出辛亥革命的不彻底性。鲁迅说他的人物模特儿"没有专用过一个人,往往嘴在浙江,脸在北京,衣服在山西。是一个拼凑起来的角色",然而这些人物的个性特征又是何等的鲜明、突出,同时又具有非常广泛的代表性,可以说是写了这一个,道出了一大群,我们没见过这个人,可我们的生活中却有千万个这样的人,我们和作家一起对他们剖析评价,为他们伤心落泪。这时我们便不再囿于日常生活中琐碎事务的应付上了,而是超越具体时空的限制，去探索领悟生活的真谛。

（2）艺术美具有永久性

艺术美属于社会意识形态，它的发展变化并非总是与社会同步的。社会改变了，旧有的艺术并不会立即发生变化，而是保留下来。在人类历史上，那些曾产生过重大影响的真正的艺术作品，一般是不会随着时代的变迁而丧失其美的价值的。艺术美有其自身的发展规律，在艺术作品中，人们可以窥测出前人的思想观念、审美理想、审美趣味。而艺术的形式因素具有相当大的适应性，某种艺术形式往往能被不同时代的艺术家所借鉴运用。在前人留下的艺术作品中，不仅反映出那一时代的艺术家的观念问题，而且还反映出他的创造技巧问题。不论前人遗留下来的艺术作品的审美价值如何，它都以稳固的形式提供给人们进行借鉴。

基于上述原因，艺术美一旦被创造出来之后，便具有永久性，就可能超越时空，流传久远。

（3）艺术美具有综合性

艺术美具有综合性，是指艺术美具有美的综合和综合的美的特性。所谓美的综合，是指艺术创造是按照美的规律和法则，在艺术家审美观念指导下对各种艺术元素的综合，把分散导向统一，把不和谐导向和谐。所谓综合的美，是指艺术中各因素在一定关系条件下共同呈现的美。这种美的综合和综合的美表现在对单象美、个体美的综合，以及对综合美自身的再综合。通过综合使艺术所呈现的综合美比其他任何形式的美都更集中、更丰富、更强烈，因而也就更高。

单象美是指个体事物中构成因素或构成事件的美，如一朵花中，花的颜色、形状或花蕊、花瓣的美是单象美，一片树叶的叶形、叶色、叶脉是单象美。而个体美是单个而完整的事物所呈现的美。一个人、一棵树、一轮明月可以是美的，一场风雨、一片云霞、一道彩虹也可以是美的。电影中的特写镜头、绘画或雕像中的细部造型、文学作品中的细节描写，都是艺术对单象美的综合表现。另外，艺术美又以塑造性格鲜明的具体艺术形象为前提进行综合，使作为个体形式的艺术形象更加有生气，甚至会吸收一些不影响个体美的某些不美的甚至丑的单象，使作为艺术形象的个体更为丰富、复杂，内涵含量大。

（二）艺术美的审美功能

艺术美具有独特的审美功能。它具有审美娱乐、审美认识和审美教育的功效。

1. 审美娱乐功能

审美娱乐功能是指通过艺术活动能够使人获得视听感官的某种快感和感觉上的美感，给人以精神上的满足和愉悦。人们去剧院看戏，去看电影，去展览馆参观绘画、书法、摄影展览，以及听音乐、阅读文学作品，都是为了获得一种审美享受。人们在欣赏艺术作品时，会受到艺术形象、艺术语言的感召，产生情感波动，不自觉地调动自己的想象力，用自己的观点和经验去解读作品。总之，艺术欣赏会充分唤起人们的种种心理活动能力，甚至完全吸引人的注意力，使其达到一个物我两忘、沉浸其中的欣赏境界，从中收获丰富细腻的心理体验：可能是从诙谐生动的作品中收获欢乐，也可能是随着深沉悲哀的作品沉浸伤感，还有可能因现实沉重的作品感到愤怒，或受到宏大悲悯的作品的震撼与触动……总而言之，这些情感体验都可以认为是精神上的满足与享受，审美享受就是从这类体验中诞生的。

欣赏齐白石画的虾，看那生动传神、妙趣横生的姿态，犹如在清澈的水中浮游一样，能产生清静、自由、舒心之感；观赏徐悲鸿画的奔马，看那活泼多姿、优美自然、充满旺盛的生命力的神态，能产生奔腾、令人兴奋的鼓舞力量。可见，愉悦感往往是与陶冶人的情操连在一起的。

2. 审美认识功能

艺术家在选择材料、提炼材料、组织材料进行艺术创作的时候，同样不可避免地把自己的思想、情感、趣味体现在了作品里。换言之，艺术作品在包容客观真理性的同时，也容纳了艺术家主观的真实，因此欣赏一件艺术作品，除了可以感知客观的东西外，欣赏者同时也必然将接触、深入艺术家的主观世界，参与创作者的精神活动，并在主体与客体的情感交叉活动中，引起精神的共鸣。因此，艺术作品能使人们认识自然、认识社会，同时也能认识艺术家、周围的人及我们自己。

人们在欣赏艺术的体验中接受不同形态的美的熏陶，这样一来，其自身的艺术趣味和艺术鉴赏能力、理解能力都会得到提高与加深。艺术作品自身必然承载着艺术家的感情，这样才能唤起观赏者的感情（或者叫共鸣）。创造主体在指代和暗喻自己感情的同时，一直在试图引发欣赏者产生同样的感受和认知。之所以说艺术欣赏者能够通过艺术表达接受感情上的洗礼与塑造，正是因为艺术美引发了他们心中的美好感情，并且通过启发的形式为其审美经验、审美能力和审美思想注入了新的内容。此外，还应该认识到，塑造美、表现美就是艺术的最终追求。艺术家所希望的远不仅是艺术内容的本质美感，也是表达形式与承载内容完美契合所体现的和谐美与巧妙之感。总而言之，艺术鉴赏体验是提高一个人艺术解读能力的主要途径。而因为生活的真实孕育了理想化的艺术美，所以人们不仅可以通过艺术作品来感知艺术美，还能对现实美有更为深刻的理解与感触，在这样的前提下，人们会自发地发掘和寻求身边生活中更多美的形式、美的表达。

很多古代文物都具有非同寻常的艺术价值与美学价值，古希腊娓娓道来的戏剧与古罗马巧夺天工的雕塑都让人惊叹于古人精湛的构思；秦始皇陵内气势恢宏的兵马俑诉说着封建王朝的野心勃勃与波澜壮阔；诸如汉乐府诗、魏晋志怪文学、唐诗、宋词、元曲、明清世情小说等文学作品，都十分详细且直观地反映了我国古代各个历史时期、不同朝代的社会面貌，我们可以从中探究古人的生活面貌、作息特征、风俗习惯、人情世故，也可以通过解读文学作品的创作环境探查当时社会的经济状况、政治政策、文化习俗、宗教信仰、军事实例、民族融合等。所以，毛泽东把《红楼梦》比作封建社会的一部百科全书；马克思说希腊艺术是"一种规范和高不可及的模板"，因为它使人们看到了"历史上的人类童年时代"；恩格斯评价巴尔扎克的《人间喜剧》时说："他在《人间喜剧》里给我们提供了一部法国社会，特别是巴黎上流社会的卓越的现实主义历史……他汇集了法国社会的全部历史，我从这里，甚至在任何细节方面（如革命以后动产和不动产的重新分配）所学到的东西，也要比从当时所有职业的历史学家、经济学家和统计学家那里学到的全部东西还要多。"

3. 审美教育功能

艺术作品是人类审美意识的物化形式。它不仅能使人赏心悦目，满足审美需求，而且还可以产生教化作用，陶冶欣赏者的情操，丰富欣赏者的见识，提升新生者的品位，由此构建一种更加积极且深刻的价值观念，塑造全面成长的健康个性，启迪和引导人们按照美的规律来塑造自己，改造世界。这就是艺术的审美教育功能。

艺术教育在我国的起源相当之早，春秋时期的伟大思想家和教育家孔子已经非常直接地提出了艺术熏陶对个人成长的重要性，将"诗""乐"纳入必须掌握的"六艺"之中。在孔子的思想中，"礼"发挥着支撑社会秩序、约束政治制度和群众伦理观念的重大作用，而"乐"作为一种艺术审美教育，完全应当与"礼"占有同等地位，甚至被专门安排在"六艺"——礼、乐、射、御、书、数之首。他认为，礼可以安邦治民，乐可以移风易俗。要治理好一个国家，礼、乐是相辅相成、不可缺少的。他非常重视艺术教育的作用，"《诗》可以兴，可以观，可以群，可以怨。迩之事父，远之事君，多识于鸟兽草木之名。"（《论语·阳货》）而其后的荀子则更进一步在《乐论》中指出"夫声乐之入人也深，其化人也速"。

艺术之所以能产生教育作用，因为艺术的本质在于审美。一件艺术作品就是一个审美对象。艺术家的作品并不是单纯描述现实，更融入了本人的反思和见解，某种程度上是在评判现实生活，并向观众展现艺术家自身的某种诉求或呼吁，传递自己的人生观、价值观、生活经验与体会等。因此，人们在欣赏艺术作品获得美感享受的同时，还学到了知识，受到了教育，陶冶了情操，培养了想象力和创造力，使个性得到全面和谐的发展。

而艺术美的教育功能最独特之处，在于它不是通过伦理的、理性的、教诲式的方式给人以直接的教育，或者说它不带有一般教育的强制性，而是使人在不知不觉中受到教育，它是以潜移默化的形式来实现的。"随风潜入夜，润物细无声"是艺术审美教育功能的形象体现。

在此基础上，艺术美在推动社会生活前进方面，具有特殊的价值。人欣赏到艺术作品的美，心灵被作品的内涵和构思所打动，理想也会随之留下作品的烙印，激励人在现实生活中不断追求美好的事物和高远的目标，最终实现促进社会生活面貌焕新的深刻目的。

二、艺术美的欣赏

艺术美的欣赏，有自己所固有的性质、特点和规律，只有认清楚对艺术美进行欣赏的一些基本问题，才能提高人们的审美水平和对艺术美的鉴赏能力，才能有效地指导人们进行审美实践活动。欣赏活动主要包括文学、美术、音乐、影视等的欣赏。

（一）艺术美欣赏的性质及特点

1. 艺术美欣赏的性质

艺术作品虽然相对于客观现实生活是第二性的东西，但是作为一种客观存在，对欣赏者的主观意识来说，它又是第一性的东西。艺术欣赏作为对艺术作品美的内容和形式的反映，本质上来说，是一种审美活动。这种物态化的艺术形象是成型的、确定的、单一的。艺术欣赏的审美活动，以艺术形象为对象，将这种物态化了的艺术形象观念化。

这种呈现在欣赏者头脑中的形象则是不成型的、非固定的，因而也是多样化的。《红楼梦》作为对现实生活审美活动的结晶，只提供了一个林黛玉形象，但在成千上万欣赏者的头脑中则有成千上万个林黛玉的形象。

艺术美欣赏的根本标志是有无审美评价和审美享受。在欣赏艺术美的过程中，无论是否处于主动或自愿，人们通常都会依据个人的审美趣味、审美希冀、审美观念，从作品中收获某种实际的感受，这种感受（或者说体验）主要来自艺术形象，基于观赏感受，人们会逐渐进入联想和想象的阶段，想象又会衍生出更多复杂而细腻的情感反应，对作品产生共鸣之后，人们就会针对作品给出某种审美评价，最终收获精神上的充实和喜悦，即审美享受。那么，前面提到的"实际的感受"是怎样获得的呢？别林斯基认为："对于我们来说，没有知识就没有欣赏。如果有人说，某一作品使他感到欢欣鼓舞，但认识不清楚这种情感到底是什么，追究不出这种情感之所由来，那么这种人就是自欺欺人。为一部不能理解的艺术作品而引起的喜悦，是一种令人痛苦的喜悦。"

艺术美欣赏具有直觉性。艺术作品是通过具体可感、鲜明生动的艺术形象来感染人、打动人的。当我们看到一幅画、听到一首乐曲、观赏一出戏剧时，会立刻产生一种特殊的情绪、情感，或感到十分优美，或感到极其平庸，甚至会感到丑陋险恶。需要指出的是，这种直觉性不同于那种先天遗传因素所决定的生理机能，而是融感性经验和理性认识为一体的一种高级阶段的心理机能。

艺术美欣赏还具有再创造性。从一定意义上说，艺术家创作的艺术作品并不是单方面提供的，而是欣赏者本人参与创造的。艺术作品中留有的许多空间要由欣赏者自己去填补。比如文学和诗歌，因为它们是用语言来塑造艺术形象的，不能用确定的形体或声音直接作用于人的感官，必须凭借欣赏者丰富的想象——再创造才能在头脑中形成栩栩如生的感人的形象。戏剧舞台、中国绘画的许多"空白",电影、电视剧的悬念,都需要观众用自己的经验、想象去展现、补充。欣赏者在欣赏艺术作品时,对艺术家在作品中留下的"空白"予以理解,在脑海里形成形象,从而使艺术作品的意蕴更为丰富,这就是艺术欣赏的再创造。比较典型的是《哈姆雷特》,这部融合谋杀、暴力、复仇、情欲、疯癫与欲望的莎翁名剧,一直被全世界推崇。"一千个读者眼中就会有一千个哈姆雷特"已经成为一句惯用语,也就是说,每个立场不同的人可以在这本书里看出完全不同的意境。

再比如,在观赏阿尔塔米拉岩洞中的壁画时,我们会尤其注意"受伤的野牛"这一部分,壁画用鲜明的色彩和简洁的线条勾勒出一头受伤的野牛拼死挣扎的画面,虽然是再简单不过的构图,却生动地勾勒了动物顽强求生的状态与宁死不屈的野性,由此又令人联想到远古人类狩猎求生时惊心动魄的场面、观察自然万物时细腻的眼光,认识到原始粗糙的艺术亦有惊人之处。在观赏大佛寺著名的倒坐观音像时,我们会对其气势恢宏的规模感到震撼,会为其端庄秀美的姿态而折服其中,会对其奇绝而历经千年不倒的雕塑形态惊讶万分,进而赞叹古代雕塑家的精湛手法与巧妙构思。雕塑自身的艺术特征兼有庄严与婉约两种美感,本身已经给人以奇妙的欣赏体验,让人不自觉为其姿态着迷,从而细察其雕塑工艺和造型寓意,我们又会对古人巧夺天工的技艺赞叹叫绝,对我国自古传承的匠人文化发自内心感到自豪,从雕塑艺术之美中接受人文精神和历史渊源的洗礼。

2. 艺术美欣赏的特点

(1) 艺术美欣赏的突出特点是它的娱乐性

看电影、看小说、看画、听音乐,在一般情况下,不是去寻求什么教育,而是去寻求美感享受的。这美感享受又是以愉悦为主要特征。在繁重的工作之余,听上一段《意大利小夜曲》,轻松舒快,疲劳顿消,或观赏、品味王羲之父子的书法,只感到秀气扑人,精神大振。如果有一段较宽裕的时间,读几篇泰戈尔的抒情小诗,或屠格涅夫、普希金的小说,登八达岭看万里长城,那更是令人感到韵味无穷、逸兴飞扬的。"采菊东篱下,悠然见南山"让人感到的是名利俱弃、宠辱皆忘、俗务尽脱、尘外飘然的自由。"大漠孤烟直,长河落日圆""星垂平野阔,月涌大江流"又是何等的壮美!当然,艺术美欣赏的娱乐性是伴随着艺术作品的认识作用、思想教育作用、审美作用的。真、善、美三者统一于美。因此,在美的欣赏中自然而然地受到真的教诲、善的熏陶。只不过，这种教诲、熏陶是这样的巧妙，恰如杜甫诗句所描写的："随风潜入夜，润物细无声。"

（2）艺术美欣赏作为一种审美的活动，具有强烈的情感性

我们都有这样的体验，欣赏文艺作品时，如果对其形式十分熟悉，或作品的感染力十分强烈，就会完全投入其中，用整个心灵去体会作品所刻画的深奥意境，随之产生高昂的情绪。以一些比较经典的合唱歌曲为例，在表演的全程中，听众感受到的是综合了精心安排的节奏与旋律的、许多不同乐句连在一起形成的乐音的倾诉。在深入感受歌曲时，听众的审美体验会逐渐发生变化，再听到的已经不是单纯地刺激着人们耳膜的节奏、旋律了，而是开始抒发作者倾注于其中的激昂情感，像真实的文字一样述说着荡气回肠的话语，听众的心绪也会被这种恢宏的气势裹挟，成为作曲家和演唱者艺术表达的一部分，伴随着歌声迈入一个宏大壮阔的境界。在经典的合唱作品中，听众感受到的也许是艺术家在民族存亡之际发出的不屈怒吼，也许是面临着新的时代篇章由心而发的赞叹与信念，壮怀激烈的情感无论在哪个时代，永远能唤起最多的共鸣。

再比如说，欣赏传统琵琶曲《春江花月夜》，刚一听到细腻清脆、流畅起伏的琵琶琴音，听众就会进入一种幽雅婉转的艺术境界，感到心旷神怡，如同伴随着乐曲声步入春季温暖而安宁的静谧之夜，乘小舟摇曳江上，眺望明月浮现于东山。在乐曲旋律的不断推进中，乐音和曲调出现了更多精巧的变化，听众仿佛搭乘小舟一路飘摇，随江流行经两岸的青山花影、重峦叠翠，倾听月光中的风吟虫鸣，优美的琴音与雅致的意象共同洗涤着听众的心灵，疲惫、忧伤、愤懑等阴暗的情感都仿佛不复存在，取而代之的是归于宁静的满足。乐曲平息时，听众依然久久流连在淡漠高雅的艺术形象中，难以忘怀。

（二）艺术美欣赏的作用

1. 艺术美欣赏是艺术作品实现社会审美教育的唯一途径

艺术家精心创作出各种各样的艺术作品，其目的是通过艺术形象把自己的思想观念和情感传达给人们，从而使作品产生一定的社会审美效应。只有通过艺术欣赏，才能使艺术家和接受者的思想感情进行沟通，才能使艺术形象的审美价值得到实现，并对接受者产生精神上的感染和净化。各种艺术作品，只有接受了群众的鉴赏与认可，才能够被视为真正的艺术作品，并且证实自身的现实意义和审

美价值，它的各种社会作用、社会价值才能够由潜在成为现实。

艺术形象里倾注着作者的感情，渗透着作者的爱憎态度，包含着作者的美学评价。当欣赏者在欣赏艺术作品中的艺术形象时，通过自己的再创造全面理解了艺术家的感情、态度和审美评价，在获得审美愉悦的同时，提高了认识，接受了教育，艺术作品也就产生了社会审美效应。

2. 艺术美欣赏制约和推动着艺术创作

艺术创作和艺术欣赏，如同生产和消费的关系，二者互为条件、相互制约。一方面，艺术欣赏要以艺术创作为前提；另一方面，艺术创作也要在艺术欣赏中得到反馈，从人们的欣赏需求中汲取营养，得到启示、鼓舞，受到影响，获得动力。可以说，艺术欣赏活动的普及和深入，社会欣赏水平的提高，对繁荣艺术创作、发展艺术事业，能产生强大的推动力量。

3. 艺术美的欣赏能培养、提高人们的欣赏能力

没有艺术欣赏的实践，人们的欣赏能力只能停留在较低水平上。在现实中，由于人们的社会地位、生活经历、文化程度、艺术素养等方面的差异，人们的欣赏能力也有所不同。他们在艺术欣赏中的感受、体验、鉴定、评价等会有明显的差异。可以说，一个人对艺术作品的审美体验和审美判断，都是直接被欣赏能力的程度左右的，具备审美能力越优秀，就越能从一部艺术作品中发现深刻的、耐人寻味的美，同时这件艺术作品所承载的社会意义也越重大。

艺术之所以能引起人们特定的感情，首先是因为其自身就承载和表露着创作者的感情。而欣赏者的美好情感被艺术作品唤起的过程也是其心灵接受陶冶与感化的过程，随着心灵的成长，个体的阅历和情感认知更加充实，审美能力也就从中得到了提升。人们要想提升自己发现艺术美的能力，获得更优秀的欣赏能力，必须经常主动欣赏艺术作品，接受美学的熏陶。无论是什么样的艺术形式，其最终追求的都是美。艺术作品的内容与内涵本身是一种美，表达形式和思想情感的结合程度、搭配组合同样是一种美。人们在艺术鉴赏这一体验中收获了美的感受，加深并充实了自己的艺术趣味，同时见识了更多艺术形式与表达方式，对广义上的艺术有了更好的理解，艺术欣赏水平能力自然也随之提升了。此外，现实生活作为艺术美的起源，其特征和规律也隐含在艺术表达之中，所以艺术欣赏并不只是一个提高艺术美认识能力的过程，它同样让欣赏者对现实美产生了更加深刻的

认识，激励着更多人在生活中发现美、欣赏美和创造美，让美学渗透到生活的每一个层面。

不同种类的艺术品创造了不同的艺术感受、不同的审美能力和趣味。随着艺术的不断发展，人们的这种审美能力和趣味将会日益提高。也就是说，欣赏主体对艺术作品的欣赏过程，实际上是一个不断积累欣赏和理解艺术作品经验的过程，当这种经验成为一种稳定的艺术审美心理结构的时候，便产生了一定的审美趣味和审美能力。

（三）艺术美欣赏的过程

具体说来，艺术美欣赏过程分为四个阶段：准备——感受——理解——评价。

1. 审美准备阶段

一个人在尝试接触和欣赏艺术美时，首先要进入一种更适合凝神和沉思的状态，而不能仍处在日常意识的阶段，这是营造审美心境的必要一步。这种心境，既可以说是对艺术美欣赏活动的期待，也可以说是一种心理准备。人们无论是进电影院或剧场去看电影、看戏，还是到音乐厅、美术馆去听音乐、看画展，或是到什么地方去咏诗、看小说，在具体接触艺术对象和实际进入艺术情境之前，心理上就会自觉或不自觉地中断日常生活中那种强烈的功利意识，排除与审美无关的其他杂念，静心以待，集中其审美注意，准备以全身心去接受即将进入欣赏活动的欣赏对象，以获得审美的满足。因而，艺术美欣赏的准备阶段，也就是自然地暂时超越现实环境和现实自我而将功利态度转变为审美态度，将与现实的功利关系转变为审美关系的阶段。

在审美准备阶段，欣赏者会根据自己已有的艺术知识，对即将接受的艺术作品的背景材料的了解程度，对其各个方面，如内容、形式、风格进行猜测。一般而言，欣赏者的审美经验越丰富，艺术知识水平越高，他对即将欣赏到的艺术作品的期待程度就会越高。

2. 审美感受阶段

艺术形象是艺术欣赏的直接对象，欣赏者在接触某种形象时，首先会产生一种直观的感受，艺术欣赏就是从这里开始的。一般来说，艺术作品的美并非理性而抽象的，而是以相对具象的形式呈现，引发人的感性触动。欣赏者通过一系列联想和共鸣勾勒艺术作品的形象，用个人的生活体验和思维习惯解读艺术作品。

具体来说，如果人们看到了一幅色彩鲜艳、构图大胆的图画，心情也会不自觉地变得激动；如果听到了一首委婉平和的乐曲，同样会随着旋律感到宁静而安定，这些心理活动都意味着常规性的心理意识的结束。如果欣赏者认为艺术作品的水平足够优秀，能从中获取共鸣，则心情也会因艺术欣赏而变得更加愉悦。审美感受融合了一个人的情感体验与意识反思，所以不能等同于纯粹的生理现象，人都要经过特定的生活体验、智力教育、情感经历，才会具备基本的审美素质，所以审美心理其实兼有感性和理性的因素在内。如果一个人天生就具有比常人更细腻的情感，或者专门接受了系统的审美教育，对艺术作品的感觉就会较一般人更敏锐，也更深刻。

欣赏者可以通过艺术欣赏中的具体感受抵达特殊的艺术境界，身临其境地领会艺术家的创作用意。如果艺术家的手法足够高超，创作情感足够真挚，完全可以让欣赏者沉浸在艺术形象之中，体验与艺术形象同步的感受。以徐悲鸿的名作《愚公移山》为例，人们在鉴赏画作时，必然先注意到作为画面主体的一群青年男性：这些男性无一不是体形魁梧、孔武有力，有人手持镐耙开凿山土，有人肩扛扁担搬运碎石，姿态坚定有力。众男子神态身姿各异，或气定神闲，或昂首呐喊，或佝偻伏地，或倾腰挺腹，这些动作都给人以强烈的蓄势待发之意，气势磅礴、感情热烈。人物在画面中的分布大致呈弧形，占据了大部分空间，给人以突出的视觉冲击和仿佛要冲破画面的感受。在画面的另一侧，描绘着愚公与邻人"孀妻"对话的场面，愚公身边的两个儿童，一个在吃饭（成长），一个在运土（劳动），这一场景不同于描绘壮汉们热火朝天的劳作画面，显得和谐安宁，给整幅作品带来了动静相宜、耐人寻趣的意味，同时也暗示着长辈向晚辈传递人生经验、寄托未来事业的举动，体现出对未来的无限憧憬与热切向往。在面对这样一幅画作时，观赏者的情感也会随着画面的内容而变化，看到画家描绘的移山的壮士与茁壮成长的儿童，会自然而然地受到作品宏大气势的感召，为艺术创作的非凡力度所折服，进而理解画家以"愚公移山"的主题暗示艰苦奋战、夺取抗战最后胜利的用心，并从中领略古老的、生生不息的中华民族的决心与毅力。

3. 审美理解阶段

审美活动中的理解是对眼前的美的形象，经过感觉、知觉辅以联想、想象，去补充和丰富艺术作品中的内容和形象，达到深刻理解艺术作品内容的目的。所以，从本质上说，审美理解是欣赏者对艺术作品从形式到内容的把握。

我们在欣赏某一美的对象时，通过审美对象的艺术形式获得的感性认识，可能会立即感受到它的美，产生感官的舒适的感受。但要更深刻地认识美、感受美，从而产生感情的愉悦和感动，就需要有深入的理性认识活动，需要发挥理性的作用。因为，在艺术欣赏中，作为审美对象的艺术形象往往是复杂的，不是凭感性印象一下子就能认识，而往往是要通过反复思考、仔细琢磨才能全面地、深入地认识它，并且也只有经过理性思考之后才能引起深刻的强烈的美感。

我国第一部白话小说《狂人日记》，描写的是一个患迫害狂症患者的心理活动，把对社会生活的清醒描写和对狂人内心感受的刻画糅合在一起，揭露封建"家族制度和礼教的弊害"，指出中国封建社会的历史是人吃人的历史，蕴含的内容是十分深刻的。如果我们读这篇小说，不联系社会现实进行深入的理解，那么只能停留在低水平上。同样，在欣赏绘画、音乐、小说、戏剧、电影等艺术作品时，也需要出此及彼、由表及里的理性思考，才能对艺术作品有较为深入的解读。观赏过罗中立的油画《父亲》的人，无不为之深深感动。画面中的农民虽人在中年，但显得格外苍老：眼窝深陷，沟壑满布的皮肤黝黑黯淡，诚挚淳朴的眼神中仿佛有着难言的羞涩，嘴唇在风吹日晒下早已褶皱皲裂，门牙也已经脱落，一眼便知这个角色饱尝了人世间的酸甜苦辣。但是，"父亲"的形象又显得格外高大，让观赏者在油然而生某种敬意的同时，又被心理上的沉重感所覆盖。作品的光色运用十分细腻，每一个面部细节都刻画到位，已能让观赏者感觉这不是一幅画，而是一个真正的人，能闻到泥土与汗水的气息、听到干裂的嘴唇中乡音浓重的、质朴的话语。观赏者必然对这位"父亲"产生深切的同情与敬重，从饱经沧桑的面孔中体会他一生的艰辛与波折，解读他无私的一生的奉献。画家最初将作品命名为《我的父亲》，后改为《父亲》，正是明指这幅画描绘的不仅仅是他的父亲，更是所有为子女和家庭辛劳一生的父亲；所传达的不是一家的悲欢，也是对全天下的劳苦大众的关怀。联想到祖国的昨天、今天和明天，使人产生一种崇高的社会责任感。

4. 审美评价阶段

艺术欣赏是一种形象的再创造，是伴随着情感活动的形象思维，是感性和理性活动奇妙、和谐的统一。所以，要深刻领略艺术之美，就必须在具体感受的基础上进一步理解，从理性高度把握艺术美的内涵，透过渗透着情感的艺术形象，品思蕴含其中的深刻内容和社会意义，并在此基础上对艺术作品作出理性的评价。

审美评价包含两个方面的内容。一是对艺术作品所描写的生活进行再评价。欣赏者在欣赏活动中，总是要结合自己的思想感情对艺术家在作品中所评价的事物进行一次再评价。二是对艺术作品优劣的评价。欣赏者在欣赏一部艺术作品之后，总是会按照一定的立场、观点、方法和价值取向，根据自己的审美趣味、审美理想对艺术作品的优劣进行分析、评价和判断，这种评价既可以针对艺术作品的内容，也可以针对艺术作品的形式。

毕加索的《格尔尼卡》是画家最著名的作品之一，然而由于其隐晦且标新的风格，很多人（特别是对美术方面的专业知识没有了解的人）在观赏时会不知所以，不明白这样一幅人物"扭曲"、画面"凌乱"的作品在反映什么，更不知道它为什么是传世名作。

稍有了解的人应该知道，《格尔尼卡》是典型的反战作品，是作者控诉第二次世界大战中纳粹的暴行的作品。"格尔尼卡"是西班牙巴斯克地区的一个重镇。在1937年4月26日，这个重镇遭受了纳粹德国空军惨无人道的无差别轰炸，袭击长达3个多小时，有超过1600人遇难，受伤者接近900人，城镇在炮火下沦为一片废墟。不过，画作中的内容是怎样和这些元素联系起来的呢？

首先，即使没有接触过立体主义、超现实主义之类的美术理论，人们也可以很直观地感受到画作中扭曲和压抑的气氛：整幅画只有黑白灰三色，所有的形象都经过了夸张的变形，大都神色凄楚（从画面中间嘶叫的马和仰天恸哭的妇女尤其可以看出），整幅画的构图和要素乍一看杂乱无章。但是这些特征其实正暗示纳粹压迫下暗无天日的生活、承受战火蹂躏的悲哀、混乱的社会秩序、遭受空袭后化为废墟的城市、悲痛的人心和扭曲的道德。

其次，如果结合欧洲文化元素和专业的绘画理论，我们可以从画作中解读出更加深刻的寓意：关于为何许多人认为画面中的牛象征施暴的法西斯军队，一方面是因为它的表情冷淡无情，另一方面是考虑到西班牙经典的斗牛仪式，牛在祭典中象征着应被消灭的邪恶势力（也许画家还暗示无论纳粹如何猖獗，最后还是会像牛一样死在"斗牛士"的剑下——屈服在反法西斯势力的英勇抗争之下）；画面上方的"眼睛"也是一个负面的形象，因为如果观察画面中的光源和高光点，就会发现虽然眼睛中有灯泡这个意象，但它的光仅仅照亮了它自己，它更像是一只冷漠的"夜之眼"，仅仅对地上的一切冷眼旁观，也可能是象征映射着炮火的、无能为力的群众的眼睛；相比之下，真正照亮画面主体的是那个伸长手臂、举着蜡烛的女人，这一光源是有选择的，它在黑暗的背景下把画中的主要人物突出到最显著的位置，营造了一种"切割粘贴"的效果，女人伸长手臂举着蜡烛（灯火），这一造型又对应了自由女神的形象；画面左侧抱着死去的幼子悲痛欲绝的妇女，不能不让人联想到欧洲古典艺术中最具代表性的"哀悼基督的圣母"；画面右侧伸开双臂仰天高呼的人，很像戈雅画作中出现的英勇就义的爱国者。

结合"手持灯火的人""悼子之母""张臂望天者"这三个意象，有一定欧洲美术常识的人也许就能想到鲁本斯的《战争的后果》，这幅油画的主体就包含了这样的三个形象。而且，《格尔尼卡》与此画在构图上颇有相似之处。鲁本斯正是毕加索最欣赏的艺术家之一。

《格尔尼卡》的画面空间呈长条形，虽然画面中的各个形象因动感性强的排列而看起来杂乱无章，但它们的分布无一不是经过了严谨的构思和推敲，遵循的是严整统一的秩序，其组构形式保留了古典绘画的韵味。在画面正中央，不同的亮色图像彼此交叉，形成一个等腰三角形；三角形的中轴，恰好将整幅长条形画面均分为两个正方形，而画面左右两端的图像又保持了一种微妙的平衡。可以说，这种所谓金字塔式的构图，对达·芬奇《最后的晚餐》的构图，正有一种致意的意味。

画家并未在《格尔尼卡》这幅作品中直接描绘法西斯军队的形象，甚至没有刻画任何现代化的武器和具有代表性的政党标志，然而作品却真切地给人以压迫和悲哀之感，倾诉了民众的苦痛和怒火，控诉了纳粹在侵略战争中的暴行，同时也在作品中保留了怀有希望的元素和抗争的诉求，激励更多正义之士勇敢地投身反法西斯战争。这些都是该作品的耐人寻味和高明深刻之处。

综上所述，只要了解了作品的创作背景、绘画技巧、文化意象等，欣赏者就会自发理解和欣赏《格尔尼卡》作为艺术创作的价值，从中见证现代主义艺术如何在开创崭新的表现手法的同时依然继承古典艺术的精髓与美学，在人类艺术史上承担继往开来的非凡意义，也可以通过解读画作的精妙构思来感受画家在创作时的良苦用心和崇高的人文情怀。凡是伟大的艺术作品，都应该包含充实的艺形象和真挚的情感，经得起反复品味与解读，鉴赏人群也应该给予足够的尊重和高昂的热情，兼顾感性体验与理性思维的能力，对艺术作品反复再认识、再评价。

（四）提高艺术美欣赏能力的途径

艺术作品的美是作品形式美和内容美的高度统一。

在形式美方面，不管是作品所反映的现实社会生活，还是艺术家希望反映的个人思想感情，都需要借助形象真实且切实可感的艺术形象，才能在作品成型之后让欣赏者明白无误地感受并解读，所以欣赏者必须首先熟悉艺术作品的表达及美学特征，才能在此基础之上体验艺术作品的内容及美感。通常来说，艺术作品的形式美都是借助线、面、体、色彩等因素来塑造完整的艺术形象的，不过，我们不能独立地看待这些艺术因素，它们彼此之间存在着许多紧密而微妙的联系，需要遵循美的规律组合在一起，才能塑造出美的艺术形象，让人从中获得愉悦的体验。

至于艺术作品的内容美，主要包含两个方面：艺术作品所创造的艺术形象具有的美的社会内容，以及其所描绘或暗示出的艺术家的正确认识和正面情感等。

1.要树立高尚的审美理想与审美趣味

理想性是艺术美的重要特征。在艺术欣赏中，欣赏者树立什么样的审美理想与审美目标，就成了艺术美欣赏的关键。所谓理想，就是主体在认识客观对象规律性的基础上，对客观事物的发展及未来的一种假设与愿望。而审美理想则是主体对具体可感的、至善至美的一种美的境界的追求、规范和愿望，它是以现实生活为基础的，却又是对现实的一种想象性、意愿性的改造。它是审美的明灯，照亮了艺术美的欣赏。欣赏者要判别美丑与是非，就要树立高尚的审美理想，培养健康的审美趣味。

2.要努力培养感受艺术美的观察能力

艺术拥有相当多样的审美教育功能，至于功能的具体发挥效果，则受到欣赏者个人的经历、喜好、思维习惯、艺术观念等许多因素的影响。如果欣赏者本人的艺术体会不敏感，专业知识也不充足，就很难感受艺术作品的美学价值，更不用说给予合理的解读与评价了，这样一来，审美教育的功能也会很难达成。

我们以一则艺术史趣闻来说明这个道理。据说曾经有一个著名的医生前去欣赏拉斐尔的名画《西斯廷圣母》，观毕给出这样的评价：画中婴儿的瞳孔有不自然的放大,或说明潜在的肠虫病风险,需开出药方加以治疗。医生甚至观看一幅画作都可发现其中人物的身体疾病,也许这可以反映其专业素养之优秀和专业品质之到位,但也表明他缺乏欣赏艺术的眼光,没有享受艺术的情趣。这则故事启示我们,假如仅仅采用绝对理性的观点和审视的态度对待艺术创作,失去了审美的眼光,就意味着我们已经脱离了应有的审美愉悦,对艺术鉴赏的理解出现了偏颇。

虽然该故事看起来有些荒谬,但实际上,现实中的很多人在欣赏艺术时也会陷入本质类似的谬误。人们对待一件作品,很容易想到"这种东西到底有什么用?""为什么画得不像真的?"之类的问题,但如果一直纠缠于这些思考,就失去了体验美的乐趣。艺术作品首先是一个鉴赏的对象,而非实用的物品——或者说,"审美"就是其最大的实用价值;艺术不能等于科学,它的源头是艺术家的自由想象,而非科学家严格遵循现实得出的定理和法则。观赏者也应该在面对艺术作品时暂时放下世俗的追求,让思想达到一个更加理想化的境界,心无旁骛地欣赏艺术中最纯粹的表达。

3. 要加强知识积累,提高艺术文化修养

人们对现实中的审美有许多种把握形式,其中的最高形式就是艺术,艺术能够对人产生特殊的影响作用,这是一个相当漫长而复杂的过程,融合了各种综合性的心理成分。

艺术鉴赏能力大致包括艺术形象的体验力,以及艺术想象力、理解力和判断力等。要想成为一个理想的艺术欣赏者,应该首先致力于提升自身的艺术修养,培养充实的审美能力,重视自身的知识积累,这样一来,就可以说艺术对象促生了乐于欣赏艺术、善于发现美的大众。

艺术鉴赏水平的决定性因素有两个,即艺术修养和艺术鉴赏能力。在现实中,如果是有些绘画功底的人,一般也会在欣赏美术作品时发现比其他人更多的细节,并更准确地评价作品的优秀之处与不足;如果是懂得基本乐理知识,甚至自己也能演奏乐器或献唱的人,也能更好地鉴赏不同种类、不同风格的音乐。在欣赏一些比较抽象或前卫的艺术时,应首先了解创作者的构思背景、归属流派的起源和艺术观点、艺术语言等,否则可能会一头雾水,不能理解作品的创作用意和巧妙之处。

4.要努力培养艺术欣赏的再创造能力

理想的艺术鉴赏者并不是被动接受和分析艺术作品,也不等同于完全理性的、消极的反应。它自身也是一种再创造的过程,而且应该符合能动性、积极性要求。在鉴赏过程中,欣赏者自身应该遵循主体性原则,通过艺术鉴赏活动来满足自身的审美需求,完成精神消费的程序,这样,其最终对艺术作品的认识才是足够完整且相对深刻的。艺术鉴赏是悦目愉耳、娱心怡神的精神消费,在艺术消费中,艺术作品是"作为心灵的认识方面的对象"而自由、独立存在的。

第五章 当代高校美育的发展策略

本章内容为当代高校美育的发展策略，依次介绍了构建美育课程体系突破美育困境、强化教师示范作用凸显美育功能、加强校园文化建设彰显美育特色、弘扬传统文化创新美育方式。

第一节 构建美育课程体系，突破美育困境

一、突破美育课程设置困境

（一）突破美育课程设置的观念

1. 树立科学美育观念

（1）科学合理地认识和理解美育

排除错误认识是科学合理地认识和理解美育的基础。

第一，从特点和功能角度认识和理解美育与艺术教育。美育涉及的内容和范围更广，美育除了包括艺术美之外还包括自然美和社会美。在目的任务角度，美育是在提升情感、完善人格来提升审美能力，是将艺术教育、人文教育、情感教育、审美教育等包含在一起的教育。美育相较于艺术教育专业性较弱。

第二，认识到美育不能简单等同于常规性质的美学知识教育。美育的范畴比美学知识要更加宽泛，所包含的不单是一般的美学知识讲解与传播，还要影响和感化人的思想内核，从行动与情感的角度将主体审美引导向更健康的方向，使受教育者懂得自发地热爱、向往并寻求美，让艺术创作美化自己的心灵、升华自己的人格，在审美情感的延伸和深化中完成创造美的目的。

第三，懂得如何区分道德教育和美育。虽然人的道德观念影响着审美诉求和

美学观念，美育也会反过来影响道德品质，但道德教育和美育之间存在明确的区别，如其本质、目标和应用方法。前者包含着两种教育，即道德情感和道德能力教育，主要作用在于对人们的行动准则加以规范和限制，维护稳定的法律治安和良好的社会秩序，仅从这一点上来说，道德教育的本质就有别于美育。美育包括引导受教育者感知美、赏析美、创造美的程序，它更侧重于让受教育者获得一种愉悦的感受，并最终使心灵得到成长和净化。可以这样说：道德教育是通过公序良俗和先进事迹来教化他人，一般会树立一个较为明确的道德榜样；而美育侧重于引发受教育者的共鸣和感悟，感性和主观的成分更强烈。道德教育的功利性目的十分明确，而美育的目的已经超出了"功利"所形容的范畴。高校美育工作要想顺利开展，相关教育工作者必须先对美育的性质等有准确详细的认识，理解美育的主要特征、实现途径、最终意义等，这样才能使得最终的教育实践收获理想的效果，培养更多审美水平优秀的学生。

（2）完善审美教育课程的社会理念

在现有的人文教育中，美育主要发挥着情感教育的作用，它影响着学生个人的完整人格发展，促进着其全面进步的历程，是素质教育开展和培养全面型人才建设中不可或缺的环境。当今世界的先进国家，其一流大学无不将美育放在人才培养中极重要的位置，并且在美育课堂上投入相当先进的教学思想和丰富的教育资源。现代教育界提出的通识教育和人文教育都涵盖了人文学科、社会科学、艺术学科，每种教育类型都对美育给予了高度的重视，将其视为基本的组成部分之一。当前，哈佛大学本科教育的关键之一正是全面的、包含美育在内的通识教育，其课程设置就完全照应这一原则。

2.响应国家号召

全面贯彻党的教育方针，坚持立德树人这一根本任务，切实践行文艺工作座谈会精神；秉持育人为本、面向全体的原则；顺应美育的自然特点和学生身心发展的规律，让美育发挥文化教化作用。遵循因地制宜、分类教学的原则；2015年起，全面加强和改进学校美育工作。

（二）实行全面审美教育课程设置

1.增加美育通识课程设置

蔡元培曾说："美育的基础立在学校。"大学生美育的主阵地是在学校，为破解大学生美育的困境,首先要着手从学校教育开始改革。19世纪,美国博德学院的帕卡德教授提出通识教育的主要目的在于全面提高大学生自身的思想道德修养,而不仅是单纯地向学生传授某一专业领域的知识。通识教育是现代高校所采用的一种重要的教育方式,在教育模式中居主导地位。它的目的是培养学生独立思考的能力,理解不同学科的内涵,掌握融会贯通的技巧,培养全面型人才。

美育通识课程具体来说是指以全校学生为教育对象,以提高审美素质为基本起点,以普及美育教育基础知识为主要内容,以塑造审美意识、发展审美能力、提高审美表现、促进审美创造为目标的课程。通识审美教育课程以公共课的形式,纳入全校通识课程体系,并具有普遍性、广泛性等特点。构建科学的通识审美教育课程体系是切实推动美育教育向纵深发展的前提与基础。

2.合理设置审美教育课程

合理设置审美教育课程要做到以下几点。

第一,为课程设置多种多样的形式。没有课程设置,最重要的就是美学理论、美学史论这些理论类的课程,这些课程能够帮助学生获得美学基础知识,帮助其审美观的有效形成,是审美理想树立的标准。此外,由于美育是对学生美的感受、欣赏和创造能力的培养,因而只要涉及这些相关内容,如美术欣赏、音乐欣赏、舞蹈教学、建筑欣赏、体育舞蹈、摄影,以及影视作品评析等,都是涵盖在审美教育课程教学范围内的重要内容。

第二,为课程提供广泛性、生活性的内容材料。目前美育不能成为艺术教育,因此美育的范围更广,还包括自然美和社会美的教育。那么,审美教育课程就要将自然美和社会美的内涵渗透到课程当中,将人们生活息息相关的美与生活相结合,并且在日常生活中衣、食、住、行各个方面都能体会美。

第三,为不同专业的学生安排有侧重点的、适应学科特征的审美教育课程。一方面,审美教育应该根据学生所学科目的不同而有所调整和适应,文史类学科和理工类学科,学生的知识侧重、学习素养、日常科目、发展需要、审美偏向等都有不同,这些都是审美教育课程的专业设置应当加以考虑并纳入制定标准的内容。具体来说,审美教育应当起到完善补充、拓展延伸的作用,协助塑造全面型素质人才。对于理工科专业的学生,校方和教师可以考虑安排一些文史或艺术相关的美育课程,以弥补其常规课程在该方面的短缺;相对应的,文史类专业的学生也应该适当地接受一些与理工类学科有关的美育课程，如工艺审美等，作为对理工知识的补充和对审美素养的延伸；一些艺术或体育类专业的学生，也不应放弃文化课程的学习，通过美育课程补充人文知识和自然学科知识。另一方面，美育自身是一个涵盖范围相当宽泛的概念，它既涉及人文科学自然携带的美育因素，也涉及自然科学所隐含的理性美育因素。因此，美育学科的教学也不应固守单一的课堂内容和授课形式，更不应使教学方法过于刻板拘谨、墨守成规，应针对教学内容和美育方向，灵活地采用丰富多样的教学手段，构建活动空间充足的教学框架。

此外，在高校公共美育的教学过程中各个环节也要涉及美育，而且涉及教学各个环节的美育的直接因素也很可能直接地影响到学生的美育教学活动。例如，教师的语言美、仪表美，以及教师教学过程中的人格魅力、教师在"教"与"学"过程中挖掘的课程内容相关的美学相关因素，也能在教学的渗透过程中，直接影响到美育的教学效果。高校公共美育应该采取积极主动的措施来影响学校教育的各个方面。特别是学校教育的课程的教学过程。确保学生在钻研专业知识的基础上通过课堂感觉到专业课程教学所蕴含的美学因素能够在课堂中享受美，获得以美益智的效果。

（三）创设深化审美教育课程的发展环境

构建基于网络信息化手段的美育资源交流分享平台。在信息时代充分利用通信技术高速发展的优势，让更多的教育工作者和受教育者有机会通过网络渠道便捷地接收优质的美育教育资源，扩大美育的广义覆盖范围。比如，国家开展的"宽带中国"战略就是一个非常理想的载体，可以协助加强信息化美育资源建设，并为一些经济落后地区的中小学提供扶持，在教学点普及信息设备，通过数字资源全覆盖普及教育教学资源。有关部门应鼓励并协助教师充分利用多媒体设备开展教学，解决资源不足、条件落后等教学困境，让偏远农村地区的学校师生也能够享受优质的美育资源。现代信息化美育应借助来自社会各界的帮助，激发全社会的参与积极性，共同建设优质的网络美育资源平台，顺应"互联网+"的时代发展趋势，引导各级各类院校把握信息技术带来的教育革新浪潮，结合现行的课程教材内容，助力开发与教材内容相匹配的优质审美教育课程数字教育资源，在各大高校和中小学校之间普及，充实改革学校现有的美育教育教学方式，重视并推动以移动互联网为基础的学习平台构建工程。

二、优化美育课程教学内容

（一）深化审美教育理论研究

审美教育都是一个封闭的系统，而且审美教育也是在整个学校教育过程中不断渗透实现其思想理论与行为方式融合的。因此，审美教育系统的有效运行离不开学校系统教育。在审美教育实施过程中，根据社会教育的发展，不断调节审美教育教学措施利用影响审美的各个因素，以及学校教育中的各个环节实现审美教育最佳效果。因此，深化审美教育理论的研究作为理论基础，必须被放在首要位置。

1.深化审美教育理论研究，适应社会发展的需要

社会发展与群众观念需求的变迁，是审美教育活动策划与开展的主要参考依据。审美教育的发展处在社会的推动之下，也就是说，教育在任何时候都要顺应社会实践的具体需要，这样才能维系教育的顺利运行和教育成果的有效收获。社会实践会影响人们的审美意识，改变人们的审美追求，而审美教育必须最终满足一定的群体才能被认为达成了特定效益。所以，美育工作者应广泛考量社会需求，并将自归纳为详细的标准，用来约束和规范教学中的自觉活动。从我国的社会发展和美育现状来看，要全面推进社会主义现代化建设和社会主义物质文明、精神文明建设，就必须培养一代又一代全面发展的人才，这其中当然离不开审美教育的育人作用，只有具有良好的审美趣味和合格的审美发现、审美创造的人，才能称得上全面发展的人才，而让培养出的人才更好地服务于现实社会，也是任何时期审美教育的现实目标和建设方向。另外，审美教育的实施不仅是对于学生进行审美教育，而是要约束教师、学生，以及参与审美教育的各个环节的确保其有效运行的组织力量共同进行审美的提升和审美创造能力的培养。这也是社会对于审美教育的需求。这种势头不能超越学校审美教育与活动的承受范围及承受能力。确保审美教育活动在自主的学校教育范围内有效实行，成为审美教育研究的推动力和调节力。

2.深化审美教育理论研究，以教育整体依托

作为高校教育的一个子系统，高校审美教育与其他教育必须紧密联系在一起，形成一个完整的系统。并且确保审美教育在这个系统中能够与共同目标相融合。从整个教育体系的有效运行来看，把握审美教育是整个系统活跃的一个重要部分，

而且也是不可或缺的依赖。首先审美教育依赖于其他教育活动，在其他学校教育实施活动过程中不断提升学生的审美价值、道德理论实践性、行为能力、智力发展、逻辑思维方式、知识结构和审美素养。通过审美教育，促进学生的情感净化及审美情感升华：审美教育为体育和劳育提供一种精神支撑和意志力，作为这两种教育顺利开展的精神支撑和动力支持。同时，运动技巧和运动操作技能也为审美教育提供感性的条件，不仅有助于学生审美素养的提高，而且还能为审美创造力培养奠定基础。

高校审美教育不仅需要适应社会的需求，需要整个教育系统和学校教育的支持，还需要一些自身的因素审美运行机制进行调节。因此，在此重点强调审美教育的有效运行内在机制，主要包括审美教育的受教者——学生，施教者——教师及审美媒介——教学过程。其中，受教者，也就是学生是作为课堂教学的主体存在的，因此在审美教育过程中居于主体地位。所以只有学生积极进行自我调节，以配合审美教育的实施，才能确保审美教育获得最好的效果。而教师的主要工作就是在教学过程中调节学生与课堂之间的关系，确保学生在课堂教学过程中和其他课堂实施过程中，能够感受审美价值和审美素养对于学生自身发展的重要性：这就要求教师必须要了解学生的审美需求与审美能力，减少学生与课堂教学内容之间因不协调而产生的矛盾。教师还需要在教学过程中选择教育目的和教学方法适应审美能力需求的学生的需求，才能实现因材施教的审美教育，才能确保学生在学校教育过程中通过审美媒介，进行审美经验的积累，以达到审美能力的提升。

审美受教者也必须了解审美教育目的，审美施教的要求，以及审美媒介的性质，根据自己的审美需要和审美能力，通过观照和操作去感受、领悟审美媒介的审美价值，唤起审美经验，以落实和实现审美教育目的。卓有成效的审美施教，始终应当考虑到审美教育者个性的多样性差异，考虑到审美媒介的多姿多彩，以及由此造成的审美教育情境的多角度的变化，因而应该根据实际情况，不断采取灵活形式，调节审美教育系统活动，使之有效运行，不能居于一种固定模式，使审美教育活动失去活力和运行的有效性。

（二）加强审美教育课程体系建设

1. 科学定位审美教育课程目标

将艺术课程作为审美教育课程的主体，在各学科内渗透美育思想，与学科内容相融合,夯实学生审美基础,提升课程综合程度,推进开展美育实践活动,教育工作围绕审美和人文素养培养两个重点,为学校审美教育制定合理的课程目标,大力培养学生的创新能力。

2. 完善审美教育课程建设

加强审美教育课程建设,就必须认真研究审美教育课程设计的科学性和有效性,力求做到针对性、规范性、系统性的有机统一,实现课程设置、教学目标、教学方式和考核办法的内在统一。笔者构建了适合普通高校的"扇形模块"审美教育课程体系使审美教育贯穿学生第一、第二、第三课堂。具体而言,就是把审美教育理论课程作为必修课来夯实第一课堂、审美教育鉴赏课程作为选修课来补充第一课堂、审美教育实践课程作为创新载体来丰富第一、第二、第三课堂,切实加强和提高大学生的人文素养和综合素质。

(1) 美育理论课程

审美教育理论课程就是位于扇形底部的端点,是基础部分,主要解决"什么是美?为什么审美?如何审美?"三大问题,是提高大学生对美育理论和人文知识了解的普及课程。参考教育部推荐的国家重点教材,结合普通高校的专业特点和实践经验,主要开设以"美育与鉴赏"为主的理论课程,使之成为适合所有学生的必修课。

(2) 美育鉴赏课程

美育鉴赏课程是扇形模块的支撑和拓展,使纯理论走向具体的审美途径,主要开设"音乐鉴赏""书画鉴赏""影视鉴赏""服饰艺术""戏剧鉴赏"在内的五位一体的课程,作为第一课堂的延伸,学生可根据自己的兴趣爱好,有选择性地选修一门或两门。

(3) 美育实践课程

美育实践方面的课程是课程体系的最终目标和重要环节,是课堂教学的有效延伸。这个实践范畴包括艺术课程本身的实践内容,如参观书画展览、聆听音乐会、观看艺术展演等;同时还应该涉及第二课堂、第三课堂,利用校园文化和社会实践等各种载体,结合大学生专业学科背景进行实践活动,如举办专业知识竞赛、文艺汇演、书画摄影比赛、演讲比赛、三下乡实践等活动,借助学校团学组织的力量,利用青年节、妇女节、教师节、母亲节、重阳节等节日契机,或者不同时期不同主题的党建活动、团日活动为载体,进行全面全程全方位的渗透,让学生在理论的基础上进一步体会、深化和运用美育元素,实现润物无声的教育效果。

3.深化高校美育教学改革

以改善学校美育教育教学质量为导向,建立严格高效的管理制度和科学有序的工作机制。从国家为各个学段规定的审美教育课程开展方案、课程标准,以及具体要求等层面出发,结合各地社会文化建设需要的变化,随时革新补充教学内容,切实提升美育育人目标的层次,并充分发挥当地的民族美育价值与民间艺术资源的意义,构建一个联通社会各界、润物无声的美育平台,让教育活动的空间延伸至最大范围。

4.加强美育的渗透与融合

学校教育的每一个构成科目和教学流程都可以融入美育的成分,在不同的学科之中融合审美意识和审美原则。其中,最主要的是道德教育、智力开发教育、体能训练,这三种教学科目是美育渗透的主要途径。美育工作者应探索开发现行学科中潜在的充实美育资源,将美育活动潜移默化地融入各学科教学,以及学生例行社会实践之中。让以语文、历史等为主的人文学科承担起美育功能,同时引导学生在学习中发现以数学、物理等为主的自然学科中的美学意味。可尝试以美育作为主题,开展形式多样的课外校外实践活动与跨学科联动项目教学,在活动中鼓励师生共同尝试整合相关学科中与美育相关联的内容,将美育目标作为活动开展的中心,让不同学科的教师充分彰显专业优势,在美育建设中贯穿来自教师课堂教学、学生课外活动、校方办学文化三方面的影响合力。

三、创新美育课程教学模式

(一)构建多元化的审美教育课程模式

1.优化审美教育课程模式

哈佛大学认为:"美的熏陶和教育是一流大学不可或缺的。"高等院校的美育类课程应该形成一个综合、系统、有序的课程体系。优化审美教育课程设置是切实提高美育教学效果的重要保障。通识审美教育课程要改变传统的教育模式,构建多元化的课程体系。

首先，在课程形式和课程安排上，通识审美教育课程在设置上应选择公共必修课和公共选修课相结合的方式，不仅能让所有的在校学生都接受系统性的审美教育课程，也能够照顾每一个学生的个人喜好和独立审美，让学生结合自己的兴趣意愿、审美倾向和发展需要进行自主选择。在通识审美教育课程体系中尝试将美育与其他看起来不相关的学科有机结合起来，将美育与生物、数学、机械等专业联系起来，将美育与哲学、法学、历史等学科联系起来，发挥各自的专长及优势，让每一位受教育者可以从这种创新的美育中获得全新的感受。通过这种多元化的通识审美教育课程体系的培养，让每一位大学生都具有良好的审美情趣和高尚的道德情操。

其次，在教育方法上，通识审美教育课程在教育中要坚持理论与实践相结合。美育的教育目标不仅要让学生了解美的知识还要让学生在教育活动中培养感知美、创造美的能力。传统的课堂只是单纯地强调理论知识，忽视了学生的主观能动性，通识审美教育课程的主要优势在于其独到的实践性、能动性、自主性、趣味性等，课程体验活动能给学生以非常直观且实际的美的体验，同时培养学生主动发现和创造美的能力。

最后，在编写和选用美育教材时，应该充分参考当前学生群体的审美特征和需求、人才培养的方向。对于通识类的审美教育课程，应尽量采用顺应当下国内高校的人才培养目标、大学生普遍考虑的教材。国外许多重点高校都已经建立了相当充实而且成熟的美育教育理论体系，我国的美育工作者也可以从中汲取先进的教育理论和教学经验，归纳总结其中的教育逻辑，并客观认识到西方美育的优点和不足，结合中国传统文化，从而形成中国特色的本土化理论。

2. 创新艺术人才培养模式

在建设专业化艺术院校的实践中，高校应彰显治学特色、强调办学内涵培养，设置同学科建设、社会需求、产业方向、学术潮流、文化风尚有机关联的专业课程。推动教育与育人相结合的进程，促进社会服务意识的建设，加快补充完善体现协同育人原则的人才塑造模式，使人才培养的方向与经济社会的发展要求紧密契合，塑造一批又一批高素质的全面发展型艺术专业人才，为经济发展不断贡献，为文化繁荣注入崭新活力。创新型人才培养模式应当顺应艺术人才的自然发展规律，坚持文化素质教学与专业课程教学齐头并进、艺术教育和思想政治教育共同发挥效用的教学原则。

（二）推进美育教学团队建设

优良的师资队伍是保障教学正常、有序、有效进行的先决条件，也是美育教学团队建设有力的保障和支撑。通识美育的核心要求通常包括综合素质和能力培养两个方面。对于这两个要求的实际践行，首先应该满足的就是师资力量供应，高素质的师资队伍是高校需要优先考虑的建设方向，只有高水平的教师才能为优质美育课程的顺利开展提供有力保障。不同的高校应从自身的实际情况入手，考虑现有教师资源和教学结构的特点，尽量发挥已掌握的教学优势，采用培养与引进相结合的策略，同时照顾到专职和兼职的优点，平等对待进修和培训教师。这些举措都是为了建设一支结构整齐、梯队有序、分工明确的理想化美育师资团队。

四、整合美育课程考核体系

（一）创建适合美育发展的考核方式

1. 灵活选用学校审美教育考核模式

课程考核应适当采取灵活且结合实际的分数评价模式，不能长期依赖单一刻板的书面考试形式。具体来说，综合课堂表演和作品赏析等表现形式、根据社会实践结果总结心得体会并编写报告，都是值得借鉴的灵活考核模式。当下，国内外很多高校都在尝试革新审美教育、艺术教育等的评价策略，其中采用频率较高的一种方案是情景评价，这是艺术考核中较为常见的形式，它可以在很多场合下取代传统的审核。

情景评价区别于其他评价考试类别的一个显著特点是，它并不强调检验学生的智力因素，而是着重检验学生的随机应变、临场发挥、情感交际等非智力因素，这与传统教育考试的依据和评价标准都有很大不同。在情景评价中，学生所要经历的并不是形式刻板、流程严格单一的知识技能考试，而是一个需要亲身参与的模拟情景过程，并借助在该情景中的发挥来表达自己的审美观念、审美特点等。教师要观察学生在情景中的表现，综合衡量其审美能力的程度，最终给予一个客观的评价，之后，教师还要合理指导学生下一步的发展方向和发展策略，结合学生的具体表现，对其审美素质更进一步的发展提出客观建议，以补充考核的作用，承接上一阶段的学习成果，使学生今后的学习方向更加明确。情景评价是一个具有广泛可行性的方法，能够对我国普通高校公共审美教育的教学评价起到切实有效的引导作用，各高校值得采取或改进类似的方法，开展一些试验性的教育实践。

2. 调整审美教育的运行机制

各地区各级教育机构应树立"全面育人"的审美教育目标，并以该目标为标准，建立健全审美教育实施机制，确保该机制在运作时具有理想的可行性和效率性。这一点对高校和社会，乃至管理机构等都提出了一定的要求：高校自身要建立起条理清晰、效率可靠的内部管理机制，各级负责人员都要承担明确的分工，合理划分人物范围，地方政府和国家机构也要注意同高校协同配合，支持并协助高校的工作。现阶段，我国已将培养全面发展的人才作为教育事业中的一项基础性工程，这其中的关键之一便在于构建一套合理、准确而高效的审美教育开展机制。

（二）创建科学的审美教育协调路径

1. 探索建立学校审美教育评价制度

各大高校应定期筹备组织艺术素质评价类活动，并由此选拔出一部分条件充足的高校作为审美教育的试点地区，如果发现所试行的审美教育手段确实具有可行性，或总结出了交友普遍性的教学规律，就可以及时加以推广，在更广阔的范围内普及审美教育，充分彰显美育的带动作用。高校可以在审美教育方面遵循工作自评制度。比如，践行教师负责制，每学年都可按期组织一次审美教育工作自评，并将评价结果纳入教师考核内容，并通过教育官方网站信息公开专栏向社会公示自评结果。制定符合高校艺术专业特点的教育教学评价标准。此外，校级审美教育发展年度报告制度也是一个可以考虑的方案，具体来说，在学校审美教育工作全面推进之后，每年不同地区的教育部门应及时总结各级各类高校的审美教育成果，并编写年度报告，以供其他部门审阅借鉴。在考虑整理并发布全国学校审美教育发展年度报告时，教育部需要找到值得信赖的第三方出版机构。

2. 建立审美教育质量监测和督导制度

目前，我国已在教育现代化进程监测评价指标体系当中正式纳入学校审美教育课程开课率这一指标，所以其他教育部门也有必要更加重视审美教育评测，并将其作为学校评价与考核的重要标准之一。国家基础教育质量监测部门已经就此确立了相关政策，每隔三年定期统一监测高校审美教育成果与程度。另外，还要明确一点，监测手法并不是单一的，教育工作者完全可以根据现实条件和课堂教学的实际需要，在审美教育中引入一些先进的信息化手段来评测教育质量与教育成果。各级教育督导部门也要不断重视审美教育的意义，将其规划在督导内容的范畴内，需要时特别组织专项督导工作。

3. 探索构建审美教育协同育人机制

坚持敬德崇善、立德树人、以美学感召人的行为守则，重视家庭审美教育的作用并加以引导，让家庭和社会在审美育人中共同贡献启发意义，面向全社会严格规范艺术考级市场秩序，用法律手段监控管理艺术市场，弘扬积极健康且有思考意义的审美教育理念，创造理想的社会文化育人环境。要强调正确的价值取向，避免艺术教育朝技术化与功利化的方向发展，让青少年在文明健康、锐意进取的社会文化环境中成长进步，接受良好审美风气的熏陶。签署一系列措施的最终目的都在于建立一则完善的审美教育协同育人机制，在学校、家庭、社会三个主体之间达成协作，共同帮助完善审美教育协同机制，尝试创新型手法，三方共同构建长效合作机制，充分调动教育与宣传、文化等部门及文艺团体的协助力量，完善巩固部门间的协调机制，全面推动学校审美教育工作的持续进行。

（三）优化大学生的审美心理

1. 审美心理结构与智力结构、意志结构的关系

审美心理固然有自己的特殊规律和功能，但不经由人类整个文化心理结构的审美、艺术创造和欣赏都是不存在的。

智力结构、意志结构和审美结构是共同构成人类文化心理结构的三个要素，这三个要素分别对应着我们常说的"真""善""美"。

首先，从机能形式的角度分析，人类的文化心理结构是保持相对稳定的，其发展过程体现了心理活动的持续性和共同性，但就其活动的经验内容而言，却又是历史的、具体的，这就决定了它们绝不是静止的、僵死的图表，而是随着不同时代的不断发展而变化着，普遍的结构形式总是和不断发展的社会内容联系在一起。就审美心理结构而言，艺术作品之所以能具有永恒的魅力，现代人之所以能欣赏古典艺术作品，各民族之所以能欣赏外国作品感到美，就是由于人类的审

美心理结构形式具有普遍性、共同性。当然由于人类的审美心理结构的内容又是具体的、历史的，因而不同历史时代不同民族所感受到的社会内容和情调又是不相同的：人们在欣赏李煜的"流水落花春去也，天上人间"的词句时，对人世沧桑的无常多变发出无可奈何的感慨，饱含着人生普遍的感叹。李煜词中表现的是一个亡国之君的感受，但却也打动了一般人而引起回应，这就是审美的普遍性和共同性。然而，这种普遍的共同感受，又始终渗透着一定的时代、一定的民族、一定的阶层的审美意识。李煜的人生感叹，终究带有帝王的情调、色彩，与广大人民群众的人生感叹仍然是有区别的。

其次，分析人类文化心理构成要素之间的关系，可以得出以下结论：智力结构、意志结构、审美结构共同形成人类心理的普遍形式，在每一个独立个体的心理活动中都有体现，发挥着具有创造性的心理功效，这三者构成了一种网状的动态结构，彼此之间有着紧密的联系，又存在各种矛盾。其中，智力结构被视为"真"，涵盖了人所学习的技能、学识、理论等；意志结构等同于"善"，人的思想、道德、追求等都属于此类；而发挥"美"的价值的审美结构则囊括了人的喜好、情感、创作等。智力结构的发展方向之一是自由且直接的表达，借助形式美的表现，人们能够在科学中渗透种种反思与观点，如对宇宙起源的探寻、对生命形态的思考等，所以即使是以严谨和客观为先的科技，同样流露着人类共同追求的美学与情怀，所以科学的发展进程也是一个人文精神不断前进、不断充实的过程。在直觉、美感等非逻辑思维的启发之下，人类的思维也会发生潜移默化的改变，从不同的视角出发，去追求自己心目中的真理，这样的过程就是所谓的"以美启真"。意志结构能够向自由意志的程度发展，但它必须建立在人类感性的前提之下，可以与个人的经历、体验与情感等相融合，并同审美感觉等产生共鸣。审美冲动因其感性的特点而具有盲目性，但是通过前述的一系列转化过程，审美已不再是单纯的冲动，而是有了理性的引导，与逻辑思维结合起来。再经由道德他律的号召一点点成为道德自律的一部分，这样一来，审美已经脱离了自由意志的程度，达到一种"超道德本体"的境界，"以美储善"指的正是这个流程。

2. 提高审美能力应从培养人的全面素质着手

应该通过哪些具体方法来提升人的审美心理能力？要解决这个问题，首先应该考虑人的审美心理结构的关联因素，个体的智力结构、思维习惯等都会影响其审美取向和鉴赏逻辑，提高审美心理能力不能只从它本身下手，还应从培养人的全面素质下手，如经验素质、知识素质、思想素质、道德素质、审美素质、艺术素质等。

对于普通人的艺术素质培养与审美情趣提升来说，接受美学常识与艺术理论教育是最基本也是最重要的途径。人们可以经常观看或亲身参与一些审美或艺术活动，通过艺术鉴赏体验逐渐塑造和改变审美情趣。相关部门可以有意识地引导大众积极欣赏艺术价值突出、思想内涵深刻的艺术作品，尤其是可以多构思和筹办一些艺术欣赏活动。歌德讲人的审美能力的培养不是靠欣赏中等作品，而是靠欣赏最好的作品。当然，这并不是说排斥欣赏通俗的艺术作品。"阳春白雪"和"下里巴人"各为不同层次的欣赏者所喜欢，甚至"下里巴人"的通俗音乐在一定时期、一定范围更易于接受和流行，拥有更多的听众。但艺术作品审美价值的高低、不能单纯以一定时期欣赏者的多少来决定。艺术品的通俗固然可降低审美接受的难度，但容易导致审美感受的弱化或浅层化；而艺术品的高雅，可能会增加接受的难度，却又可促使审美感受的强化和深化，更有利于审美心理能力的培养和提高：引导大众看影视，也首先要注意欣赏经典作品和主题鲜明、反映时代精神的影视作品，但对于一些通俗影片也不能报以排斥的态度。像好莱坞有些影片虽然没有什么重大社会意义，但它们让人跟着艺术人物一起高兴、欢乐、悲伤、紧张，它们把离奇古怪的故事情节、有血有肉的人物形象、喜怒哀乐的生活情景组织得很好，很协调，剧情不但条理清晰，而且环环递进、扣人心弦，这样的影片同样会给人带来不菲的审美体验。人的心灵是一个复杂而精妙的生命结构，支撑着种种极其微妙的情感活动，必须接受来自不同领域的艺术营养与文化熏陶才能塑造崇高的审美情趣，这个过程需要多种类别和境界不同的艺术参与其中，发挥影响作用。

3. 审美实践是塑造审美心理的唯一途径

马克思说过，"对于没有音乐感的耳朵而言，最美的音乐也毫无意义"。这说明，人的审美能力的高低，关系到人们能不能欣赏、接受艺术品，关系到艺术品能不能发挥自己的审美潜能和实现自己的价值，因此培养和提高人们审美心理能力的水平，就成为审美、艺术欣赏和创造活动至关重要的前提。而培养和提高审美心理能力的唯一途径，就是不断进行审美实践。

首先，人要成为审美的主体，需要在长期的审美实践活动中培育自身的审美能力。审美能力是以审美心理为核心的全面的审美素质,包括进步的审美理想、健康的审美趣味、完善的审美情感,以及审美体悟、审美构造的能力等。审美主体的塑造,包括把人培育成为审美的人,这就是马克思曾经提到的"创造着具有人的本质的全部丰富性的人,创造着具有深刻感受力的丰富且全面的人",这其中还涉及一个比较具体的要求,就是人的生活也应该达到"审美"的层次,不能简单等同于"生存"。并不是只有专门的、特定的艺术活动才能满足人的审美需要,使人发现并创造美。在日常生活的每时每刻、方方面面都存在着美,都有发掘艺术形式的潜质。或者说,一种理想的生活状态,其本质就是审美与艺术。人在日常生活中的方式、交往方式、工作方式等都能向审美升华,使日常生活能够超越那种粗陋的实际需要而成为艺术化的、诗意的生活,即真正的人的生活。

其次,人必须通过审美的实践活动,使自己周围的世界成为审美的世界。这就是说马克思所说的"自然的人化"或"人化的自然"的问题。这里,既指人用自己的力量把一部分自然改变成"为我"的自然,让自然为人提供物质和精神的享受,同时也指人把整个世界变成自己的审美对象。这样,整个围绕着人的世界,包括社会和自然,就不再是人的异己的世界,或者与人分离的、敌对的世界,而是与人亲近的属于人的、审美的世界了。

最后,人必须使自身与整个世界在实践活动中建立起审美的关系,这种关系是一种相互尊重、和睦友好的关系。当人已全面、合理地控制了自然的时候,当社会已消除了阶级冲突这一特征的时候,"前历史"便宣告结束,一部真正的人类史便宣告出现了,在这一历史中,自由的人是有计划、有组织地与大自然进行交往的,整个社会的目标或目的不是劳动和生产,而是人的力量自身最后的体现。根据马克思的有关理论,这种和谐的关系才符合"自由的王国"的标准,人处在这样一种环境中,能够从内心感受到和谐之美,用自然友善的态度对待自己身边的同胞,最终完全融入自然界,达到浑然一体的境界。

审美是完美人性的闪光,是爱心的流露。美感其实就是一种爱感。没有对审美对象的爱,就没有对审美对象的欣赏。

4. 塑造审美心理应适应当代的审美要求

(1) 要适应当代科学技术的发展

随着科技的发展和现代生产的进步,一些崭新的设备、媒介、手段方式和载体出现在我们的生活当中,为我们的审美心理能力的开辟提供了技术支持和设备保障。尤其是伴随着信息网络化、数字化、智能化、全球化进程的高度发展,人们可以不进图书馆、博物馆、展览厅和课堂,在多媒体的电脑中就可以调出世界的百科全书,观看世界各国的艺术珍品,了解各国的政治、思想、伦理、宗教、科技,以及时代风云种种信息,那些不能到现场的观众也可以看到艺术家的精彩表演,艺术作品的媒介也获得勃勃生机和崭新的文本,使科技与人文的结合有了新的表现。多媒体可以合成各种动听的音乐、好看的动画,创造稀奇古怪的小说,可以为电影逼真地再现现实世界的各个方面,在虚拟的画面中出现原始恐龙和始祖鸟,以及各种难以想象的艺术形象,使人们在五彩缤纷的艺术世界中提高自己的审美心理能力。可以肯定,当代人的审美心理要应对现代化,面对世界和未来,否则就难以提高和发展。

(2)要适应当代的快节奏和高速度

在当代高科技发展的进程中,社会生产、生活、工作的节奏和速度都加快了,审美心理就必须与之相适应。为什么现在青年人都喜欢蹦迪,看西方的电影?因为那强烈的快节奏和广阔的时空感,使人感到和现代生活节奏合拍,看着带劲儿。为什么当代许多青年人不爱看古老的地方戏?这除了他们本身的素质外,还因为戏曲的节奏太慢了,感到和所处的时代不协调。当然,这与青年人的年龄与活跃的心情有关,但这毕竟也反映出当代对审美心理要求的一种趋势。当代的快节奏和高速度还要求人们不但能欣赏和谐的、优美的东西,而且也要求人们能欣赏不和谐的美。现代艺术往往以不和谐、扭曲变形的形式为主,使人首先感到丑、不舒服、不愉快,但又从这种不舒服、不愉快中得到一种审美愉悦。柴可夫斯基曾说,不和谐音就是一种伟大的力量,离开不和谐音就"无法表现一切受难和痛苦了"。人们从欣赏和谐、优美的东西,到能欣赏某种故意组织起来的不和谐、笨拙、丑陋的东西,不是心灵的退步,而恰恰是人的审美心理能力的一种进步和提高。

(3)要适应人的自然化倾向

当代的人们从人类对自然的无限索取的惨痛教训中,深刻认识到要保护大自然,维护大自然的生态平衡,要把大自然作为人类生存可持续发展的栖身之地,作为人安居乐业、修身养性的美好环境;随着工业化与城市化进程的加快,人们生活在车水马龙和钢筋水泥的建筑环境之中,与大自然隔绝,也越来越向往回归大自然，更加把自然景物作为欣赏娱乐的对象，寄情山水，乐于观景，喜好旅游，展望森林、海滨、河流、山川、自然保护区，去亲眼观赏大自然的美丽景色，沐浴在大自然的清新环境中，投入大自然的绿色怀抱中。这就要求人们的审美心理与大自然相适应，在人的自然化中，提高人们对大自然的审美心理能力。

（4）要有较强的审美欣赏能力

在当代社会生活中，由于开放、交流，以及人们审美心理能力的提高，越来越要求艺术的多样化和创新，于是各种艺术流派就都有大显身手的天地，但其中既有鲜花又有杂草，甚至还出现了种种"丑恶的艺术行为"。因此，对于青年人而言，更要提高艺术欣赏水平，增强自身免疫力。在当代改革开放的中国和信息化的世界，各种艺术流派流行更新势不可当，从根本上说，我们只有提高审美欣赏力、判断力，才能识别其中的真善美和假恶丑。

五、促进审美教育课程持续发展

（一）发挥学校审美教育的功能

1. 加强组织领导

在推进教育现代化的过程中，审美教育是一个不可缺少的环节。因此，各地教育部门应将审美教育的完善作为教育改革的重要内容，并置于当前工作的首要位置，切实践行改善和提升审美教育质量的任务，乃至在相关行政部门的重要议事日程中正式纳入审美教育有关审核管理事宜，从实际情况出发，明确有关工作流程安排，规划具体可行的实施方略，将工作细节抓紧抓好。教育部门应大力发挥模范带头作用，妥善分配不同部门的分工与责任，鼓励社会各界人士积极参与广义的审美教育，在全社会内带动广泛的审美教育风潮，各级部门和工作人员承担合理的责任，根据职能和部门性质的不同明确分工内容，切实保障学校审美教育改革推进中不同任务的完成质量。

2. 加强审美教育制度建设

在审美教育中贯彻依法治教的理念，借助法治思维与法治渠道，深入推进审美教育的宏观与微观改革。对学校审美教育工作的完善开展专门研究，补充完善相关规章条款，使审美教育在实际开展时有法可依，并且及时革新和调整现行制度的规则体系，尽可能适应与时俱进的要求，确保学校审美教育改革进程的持续推进获得坚实有力的制度保障。

3. 加大审美教育投入力度

为了落实发展审美教育的需求，我国地方政府都应该借助多种渠道，为相关教育筹集资金，并为各级教育机构的审美教育器材资源提供可靠的保障机制。各个地区的教育部门需要着力推动教育机构审美教育设施在义务教育阶段的标准化建设，特别是应增加并完善高校现有的艺术教育资源和场地建设，在校园内开办更多样、更丰富的文化建设项目，在学校内部与社会之间促进资源的流通联动，鼓励校内外人士共享资源，共同推进设施建设。为了更有效地解决资金问题，各地可以尝试面向全社会筹措资金，通过教师专项补贴的方式，将其用于推进和改善农村中小学校审美教育现状。中央财政要大力推进贫困地区义务教育薄弱问题的全面改善，增强投入力度和管理精力，解决各地学校因资源不足而无法满足审美教育基本开展条件之类的问题，引导地方教育部门在短时间内填补学校审美教育的漏洞，完善教育中的不足，提高审美教育的整体质量。

（二）加强审美教育基地建设

1. 艺术教育基地

艺术团、艺术中心之类的文艺组织或艺术机构是开展艺术教育最直接的主体，其主持开办的活动也是最有效的宣传途径之一，文艺组织可以定期在高校校园内开展艺术演出，为广大师生提供文艺服务，更好地满足校园群体在艺术方面的追求和需要，同时通过直观的形式使大学生受到艺术形式的感召，对艺术之美产生深刻的印象，自然而然地通过艺术鉴赏和艺术体验来探寻话语美、形体美、精神美等。

2. 科研学术基地

学术研究也能反映美学价值，科研工作者的谨慎态度和研究过程的严格程序都体现出了尊重科学、追求真理的精神。所以，科研学术也具有和审美教育相结合的价值，大学生在进入学术领域时，受到科研精神的感召，完全可以体会探索发现、开拓进取的乐趣，从学术中发现求真务实、洞察未知的美，并且借此来锻炼学术能力、提升科研水平。

3.志愿服务基地

志愿服务作为社会公益活动的一种，本身就有强烈的人文精神色彩，这也是其美学价值的体现。志愿服务工作最可贵的一点就是参与者体现的团结互助、无私奉献、关爱他人、乐观向上的精神，这些都是人性主动顺应公序良俗的道德之美。所以，在建设理想的志愿服务基地时，大学生也能发现一种更好地实现自我价值的途径——通过志愿服务奉献自己的爱心与热情，用诚挚的服务态度体现心灵的美丽，以更优质的服务彰显对美好事物的追求。

4.思想政治工作基地

应该有意识地在大学生思想政治工作中加入审美教育的成分，通过富有美学意义的形式、载体和手段来宣传思想政治信念，促进思想教育工作收获实效，让二者有机结合，这样不仅能让思想政治教育在学生之间取得更好的接受效果，还能让学生在潜移默化中接受审美教育。比如思想政治教育活动的平台就可以用美的元素加以点缀，采用具有多元特征的活动载体。从色彩美学来看，红色调代表着热情、上进、奋斗等，经常被用来反映革命、进步、主旋律等题材，这一点可以运用在审美教育中，一些主题与革命有关的艺术作品（如画作、动画、电影、电视剧等）。我们可以充分运用红色元素，通过党课和两课教育之类的主要载体，充分体现弘扬主旋律的思想内核与价值追求，与学生课外组织活动（如大学生志愿活动、党团活动和暑期社会实践活动等）相结合，推进大学生理论学习和实践指导工作，让党建发挥带动作用，引导团建的顺利开展。

第二节　强化教师示范作用，凸显美育功能

一、教师审美素质的内涵及其重要性

（一）教师审美素质的内涵

一个人在审美追求方面会受到许多因素的影响，如个性、能力、理念、趣味等，这些因素结合起来就是所谓的审美素质，它是人的审美能力和意识的综合展现，能够让人理解并掌握审美教育和美学的基本理论知识，并运用其欣赏、分析、

感受艺术、自然、生活中的美的现象，指导实践教育，提升塑造审美的自觉性，提高审美理念的拓展与深化能力。审美素质体现在对美的欣赏和接受的能力，此外，对审美文化的创造和鉴别能力也属于素质的一部分。有相应的美学理论基础和文化知识水平才能接受美、认识美、懂得美，这需要通过教育和自我教育进行后天培养，而非先天拥有的。

虽然人们常说，爱美是人的天性。但事实表明，有爱美之心，并不等于有美学修养，更不意味着真正了解美、懂得美。在相当长的一段时期内，对人才的培养，人们普遍重视专业教育，强调专业知识和技能的灌输、训导，而审美教育作为完善人才素质的组成部分，其地位没有得到实质性重视和真正保障。面对异彩纷呈的艺术市场，由于缺乏系统的培养，致使包括广大审美教育工作者在内的部分人既缺乏欣赏高品位艺术的兴趣，又缺乏欣赏和鉴别艺术的品位，要么对美的事物无动于衷，要么不加选择地胡乱赏识。教师虽然从事教育工作，承担教育人、引导人的职责，但上述问题仍然普遍存在。如果这种情况任其发展，势必会造成大学生的审美欣赏水平滞后，这与社会发展的要求不相符。

教师审美素质的培养和提高有赖于审美素质教育，即在教育中培养感受美、认识美、鉴赏美、创造美的能力。艺术可以激发人们深沉而无私的感情，进而影响人的精神世界。在现代社会，随着日新月异的思想风潮的变迁与群众观念的发展演变，艺术界逐渐衍生出了种类样式极其丰富的艺术派别，可谓异彩纷呈、各有千秋。人们处在这样的社会环境中，必然从多种渠道有意或无意地接受艺术形式的感染，由此产生的思想冲击也是不可避免且深入人心的。所以，教师自身应当先拥有鉴赏、解读和区分艺术作品的能力，尽量让自己接受健康、高雅的艺术感召，自发并明确地抵制不良艺术文化，避免受到低俗风气的感染。教育者由于所扮演的社会角色的特殊性，教育他人先要接受教育，有计划地接受正规教育和培训，有目的地进行自我教育，通过对自然界、社会生活、艺术作品中的美的事物或现象的感受，进行自我教育和熏陶，从而成就审美教育。教师应在理论和实践的结合上下功夫，有意识地锻炼自己，逐渐获得审美感受、培养审美理想、积累审美经验，从而成为具有审美素质的人。

（二）教师审美素质的重要性

教师常被人誉为"人类灵魂的工程师"，而"人类灵魂"是要用"心"去努力塑造的，正所谓"育人先育己，正人先正心"。教师审美素质的建构在于使教师达到作为一个"人"的原始真实状态，通过实践历程来自发地追求完整的思维逻辑和鲜活的感情道德，让人生理想和实际行动在工作岗位上达成统一，使教师能够成为自由的、有创造性的、实践存在着的人，恢复教师自我生命及生活的完整，进而实现教师自身的幸福。

教师在培养学生的同时，也在净化自己，这支蜡烛在照亮别人的同时，首先要照亮自己。

1.教师审美素质建构意味着"主我"与"客我"的有机和谐

"主我"与"客我"的概念最早出现在20世纪初的学术界，美国社会心理学家乔治·米德（George Mead）在自己的心理学论述中提出了这两个名词，并用其来描述"自我的两个侧面"。其中，"客我"可以理解为个体在外在宏观的社会环境中表现出的自我状态；"主我"则涉及个体的自我定位和自我认识，与个体内心的价值认同和意义追求有很强的联系，本质上是一个内隐的"自我"，在"主我"的构成中，包含着对本体自我（"我到底是一个什么样的人"）和理想自我（"我应该成为一个什么样的人"）两个方面的理解。

"客我"生存和"主我"之间是存在矛盾的，这是引发教师对自我权利的掌控出现失衡的直接原因。教师应该有意识地考虑构成自我生命的主客我，并调节二者相互间道德矛盾的关系，这是教师对自身的职业道德有所关怀的体现，另外它也关系到教育内部的整体框架，影响着道德调节功能的顺利发挥。

德性是个人品质的一种，具有一定的"获得性"，表现为个体出于惯性追求正当的事物，并采用正当的手段去争取。人拥有德性并切实地践行它，就能够从实践中获得利益（当然是内在的利益）。在理想状态下，德性伦理应该是维系主客我关系的纽带，并在调节主客我关系的过程中始终体现足够明显的张力，在合"主我"的目的性与合"客我"的规律性之间建立辩证统一的关系。这种关系是使教师自觉推崇逻辑理性与道德情感的关键，它能够让教师的人生信念和教学中的实践行为达成和谐统一，构建完整的教育体系和教育有机体，让师生都能通过教学活动达到生命的本真境界，并向着独立自由、发挥创造的方向发展，成为通过实践存在着的人，由此准确认识并掌控属于自己的和谐关系之网，最终获得幸福，实现自身的人生理想。

2. 教师审美素质建构意味着教师外在人格与内在人格的有机统一

教师审美素质的构建从一定意义上来说，意味着教师在外在与内在的人格上形成了统一，也就是外在的事功人格与内在的德性人格。本身来说，教师就具有丰富的联系能力和属性，教师主体经过审美素质的构建，可以以一种更加全面的、整体的，以及系统的角度去看待世界，去改造和认识世界。所谓教师的外在的事功人格也就是指的教师的一个为人处世的能力，一种应世之道。主要可以体现在教师所具备的作为教师应该具备的专业知识、专业技能和教学技巧，换句话说，教师具备专业的学科知识知道怎么教，也具有专业的教育教学技巧，知道如何去教。所谓教师的内在的德性人格，主要指的是教师这个群体对于人生价值的思考与追求，教师在对自身的教育方式、自身的职业有一个整体认识的基础上产生的一种高尚的精神品质及较高的道德境界。这体现了教师这个群体追求"以何为师"的人生目的，指引着教师前进的方向。教师内在德性人格与外在事功人格的辩证统一通过教师审美素养得以实现。教师的外在事功人格是挺立点，内在德性人格是中心点，德性人格引领着事功人格，事功人格给予德性人格提供观照。德性人格的主要目的在于教师提升自身的生命境界，主要是教师对内在的一种探索；事功人格的主要目的在于改造客观世界，是一种向外的探索。鉴于此，教师这个特殊的群体不仅具有了做事情的能力还有了做人的品格，这使得教师事先具有了由内而外的崇高人格境界。

3. 教师审美素质建构意味着教师心灵的成长

教育可以唤醒心灵，作为教育的主体——教育者如果没有饱满的精神，没有美好的心灵，那么也不会产生很好的教育效果，这种情况下的教育者只是知识传递的中间人，对于学生来说很难产生较大的兴趣，也不会对教育者和教育内容产生心理认同，甚至会产生抵触心理，这样的教育是没有生机和活力的。只有教育者具备饱满的精神、渊博的知识、高尚的人格和魅力，才能对学生产生深刻影响，与学生产生心灵上的共鸣，在这样具有文化气息的环境中，学生的学习兴趣，以及积极性会得到极大的提高和调动，对知识有着强烈的求知欲望。我们之所以强调对于教师审美素质的建构，主要目的在于对教师美的欣赏能力和美的鉴别能力、美的创造能力的培养和提升，是具备健康的、积极的审美观念，具备崇高的审美理想，净化心灵，使自身的心理得到健康发展。教师审美素质建构意味教师的整体人格得到发展,从而真正成为一个心理健康、奉献社会的园丁。因此,要想真正成为一个心理健康、奉献社会的园丁,就绝对不能忽视审美的这种特殊功能。在此基础上,教师在成长中日渐聚集的强大力量,心灵的内涵不断丰富,外延不断扩展,教师生成了主动追求理想的文化自觉,这种文化自觉会带领教师不断地鞭策自己、完善自己。教师生命由此而日渐脱离平庸,朝向优秀乃至卓越持续迈进。

4. 教师审美素质建构意味着教师形成一种新的生活与存在方式

教师在自我审美素质建构中也会不断生成自己的生活方式。首先,形成一种亲近自然的生活方式。自然是人向往中的心灵净土。人的生命源于自然,最终也会回归自然,与自然浑然一体,没有了雕琢的痕迹,没有了功利虚名的压力,回归自然,融化于天地,物我两忘。最原初的"本我",不可遏制地奔涌而出,洗尽尘世的铅华。当人与自然为伍时,身心才会获得安顿,找回真我。其次,形成一种有趣味、爱美、好玩的生活方式。教师生活是平凡的、琐碎的、宁静的。但是,充满情趣的教师会在平凡而琐碎的生活中发现快乐、体验快乐、享受快乐,成为拥有幸福感的教师。教师还要成为一个爱美的人,然后要成为一个好玩儿的人。爱美是指他的审美力,好玩儿是指他的童心。最后,教师在生活中应成为一个和自己的时代保持张力的建设者。什么叫保持张力?这也就是说需要保持一种审视的、批判的态度,同时也需要具备一定的判断力,在生活中不要轻易妥协和盲从,要保持自我的价值观,有着自己的价值判断力。

《中庸》中写道:"唯天下至诚为能尽其性。能尽其性,则能尽人之性。能尽人之性,则能尽物之性。能尽物之性,则可以赞天地之化育。可以赞天地之化育,则可以与天地参矣。"只有世界上最为真诚的人,才能将自己的本性和天赋充分发挥,将赋予自己的使命得以完成。一个人如果可以对自身的本性进行发挥,那么就可以发挥众人的本性,然后是人的本性,之后是万物的本性,最终在天地间培育生命。教育需要对人类的主观文化与客观世界进行协调,需要协调人类的主观文化与主观,需要对理性、内部感性及行为文化之间进行协调,要做到这些,就需要教师首先遵循事物发展的客观规律,同时还需要对主观精神给予尊重;其次,需要教师可以在人类的主观文化和客观文化之间进行转换;再次,教师应该秉承包容之心接纳和尊重多样的文化,具备包容精神和厚德载物的精神;最后,教师应能够顺应学生多元文化需求及对文本的多元化解读，促进学生与文本主体对话，帮助学生抵达有教学价值的意义空白或意义未定的基础结构，使教学内容在文本与学生的主观精神之间，在历史、现实、未来之间，在各门学科知识之间，在理论的科学世界与实践的生活世界之间自由穿行。而只有作为具有尽可能丰富的联系和属性的主体才能从系统的、整体的、全面的角度去从事认识世界的活动，才能有能力实现文化之间的能量互动，进而实现教育的最终目的。教师审美人格建构本质上是教师回归生命之本真状态，在实践中自觉追求逻辑理性与道德情感、人生信念与实践行为的和谐统一，使教师能够成为自由的、有创造性的、实践存在着的人，从而恢复教师的自我生命及生活的完整，进而实现教师自身的幸福。

二、教师审美素质的理想结构

（一）审美能力

审美能力是审美主体进行审美活动的必备条件，是主体对对象的形式、结构、形象及蕴含情感的妙悟能力，是主体感受快乐和认知美的功能、特性的能力。对高校教师而言，审美能力是其审美素质的基础，也是关键，背景没有什么能力，也便不能进行审美活动，自然也就不能开展审美教育。同所有的审美主体一样，教师的审美能力主要包括审美感受力、审美鉴赏力、审美创造力等方面的内容。

1. 审美感受力

人的审美感官对审美对象进行感知的能力是审美感受力。审美感受力的表现是人们通过耳闻目睹对现实中的美进行直观把握。美的直观印象需要一定的审美感受力作为基础，若没有则难以实现，也无法把握和捕捉美的元素。引导受教育者在审美实践中提升和培养对美的事物的感受力和敏感性，以及对艺术美、社会美、自然美的兴趣和爱好等，均是审美教育工作者的首要任务。敏锐程度的标志是审美感受力的高低。一个人若能快速捕捉美的对象并生出情感反应，说明拥有敏锐的审美感受力。相反，就算美的事物展现在眼前也会漠不关心。培养和提高审美感受力，只能在实践中实现。教育者置身美的事物中，融入美的环境中，在引导受教育者的过程中提高自我，通过耳濡目染，亲身领略客观事物和现象的美，从而形成和提高审美感受力。

2. 审美鉴赏力

人的评价美、认识美的能力即审美鉴赏力。审美想象力、判断力、理解力等都包含在内。审美鉴赏力在人们进行艺术素养、思维能力、训练和实践经验、学习的基础上形成与发展，是以主观爱好的形式体现出来的对课题美的评价和认识，是认识与创造、感性与理性的统一。在艺术创造与欣赏中，审美鉴赏力形成并获得发展，所以也被称为"艺术鉴赏力"。它拥有民族性、时代性、社会性及鲜明的个性特征，其以美的规律和理想去改变世界，创造和发展科学的、健康的、文明的生活方式，对提高审美鉴赏力起到一定的帮助作用。拥有高审美鉴赏力的人，既能在一瞬间被美的事物深深感染，也能迅速作出审美判断，找出美的所在。审美理解力是审美鉴赏力的前提。审美鉴赏水平的高低取决于审美理解力。我们通过实践证明，若要对一个事物有深刻的感觉，必须先理解这个事物，审美理解也是如此。所以，审美理解力的培养和提升与审美鉴赏力有直接的联系。努力学习科学、文化、文学、艺术等方面的知识，扎实基本功，扩宽知识储备，用心思考生活，用心看待世界，厚实人生积淀，丰富社会阅历等是培养审美理解力的必要途径。对艺术品而言，只有把握住因民族传统所决定的表现形式、作品内容的思想倾向、艺术品产生的时代等，才能称得上理解它，从而产生审美感情。同样，提升审美理解力所必须懂得的知识之一是艺术手段的基本规律及艺术语言。这些因素是培养和提高审美鉴赏力的基础条件。

3. 审美创造力

审美创造力是审美主体根据美的规律所获得的表现和创造美的能力，是最为复杂的一种审美能力，是审美活动的高级阶段。在大量审美经验积累的基础上，根据美的规律创作出拥有美的形式与丰富深刻内容的作品及成果即是审美创造力的表现。语言信息、认知策略、智慧技能等是形成审美创造力不可或缺的一部分。马克思主义关于审美创造方面的理论是美的规律的理论，其明确提出人类创造活动并不是任意的，而是有规律可循的，人类按照美的规律来创造美的事物，美的规律是把人类的主观愿望和目的，即"内在固有的尺度"与具体事物的客观属性，即"任何物种的尺度"结合起来，把人的本质力量表现为可供人审美欣赏的具体感性形式和生动形象。

审美主体的主体性充分肯定了马克思主义关于美的规律的理论，同时作为审美创造材料的客观事物的规律性也没有被忽视，然而也对人的审美创造作出深刻的理论概括。审美教育工作者的审美创造力依托于教育实践中，根据人的成长发展规律、教育的规律、美的规律、客观事物的规律，在对象上附着理想、智慧、情感、思想，并使其成为可供欣赏的、生动的形象、可感的审美对象。这种审美创造在教育活动中成为审美教育的一部分而存在。审美教育创新与审美教育工作者审美创造力的形成和发展共同进行和存在。

（二）教学、管理技能美

审美教育的开展不仅需要专业的课程，也需要在日常的教学中进行渗透，所以高校教师的审美素质还应该体现在他们的教学技能及管理技能上。

第一，教师要提升教学技能美。教学既是一门科学，也是一门艺术。在教学实践中，教学艺术展现了美学特征，并给予人们审美感受。一些学者认为，教学拥有审美性、思想性、科学性三重性，对应着教学的"美""善""真"，教学活动本身所拥有的特性之一是教学的审美性。因事物的功能和特点联系密切，所以教学的审美性使教学过程拥有了审美功能。教学的审美功能和审美性特点的发挥体现在教师的教学能够产生扣人心弦、令学生着迷的审美魅力。教学美是教师依据美和教学的规律创造出来的，既是教师精湛的教学艺术的体现，也是智慧的结晶。

第二，教学过程拥有和谐美。教学和学习两者协调统一形成教学过程，教师要尊重学生的主体地位，让学生得到自主全面和谐可持续的发展，教学要实现多种心理能力的协同作用，充分发挥想象和情感的作用，实现理性因素和非理性因素的交流，从而形成一种活跃、生动的气氛。

第三，学习内容拥有充实美。教学美非常重要的一部分是教学内容的丰富性。体育运动、艺术、劳动技术、社会道德知识、科学基础知识等范围的教学内容都要丰富，而不是仅限于教学内容本身。教学内容的丰富美包含教师和学生加工改造之后而具有美的特征的内容，也包含从人类文化知识体系中直接迁入的丰富的科学美、自然美、社会美、艺术美等内容，还包括以善的内容、真的内容获得的美的形式。

第四，教师要提升管理技能美。在对学生的管理中，尤其是与学生进行交流时，教师要注重沟通的技巧、愉悦的氛围和良好的交流，可以对培养学生和顺利开展工作起到一定的帮助作用。在管理工作中，教师要经常了解和掌握学生的思想和需求，及时创新和修改方法，运用学生喜欢和乐于接受的方式高效地开展管理工作，进而在工作中得到学生的认可和尊重。

教师和学生的情感沟通、工作交流、知识传授等互动是否顺利，与审美教育者在管理、教学中是否展现出工作的美感和艺术性有直接关系。因此，提高教师的管理技能美、教学美非常重要。在实际工作中，教师的教育教学能力和技巧可以通过进修、交流、培训等方式得到提升。

（三）人格、道德美

1. 人格美

人格是一个人的尊严、潜在能力、道德品质、气质、性格等方面的综合，即人之为人的一种规定性。教师的精神境界的充分展现是教师的人格，是其根本所在，它反映着一个教师的人品、才情、心性等方面的综合素质。

教师的人格素质如何，在"教"与"学"的过程中直接影响着学生。"学高为师，身正为范。"古人云："己不正，何以正人？"教师是学生的榜样和表率，是学生锤炼心志、养成人品、获取知识的导引者。教师在人格方面的表率或榜样作用潜移默化地发生着，并通过学生内心的接受和认可，进一步内化为学生的意愿和理念。这样的内化过程是在学生心中确立教师高尚形象和人格权威的过程，一经确立便会深深地扎根于学生心中。

教师人格魅力的重要组成部分是高尚形象和人格权威，这对审美教育效果有着非常重要的影响。经教育心理学和教育的实践实验证实：教师和学生要在施教者的才情、学识、人品等方面有一定的心理位差，这样，被受教育者，也就是学生才会仰慕、尊崇教师。学生才会充分地记忆、领会、理解教育或教学的内容，才能真正获得教育过程的效果。因此，在审美教育中，教师不仅要拥有融会贯通、广博专深的学识，还要具备卓越的品行和人格，这样才能对学生产生很强的人格魅力，从而实现审美教育活动。

2. 道德美

教师的道德美既包括个人品德，也包括职业道德。当然，由于教师角色和职位的特殊性，教师的个人品德大多体现在职业道德中，所以在此仅论述教师的职业道德。具体而言，教师的职业道德大致包含六个方面。一是献身教育，忠诚事业。师德的最高准则是忠诚教育事业。只有对教师职业有了正确理解和认识，忠诚社会主义高等教育事业，才能产生高度的责任感、事业心，视培养新人为己任和天职，全心全意，无私奉献；不怕辛苦，不计得失；敬业乐业，矢志不移，献身教育事业。二是精心育人，热爱学生。师德的核心是教书育人。学校教育是通过教师的劳动来促进人、改造人、塑造人、培养人的全面发展。教书育人是对教师和教育目的关系的道德要求进行调整。它是教育行为的宗旨，是教师劳动的全部内容。精心育人中既有爱，也有严，要做到爱而有韧，严而有恒；爱而有导，严而有方；爱而有为，严而有度；爱而有情，严而有爱，把爱与严有效地结合起来，达到最佳的育人效果。师爱，是一种强大的教育力量和手段，是一种积极的情感。众多优秀的教师凭借严格、深沉、公正、无私、博大的爱挽救了误入歧途的青年，培养出一代又一代的优秀人才。三是为人师表，以身作则。师德的本质要求是"人师"与"经师"合一，师德的生命是为人师表。教师在生活作风、工作态度、政治思想上要以身作则，必须正人先正己，在教学过程中，以高尚的人品、渊博的知识、精湛的教学技巧吸引和感召学生，教学生正派、认真、严肃做人。四是精益求精，治学严谨。高校教师必须求真务实、刻苦钻研、孜孜不倦、谦虚好学，使自己的知识能力在高度、广度、深度等方面得到持续发展，这样才能以其渊博的学识履行其促进学生全面发展的天职，不然难以做到真才实学。五是勇于创新，锐意进取。高校教师的品格特征是不断创新。新时代的高校教师为了更好地教育学生，必须不断地探索真理、开拓进取，转变"教书匠"的传统角色思维，积极开展科学研究，进行知识创新。六是团结协作，严己宽人。高等学校教师的传统美德是宽以待人。因教师劳动成果的集体性和劳动形态的个体性，高校教师必须严格要求自己，要处理好与部门、领导、同事之间的关系。教师对学生要理解、尊重，要与学生为善；教师之间要共同提升、取长补短、相互学习。

三、教师审美素质与学生审美素养构建

（一）教师审美素质：达于"教育无痕"之至高境界的根本途径

苏霍姆林斯基是著名的教育家，他曾经说过："造成教育青少年的困难的最主要原因，在于教育实践在他们面前以赤裸裸的形式进行，而处于这个年龄期的人，

就其本性来说总是不愿意感到有人在教育他的。"① 教师自身以"真""善""美"的使者形象出现于学生面前时，学生才会信服，才会效仿，才会激发起他们发自内心地对"真""善""美"的追求。"桃李不言，下自成蹊"，教师应把精力放在完善自我上，教育中的许多哲理，只可意会不可言传，这是人和人的心灵上最微妙的接触。只有具有理想审美素质的教师才可达于"不教"而教的理想教育意境。

首先，教师审美素质对学生具有示范作用。的确，教师个人的示范，对青年人的心灵来说，是任何东西都不可能代替的最有用的阳光。教师必须有美的心灵，这是教师人格魅力中最核心最有价值的部分。教师的心灵美最核心、最有价值的应该是对真、善、美的理智而忠贞且恒久的追求。教师要在政治思想、个人品德、价值观念、行为习惯等方面，为学生树立榜样，要求学生做到的，自己首先要做到，要知行合一。教师是用自己的思想、学识和言行，通过榜样示范的方式直接影响学生。而学生又都具有"向师性"和"模仿性"的特点。与学生朝夕相处、教书育人的教师自然是学生模仿和学习的对象。教师光明磊落、纯洁高尚的道德人格对学生来说无疑具有显著的示范作用。亲其师才能信其道，教师的人格魅力会使学生因为喜欢一位教师而喜欢一门功课。一个被学生喜欢的教师，其教育效果总会超出一般教师。学高为师，身正为范，榜样的力量是无穷的。教师人格魅力的示范作用是不言而喻的。

其次，教师的审美素质对学生具有激励作用。教师虔诚的敬业态度，以及为达到教育目标而表现出来的强烈责任心，本身就是激励学生积极进取、奋发开拓的无声召唤，是激励学生的一种手段、一种动力，它能有效地利用学生的心理倾向，激发学生身上潜在的积极因素，使其朝着期望的目标前进。

这种因师生日常相处而对学生的心灵所显示出来的无形的"感动"和"震撼"作用，比课堂上人生观教育所运用的语言更富有魅力。尊重和热爱学生是教师职业道德的核心，具有人格魅力的教师无一不是信任、尊重和热爱学生的。这样的教师能使其尊重、理解、关怀、信任如阳光一样照耀在每一位学生的身上，学生倍感亲切和温暖，从而产生心灵的和谐共振。这样就会牢固树立起教师在学生心目中的"精神父母"的高尚而可亲的形象，学生自然会自愿接受约束，不断增强自我教育、自我修养的主动性和自觉性，从而促进学生的自我发展、自我提高。

---

① 杨进龙. 略谈小学课堂教学中的学生激励与评价 [J]. 教育革新，2014（11）：1.

最后，教师审美素质对学生具有熏陶作用。孔子说："与善人居，如入芝兰之室，久而不闻其香，即与之化矣。"《孔子家语》因此，教师的人格魅力是一名优秀教师所要永远追求的修养与修为。然而教师的人格魅力不是天生就有的，它是在教师长期的职业生涯中，通过社会各方面的影响和个人反复磨炼，通过不断的理论学习和实践锻炼才形成的。教育无痕，却彰显出教育的最高境界。似雪落春泥，悄然入土，孕育和滋润着生命。虽无痕，却有声有色；虽无痕，却有滋有味；虽无痕，却如歌如乐，如诗如画。教育的最大技巧是无技巧，是能通过自然而巧妙地引导，达到最优的效果。妙到不露痕迹，是"随风潜入夜，润物细无声"的。无痕的教育，如醇酒，"著物物不知"，却无声胜有声。在教育中要达到春风化雨、润物无声的效果，仅仅靠语言等技巧性训练是远远不够的，眼神的传递、微笑的赞许、体态的鼓励等富有艺术性的策略往往能起到点睛的作用，更重要的是要有深厚的人文素养积淀，去唤醒和培植学生心中的美好人性，关注和挖掘学生的潜质。

（二）教师审美素质对学生的化育方式

经师易得，人师难求。具有审美素质的教师对学生心灵的影响非常久远和深刻。教师以自身高尚的素养塑造学生，是一部鲜活、深刻、丰富、生动的教科书，拥有巨大的榜样作用。教师在教学实践中用自己的人格塑造学生的人格，用自己的灵魂铸造学生的灵魂，用自己的心灵呼应学生的心灵，用自己的个性影响学生的个性，用自己的意志调节学生的意志，用自己的情感激发学生的情感，用自己的智慧启迪学生的智慧。不教之教是人师教学的最高境界。不是教书本里的知识，而是教书本里没有的人生智慧，这是不教之教的主要内容。人生智慧是一种有美感体验的豁然洞见，是一种心灵的彻悟。人生智慧和事实知识相比，前者属于"软性"的，后者属于"硬性"的，人生智慧无法通过"手把手"、耳提面命、言传口授教出来。返璞归真是不教之教的最大特点，它没有明确的教学环节和教育组织，它无法详细给出一种大家都能模仿的普遍模式。笔者认为，我们可以通过以下两种方式来进行和实现教师审美素质对学生的化育。

1. 以身作则

通常，在学生心目中，教师是最完美的偶像，人师本身就是一部活的教科书。人师榜样拥有巨大的教育力量。学生能具体地、形象地、直观地感受这种教育力量，在耳濡目染中，学生逐渐得到熏陶。教师的素质就是他的"身"和"则"，即以身作则。孔子说:"其身正,不令而行;其身不正,虽令不从"(《论语·子路》),即深刻说明了这个道理。因此,确保教育有效性的关键是教师的以身作则。

以身作则的教师都懂得自尊自爱。其实人人都有言行是否一致的品德问题,君子以"言过其行"为耻,以"行不言之教"为高,"桃李不言,下自成蹊"说的就是这种品德。品德行为固然会为他人谋利益,而品德行为主体却同时获得自我人格的提升,教师的社会角色使他占有了这样的主观条件。

人们对教师的严格审视同时也是对高尚的期待,这正是为人师者提升自我素质的土壤。我们就此可以认为,教师如果不能以身作则为学生树立楷模,是不自尊自爱的自我贬弃的行为;而以身作则,会满足教师主体的人格需要,是主体道德价值的需要。以身作则的教师是自我实现的教师。如果我们不再只是以奉献来论教师,就不难发现,教师在事事处处为学生建树榜样时,会给自己拓展出怎样的主体发展空间。在这个空间里,教师不仅要有修养高尚的道德,还要孜孜不倦地钻研学问,而且他比任何其他社会职业劳动者都要敏感地紧跟社会文化科技发展的形势,接受继续教育,坚持终身学习。这不仅是为了他人,为了社会责任,同时也是教师主体自我的尊严感受所必需的,是自我实现的需要。

2. 交流对话

若想真正发挥教育的作用,就要走进学生内心,而不是建立在训诫和惩罚的基础上。教育是心灵的艺术,存在于教师与学生心灵的最深处。学习应该是学生自己主动建构知识意义的过程,而不是教师向学生传递知识信息,学生被动吸收的过程。学生对知识的理解和掌握情况,教师可以利用有效的课堂提问,在交流中了解,依据课堂实际情况,辅助学生,提出问题,使学生之间能够进行交流探讨,从而提升他们的思维能力。

但是,不能将对话简单理解为教学情况的及时反馈或教学信息的双向交流,它还有其他的存在价值与意义,有着更深层次的内容。对话本身的发展就应带动师生双方精神的发展,是一个意义生成的过程。情感、意义、真理、思想等潜移默化的过程就是对话的过程,是一个人的精神发展改变的过程。教师应创设"共享式"对话情境教学——面对美味食物,师生共同进餐,一道品尝;而且一边吃一边聊各自的感受,共同分享大快朵颐的乐趣。在共享的过程中,教师虽然会以自己的行为感染带动学生,但更多的是在和学生平等地享用的同时又平等地交流,并不强迫学生和自己保持同一口味，允许学生对各种佳肴作出自己的评价。教师要让对话发挥更有效的作用，我们要轻结论、重对话的过程，面对各不相同的感悟、理解，教师不必强行统一，要鼓励学生通过对话，继续深入探究。我们不必拘泥于原来设定的程式，教师应不惜为卓有成效的对话付出大量的教学时间，虽然通过对话也可能得不出什么结论，但却换来了学生心态的开放、主体的凸显、个性的张扬、创造性的释放，这才是全新的"对话"。

"共享式"对话需要满足以下三个条件。第一，宽松的对话氛围的创设使教师和学生的关系是平等的，要以参与者的身份与学生进行平等对话。教师要善于换位思考，克制住自己以上级、父兄、引路人、教育者的个人中心主义的想法和做法，与学生将心比心，打成一片，并为学生着想。第二，教师要引导学生积极对话，善于把握思维碰撞的瞬间。教师在学生处于积极思维状态时，应进行适当的引导，以端正思维的方向，从而帮助学生打开知识的大门，达到举一反三的目的。第三，教师要注重对话过程中的思考。有效的对话强调为学生搭设思维的跳板，强调着眼于学生的"思"，应具有建构意义，以让他们跳跃到更高、更远的层面。如此，课堂中的轻与重、动与静、缓与急、疏与密、教与学的相互关系才能更好地体现出来，课堂才能多元呈现，抑扬有致、波澜迭起。

总之，与学生的交流对话，既是师生之间相互了解的过程，也是教师自身素养向学生传递的过程，这些都需要教师具备良好的审美素养，这样教师在与学生的交流中才能更好地促进学生审美素养的构建。

第三节　加强校园文化建设，彰显美育特色

作为学校教育的重要组成部分，校园文化是最为普遍的教育载体，成为学生审美素养养成过程中的重要影响因素，是一种氛围因素和环境因素。校园文化是指学校师生在教育、教学活动中所创造和形成的精神财富、文化氛围，以及承载这些精神财富、文化氛围的活动形式和物质形态。高校美育存在于校园文化之中，通过校园的自然景观、人文景观、校园建筑等向学生传递审美感受，提升学生审美意识，提高学生审美能力。

正因如此，校园文化一方面反映了人的精神面貌；另一方面又对人的精神面

貌产生影响。校园文化在学校教育中有着重要的作用,可以对学生培育的各个方面产生重要的影响。

校园文化体现在校园的各个方面,有学校的办学精神、学校的管理方式、学校的环境、校风、学风及教风等各个方面。当前,伴随着经济的发展和科学技术的进步,校园文化中产生了一种新的形式——网络文化。文化是人在社会实践中产生的,是世界关系的产物,在人的行为中也会体现出自然、文化等内容。在对校园文化进行论述的时候,主要从以下几个方面进行介绍。

一、校园生态环境

校园文化的重要内容之一就是校园环境,校园环境主要包含以下几个方面:校园活动场所、校园建筑、教学设备,这也是校园文化的重要物质和外在载体。

海克尔(Haeckel)是德国的博物学家,其在1866年首先提出了生态学的概念,当时生态学的概念主要在《有机体普通形态学》这本书中进行论述。在这本书中,他明确提出:"我们把生态学理解为关于有机体与周围环境关系的全部科学,进一步可以把全部生存条件考虑在内。"生物学中,生态学是一个非常重要的组成,主要的研究对象是植物群落和动物群落,以及植物和动物的生态系统。派克(Park)是美国的社会学家,人类生态学的概念由他在1921年提出,对于这方面的研究,也是近20年才开始的。

坦斯利(Tansley)是英国的生态学家,在1935年提出了"生态系统"的概念,所谓生态系统,主要指的是有机体会与所生活的环境形成一个自然身体系统。虽然很多科学家和研究者并没有使用"生态""生态系统",但是这些科学家也从不同的角度对这个学科的发展作出了卓越的贡献,同时诞生了很多优秀的成果。在我国,清华大学在1997年首次提出了创建绿色大学的办学理念。何为绿色大学?所谓绿色大学就是将可持续的发展理念作为办学的指导理念,从学校的长远角度出发对学校的各项工作进行组织和实施,让学校一直具备可持续发展的亲历。当前,人类社会中生态与绿色成为主题,也就包含着和谐和环保的理念。因为历史的原因,当前人们的居住环境遭到破坏,这使得人们不得不重新认识人与自然环境之间的关系,当前人与自然关系的和谐发展成为一项重要的关系。与此同时,世界性的能源危机,使得人类对可持续发展的重要性有了更加深刻的认识,这就使得人类的生态意识、环保意识不断加强。

（一）校园环境的生态性

1. 校园环境规划

纵观传统的大学校园，主要的区域布局是相对独立的，如教学区、运动区、宿舍区，这就导致学生在这个区域之间的交通时间会拉长。随着不断的发展和扩建，学校规模不断变大，这使得学校两个区域之间的距离非常大，将学生往返在两个区域之间的距离和时间拉长了，这样就会出现在某个时间但该区域的人流量非常大，给教学设施带来了使用压力，使得学生的学习和生活非常不便。从生态性的角度来看校园环境，主要是在对校园进行规划的适合和应该让各个教学区域、生活设施之间合理搭配。这种新型的小区规划的理念将原本的校园功能分区方式打破，新型的校园功能布局模式是"组团型"，在组团中包含各种功能，如生活功能、学习功能、运动功能等，为学生营造良好的生活和学习环境，为学生提供方便，学生的任何活动都可以在这个组团中完成，让学生能够较为便捷地生活和学习，加快了学习的节奏和生活的节奏。要想使得校园与校园主体之间具备较为良好的、和谐的、健康的关系就需要将校园进行合理的规划，使得环境设施更加人性化和合理化。

2. 校园环境规划的特点

对校园环境进行建设，不仅需要考虑校园规划的文化，还需要对其他因素进行考虑，实现校园、自然、人的和谐，使得校园的各个方面都能体现校园文化。

（1）校园环境的自然化与城市化设计

在对校园文化环境进行设计的时候，应该考虑校园当地城市的文化，应该与之协调，作为城市功能的重要组成部分的校园应该对城市设计资源进行充分的利用，实现城市化与自然化的完美结合。在进行校园环境建设的时候应该因地制宜，在考虑到自然环境和地貌的基础上对校园功能进行合理的规划，使得校园中的植被、建筑、水资源等和谐共生，为校园主体营造良好的生态环境，进而营造和谐的校园环境。

作为城市的重要组成部分，校园应该实现与城市的交流，这对于学生的生活、学习有着很重要的意义。校园的建设会受到现代化资源的影响，如城市的能源、交通、通信等，只有将自然环境与现代科技相结合才能营造和谐的、具备现代城市特征和自然特征的校园环境。

（2）校园环境的地域性与艺术化设计

地域性不仅体现在气候环境上，还体现在地理位置上；不仅体现在地域文化方面，还体现在地域风俗上。

校园建筑文化是构成校园文化的一个部分，校园建筑群应该体现出地域特色，表现出地域文化。校园建筑设计要既融合时代因素，又吸收地域建筑特点，创造出具有地域文化和时代特征的建筑作品，营造新校区的文化特征，突出标志性和独创性，创造现代化的校园建筑文化景观。另外，校园环境的艺术化对陶冶学生的审美情趣，协调教学之间的关系起着重要的作用。从审美的角度，校园环境要按照美的规律规划、设计，包括建筑的布局、校园的绿化、环境的布置等都要符合整洁、和谐、美观的要求。明亮、整齐的环境可以缓解学生的消极心理，释放他们紧张的情绪，使学生在学习的同时，也能以观赏的态度认识生活，激发学生用自己的智慧去美化生活。

教学设施和教学仪器的美观同样具有美育意义。按照美的规律对教学仪器进行精心设计，如使操场规划得合理美观，校内宣传栏、布告栏布置得均匀对称，保持实验仪器的卫生清洁，不但可以给学生带来审美愉悦，还能使学生在增长知识的同时，养成良好的学习与生活习惯，提高创造美好生活的能力。

（3）校园环境的人性化与环保节能化设计

人性化其实质就是和谐，而和谐是使人产生美感的源泉。高校学生来自不同的地方，甚至来自不同的国家，对于校园文化的人性化设计就显得更为重要。比如，校园标识采用双语化；校园的设施、管理、生活方面要兼顾不同生活习惯的学生；各种教学设施在规划、修建时也应考虑不同功能的校园建筑对于声音、光线、温度等人性化因素的要求。另外，自然和人文景点的文字性解说也是激发学生审美的有效手段。美感的获得是建立在对象能够被我们所掌握、理解的基础上的。在校园里，未知的事物往往会引起学生的关注与好奇，如一株植物、一座塑像等，这些文字性的说明能加深学生对它的认识，使学生不仅能获得美的享受，更丰富了自己的知识。

另外，美的感受还要依赖审美场所的配合。一个整齐、干净、敞亮的环境容易让人产生审美欲望，因此校园环境建设应该遵循可持续发展方针，提倡环保节约意识。比如，采用环保的建筑材料、节能的灯光、建立废品回收中心、清洁环卫设施作用等，以此提高学生的能源节约意识、环保卫生意识。

（二）校园生态环境系统

审美能力的培养是在环境教育作用下逐渐发展起来的，环境因素是学校美育系统中不容忽视的成分。"临水知鱼性，近山知鸟音"，美化环境对于学校美育工作起着潜移默化的作用，校园环境主要包括以下几个方面。

1. 校园自然景观

校园的自然景观大多与校园的地理位置相关。自然环境是校园环境的基石，保留自然环境中的山水体系，使人容易感受到自然的气息。天然的自然景观具有一切人工环境所不具有的审美功能。自然状态代表着人类理想的生活状态，如海德格尔所追求的"诗性的栖居"，中国传统思想提倡"天人合一"的境界等，似乎自然境界与人生境界有着某种神秘的联系。自然景观营造的审美意境是其他环境所不能替代的。我国许多著名的高校校园内都存在清新纯真的自然景观。例如：北京大学"未名湖"畔的雪景、南北阁的秋色；清华大学的"荷塘月色"；华东师范大学的"夏雨飞烟""荷塘挹翠"；等等。因此，高校学生不仅要回到大自然中领略自然的秀色，也应该重视和保护校园自然景观，回归于自然，从而体验内心的"本真状态"。

2. 校园生态建筑

校园建筑群多是围绕教学活动目的建设的，但建筑本身就体现着一种艺术美和文化美。生态建筑的提出不仅是基于人们对环境生态问题的深刻认识，也是人类理想意志的产物，它以校园与自然平衡作为发展基准，把人作为自然的一员来重新认识和界定自己及其人为环境在世界上的位置。另外，生态建筑不仅提倡自然与建筑的和谐，更提倡建筑与建筑之间的和谐，这种和谐不仅可以体现在建筑造型、色彩上，也体现在建筑群作为整体形象所反映出的造型艺术和文化内涵上。同时，建筑群之间合理的布局使建筑功能形成一种良好的协调关系，这也是生态建筑的重要内涵。总之，校园的生态建筑布局既有满足教学、科研、生活需要的实用功能，又具有审美价值。

3. 校园人文景观

校园内的人文景观一般都具有很深的文化底蕴，它们往往与特定的人和历史事件相联系，主要有以下几种类型。

许多高校留下过知名人士和著名专家、教授工作、学习的地方，不仅知名人士是校园的宝贵资源，他们的思想和精神也是校园文化的重要内容，他们生活、学习的场所体现着他们的精神品格。学生通过对这些场所、遗物的瞻仰，可以感受到他们崇高的精神品格和人格魅力，获得精神上的熏陶。

许多高校有校园博物馆、陈列馆和纪念馆。尤其是一些办学历史悠久的学校，学校自身的历史就是一种重要的教育资源。学生对学校发展历史的了解，对学校重大历史事件的参与和认识，对学校著名英雄人物的了解，无疑会加深他们对学校的情感，从而深刻理解学校的办学理念和精神。

许多高校的科研机构、重点实验室、文化研究中心，也是科技美育、人文美育的重要部门。科技是创造美的重要因素，科学技术自身的美表现在对真理的追求及科技自身所拥有的魅力——满足人的好奇心理上。审美来自人的好奇，而科学正是解释人们疑问的一把钥匙。对科学技术的了解，可以培养学生对这个世界的认识能力，增强他们对自然的探索兴趣，从而激发他们的想象力和创造力。

因此，我们应重视校园生态环境的教育功能，这种教育资源对学生的教育往往是潜移默化的，同时是极具震撼力的。

4. 新视角下的校园环境

（1）光环境

随着社会城市化的发展，光作为一种污染源被提出来，光的价值意义又重新被艺术家认识，光环境随即被提出。光的颜色、明暗、变化会对人的心理产生很大的影响，因此光也是校园环境中一个重要的可利用的材料。

光环境与建筑。对建筑来说，光环境是由光照射于其内外空间所形成的环境，包括室内和室外环境。室内光环境是建筑物内部空间由光照射而形成的环境。室外光环境是建筑外部空间由光照射而形成的环境。光环境的功能不仅满足了物理、视觉上的需要，而且对于人的心理、审美需求起着积极的作用。

（2）声环境与热环境

噪声与声景。音乐对于人的审美作用是无法估量的，但不和谐的音律对于人的心绪变化也有很大的影响，长时期处于噪声之中，会使人感觉压抑、不适。

高校校园的声环境比较复杂和特别，根据不同的声源，噪声分为生活噪声、运动噪声、机器噪声、教学噪声、交通噪声等。另外，校园外的交通噪声、工业噪声、施工噪声和环境噪声也是对校园环境的一种干扰。而目前很多学校忽视了环境对于声音的要求，致使教学各环节中，都存在较为严重的声音干扰，不仅使教学难以开展，也会使学生情绪不稳定。

声景是由加拿大音乐家莫雷·沙弗尔（Murray Schafer）提出的，意思是声音世界要协调，即噪声级只是反映声环境的一个因素。声景并不是只有声音元素构成的场景，它与声场有着密切联系，为了保证校园有好的声景，校园内必须有好的自然景观，如树木、草地、水池，防止各种污染，以保持生物的多样性，对于自然条件较差的校园，可以做人工声景，模仿大自然的声音，同时兼顾视觉因素。校园的音乐广场、音乐湖泊等音乐场所的建立有利于学生的身心调整，使学生在学习压力之后能得到及时调整。

声文化与校园广播。声音的另一种文化表现就是校园广播，其作为一种纯声音形式的文化，不仅要求播音员的音色清晰、发音标准，而且对于声音在传播过程中是否通畅，在整个校园能否听得清楚都需要考虑。声音文化的内容更应该靠近学生，符合学生的兴趣和要求，让学生在欣赏的同时能得到美的感受。广播文化也可以达到一种互动效果，同播音员一起参与节目，使人在轻松的环境中得到美的享受。

二、校园人际关系

《美育论》是杜卫的著作，在这本著作中写道："从根本上讲，学校美育应该从整个学校的文化建设入手，把审美文化建设作为校园文化的核心部分来抓，而建立师生之间的审美关系又是校园审美文化建设的中心环节。"

马克思在《关于费尔巴哈的提纲》中写道："人的本质并不是单个人所固有的抽象物。在其现实性上，它是一切社会关系的总和。"人的本质特征是"一切社会关系的总和"，因此我们可以说，人的成长和发展的过程就是整个社会关系的获得过程，教育在这个过程中所承担的角色就是一个促进人际关系获得的作用，我们说个体的社会化过程就是一个人对各种社会关系的构建过程。从本质上来看，教育应该是一个促进人的社会化过程，是一个对个体的潜能进行开发的过程。在个体的社会化过程中，教育所担任的角色就是引导接受教育者成为社会所需要的人，使得受教育者的个人行为符合社会的规范。在整个教育实践活动中，教育者与受教育者都应该积极参与。师生的交往活动在实践的过程中成为教学活动的核心关系。

立足于校园这个整体，校园关系还包含各种交流，如生生之间的交流、教师之间的交流、管理者与被管理者之间的沟通和交流，以及在远程教育中的交流和在网络文化中的交流。从本质上来讲，人在社会中生活和存在的必要活动就是人际交往活动，也是人的心理需求。对于自由的追求是人类的本能，人与人之间的沟通是一种对自由的追求的表现。

（一）校园人际关系的内涵

美学中有一个观点，即"美是和谐"，和谐的人际关系构成了社会美，换句话说，和谐的人际关系是人际关系的审美化。校园主体之间产生的一种交往活动就是人际关系，要想建立一段和谐的人际关系的方法就是审美教育的落实。席勒是德国著名的诗人和剧作家，席勒认为促进心理功能的发展不是美育的唯一目的，还主要是为了让内在形成审美的状态，以此来保证心理功能的和谐，也就是说，让受到美育教育的人可以在心理状态和人格状态上达到一定的和谐，心理和人格状态的和谐为人际关系的处理打下坚实的基础。众所周知，人际关系是一项非常复杂的命题，在很多的人际关系中，会有很多的利害关系隐藏在其中。审美关系是一种爱的关系，是一种情感关系，在这样的一个美育过程中的人际关系也体现着理解和爱。理解和爱作为一种社会关系，这就标志着人际的协调与和谐，充分展现了传统文化中的美，体现着审美的性质和功能。

杜卫在《美育学概论》中提出："所谓校园人际关系是校园内师生之间、教师之间、学生之间、学校行政管理人员与师生之间在思想、学习、工作、生活等方面的交往、联系的关系。"人际关系从本质上来说就是人与人的交往，在这个交往过程中首先体现出的就是人的社会性的因素。人们在交往的过程中学会了对一些规则的遵守，只有这样才能实现人际关系交往的目的。校园是一个教育场所是校园人际交往过程中一个重要的特点，人与人之间的交往也体现着教育的活动，由此，要想促进教育活动的顺利开展，就需要良好的校园人际关系。

1.人际关系的文化实质是情感文化

校园人际关系的和谐会体现出校园文化精神，是特殊的校园文化。从宏观角度来看，因为校园人际关系涉及校园关系中的人与人的各种因素，所以在本质上，校园文化建设是一种情感的文化。从职能上来看，学校的主体主要是学生、教师及管理服务人员。校园人际关系主要体现的就是各个主体之间的情感关系。校园人际关系的出现不仅仅是出于工作和学习的需要，还是出于对情感的需求。只有正确处理与他人的关系，才能收获友情、收获爱情，满足情感的需求，才能具备正常的社会心理能力，才能拥有正常的人际交往。因而，人际关系一方面是满足人类自身的情感需求，另一方面也成为社会化的必然过程，是社会性成长的一部分。

2. 人际关系文化是一种心理环境

对于校园来说，人际关系不仅是一种情感，同时也是一种包含教育和美育的心理环境。心理环境主要指的是人文因素，主要包含各类文化艺术活动氛围、校风、教风、学风和人际环境等。对学生进行审美教育，可以使得学生具备较好的自我调节能力和良好的心理环境。从实质上来看，审美教育就是一种情感的教育，在审美心理中情感是一个非常具有活跃性的因素。情感体验的提高可以使得学生的文化素质、思想素质、审美素质、身心素质得到极大的提高。审美情感属于高级的情感，在这样的情感支配下，就会使自我调节的能力得到加强，拥有健康的心理。良好的校园环境可以在潜移默化中将个体内在的不协调与心理的不和谐消除，实现个体的身心健康和谐发展，让学生可以在这样的环境中保持一个积极健康的心理状态，体味人生的乐趣，更加热爱生命。

3. 绿色人际关系中环境与人的交流

当前所说的"生态人际关系""绿色人际关系"都是在强调人际关系的和谐，强调人与自然、人与环境的关系，这也成为一种交流关系。实际上，我们对于自然环境的认知、了解、开发利用等都是一种与自然的交流，这主要体现在对自然环境的保护上。人们生活在环境中，会对自然及环境进行利用，创造出人们所需要的物品，在这个过程中，人们会意识到保护环境和保护自然对于人类的发展来说具有重要的作用和意义。在具有保护自然环境的意识后，才能去探索人与自然、人与环境的和谐相处。

（二）校园人际关系审美化

要想为学生营造良好的校园文化环境，首先需要提升校园文化品位，让学校形成独具特色的校园文化，加强审美教育成为实现这一要求的重要途径。在校园文化中融入美，可以为学校主体创造出宽松、和谐、积极的审美文化，让主体在潜移默化中完成美育教育。校园人际关系的审美化一方面有利于开展校园教学活动，另一方面有利于建设独具特色的校园文化。立足于自身的需要，校园人际交往关系可以分为以下几类。

1. 师生间的人际关系

在校园人际关系中，师生关系是重要的组成部分。在教育界一直提倡在教学中让师生具备平等的地位，但是在教学活动中很难达到真正的交流，并且师生之间的人际交往活动不仅仅体现在教育教学过程中，还体现在其他地方。为了对师生之间的障碍进行清除，提出理论教师引导者这一角色的观点。梅贻琦在19世纪40年代写了一篇名为《大学一解》的文章，其中写道："古者学子从师受业，谓之从游。孟子曰：'游于圣人之门者难为言'，间尝思之，游之时义大矣哉。学校犹水也，师生犹鱼也，其行动犹游泳也，大鱼前导，小鱼尾随，是从游也，从游既久，其濡染观摩之效，自不求而至，不为而成。反观今日师生之关系，直一奏技者与看客之关系耳，去从游之义不綦远哉！"根据这段话，我们可以了解到，在中国古代教育中非常强调师生之间的交流与沟通，教学手段也往往是采取实践的方式，学生在实践中学习知识，加深对知识的理解与感悟，在实践中与老师建立起良好的沟通桥梁。当前的师生关系更多的是像是一种表演，学生是观看者，教师是表演者，只要学生考试可以通过，学生就可以获得相应的文凭，这样的教育像是被交易的商品。

就教育活动的本质来说，在对教育价值的认识上已经出现了非常大的变化，教育的范围不再局限于校园。当前受教育者的知识来源具有多样性，这就使得学生的学习理念发生了一些变化，进而导致教育目的的变化。在校园生活中，学生不仅仅需要对知识进行学习，还需要在校园中成长，学习在社会中生活所需要的技能。

总而言之，教育理念的不断变化势必会导致师生人际关系的变化，教师在这个过程中也会对自身的职业有一个更加全面的认识。只有建立起良好的师生关系才能让学生感知教师所具备的人格和精神魅力，实现自身的成长和进步，促进教育多种功能的实现，取得较好的教育效果。

2. 学生间的人际关系

学生间的人际关系具体体现在两个方面：一是学生的各种组织上，有一定的组织形式，活动也是依靠组织形式进行管理的，学生在组织活动中会使自身的实践能力得到很大提高，这对学生的社会化有着非常重要的作用；二是学生的自我管理。

学生之间的人际关系也存在于日常的交往活动中，这也是学生人际交往活动的重要组成部分。学生与学生之间的交往对于学生来说是非常重要的部分。学生与学生之间的交往，第一，可以满足学生的情感需求，让学生在与同学交往的过程中收获友谊，还能在交往过程中锻炼自身的团结合作能力，培养自身的集体责任感。第二，与同学之间的交往活动也能凸显自身的价值，彰显自身在其他人心中的地位和作用，借助人际交往获得对自我价值的肯定，获得一定的重视，因此会让学生产生群体定位。第三，学生之间的交往活动也能帮助学生克服自己的心理障碍，将内心的心理压力释放出来，在同学之间得到精神的支持，同时与同学之间的交流也是获取信息的重要方式，在这个过程中，学生会对一些事物的看法发生改变，实现社会化的进程。

3.教师间的人际关系

建设校园文化的重要组成部分就是教师之间的交往。教师之间的交往既有着非常强的创造性也具有很强的主动性。良好的教师之间的交往活动可以加强科研交流，加深教学交流与合作，使得学校的教学水平得到提升，对于教师来说，教师的教学能力和学术研究能力也会得到增强，以此来营造良好的积极向上的学术氛围。

总而言之，校园文化的审美关系的特点是没有功利性，是一种在交往过程中具有真情实感的人际关系。不管是师生之间的审美关系还是学生间和教师间的审美关系都需要按照一定的美的规律和美的原则来推行。不管是在教学中，还是在非教学活动中及学生的实践活动中，都会对学生的社会化产生积极的意义和作用。

三、校园文化活动

（一）校园文化活动的类型

校园文化的一个重要的组成部分就是校园文化活动，学校会以学校的实际情况为依据，以学校的教学目标为前提开展定期的、不定期的校园文化活动，再有这样才可以实现对学生全面素质的提高和实现学生的个性化发展。在学校中有着各种各样的形式，具体如下。

其一，社团的艺术活动。比如，艺术团、摄影协会、诗社、文学社、影评组等各种形式的艺术活动。学生不仅能够对自身所学的专业知识进行掌握，还可以在社团中发展自己的爱好和兴趣，在丰富多彩的课外活动中提升审美标准，对审美内涵进行拓展和外延，并且养成良好的健康的爱好和兴趣，实现对美的追求和创造。

艺术作为美的集中表现形式，是对学生艺术爱好的激发和培养，可以培养学生的审美能力、想象力和创造力。提高学生的审美能力和审美素养是当前艺术教育的根本目的。在审美教育中，学生会激发出非常惊人的想象力和创造力，动手实践能力也会大幅提升。在校园丰富多彩的活动中，大学生的艺术创作、设计作品、科技发明及学术之间的交流，使得校园文化呈现更加鲜活的一面，注入了源源不断的活力。因此，学生可以在艺术活动中释放压力，解答困惑，在这个过程中放松自我，弗洛伊德所言"艺术是人的一种宣泄，对人的心理平衡起着重要作用"也正是如此。

其二，学校所举办的各种活动为学生提供了自我展示、自我发展的平台，学生会在这些多样的活动中释放自我，实现自我的内在升华，加深了对于知识的渴望和对技能的学习。

其三，多接触自然，学校可以组织与自然多接触的课外活动，让学生与自然多接触，如自然科学的调查活动、野游活动、夏令营活动等。学生在参与这些活动的时候可以在大自然中感知祖国大好山河的魅力，激发学生的爱国热情，让学生能够热爱生活。除此之外，还能在与大自然的接触中增强学生的环境保护意识，让学生珍惜资源，保护环境，实现人与自然的和谐相处，在实践中增强自身的责任感。

其四，进行社会实践活动，对学生组织社会实践活动是美育教育的重要一环，学生只有在反复的社会实践中才能感知到美，拥有鉴赏美的能力，如辩论会、座谈会、时事讨论及社会调查等。这些都能让学生站在审美角度去认识事物，去感知世界，从中养成良好的审美观点，培养崇高的理想和信念。

综上所述，校园文化活动应该是集多种教育功能于一身的活动形式，包含德、智、体、美、劳等教育，这些教育形式在相互渗透中，促进学生的发展。校园文化活动在美育的综合性发展和全面性发展上具有重要的地位和作用。

（二）校园文化活动的审美化

审美教育的核心是艺术教育，可以避免课外活动中的世俗化倾向，对一些低俗的文化进行抵制，防止这些庸俗的文化对课外文化活动产生低俗的影响。审美教育一方面可以使学生的压力得到释放，另一方面可以让学生的情操得到陶冶。学生只有参加各种课外活动才能使学生的才能得到施展，促进情感的抒发，让学生的感情得到升华。校园文化对于学生来说还有着非常重要的教育功能，一方面可以让学生在活动中学习到知识，另一方面还能让学生快速成长。校园文化的活动会对美育教育产生重要的影响，具有以下两个特点。

1. 校园活动的丰富性

开展各种各样的校园文化活动，一方面可以在实践中完善学生的知识体系，发展学生的兴趣和爱好，让学生在活动中发展人际交往能力，树立坚定的理想和信念，培养政治思想；另一方面可以提高学生的素质，在实践中学习，将知识内化于心，外化于行。校园文化活动非常丰富，可以让学生在实践中不断调整和完善自身的思维方式，对思维的内容进行扩充，调动学生的积极性和主动性，发展学生的实践能力和独立能力。

2. 校园活动的游戏性

校园文化的审美特性不仅体现在丰富性上还体现在游戏性上。首先，与教学活动不同，校园文化活动自身就没有教学活动的目的性，更多地展现出的特点是娱乐性、体验性和参与性，基于此，学生的积极性会得到充分的调动。其次，校园活动的参与主体是学生，教师和辅导员在这个过程中发挥中介作用。在教育教学活动中，主要是教师与学生的沟通和交流，在校园活动中，是学生与学生之间的沟通，学生的主体性得到了增强，这就促使学生参与校园活动的时候是一种游戏的心态，以此达到身心的和谐发展。

四、校园精神文化

（一）校园精神文化的重要性

所谓校园精神文化，主要指的是学校全体成员所接受、认可、奉行的校园精神的总和，包括价值观念、道德规范、思想观点及发展目标等。在高校中，校园文化的核心内容是校园精神文化，校园精神文化也成为校园文化中的高层次文化，是对该校精神面貌的整体反映，同时升华了校园文化，具有很强的精神力量。高校中良好的精神文化可以为学生营造一种浓厚的文化氛围，有利于为学生打造良好的学习氛围，同时对教育很难到达或者作用不强的环节上具有突出的意义，弥补教育中的缺失。对高校校园精神文化的策略进行积极探索，可以借助校园精神文化的强大精神力量，实现教育的改革与发展，促进学生的全面发展。

校园精神文化会产生重要的影响，一方面会对师生产生潜移默化的影响，另一方面可以对师生精神进行凝聚。校园精神文化还是校园文化的重要抽象象征，有着非常强大的感召力和影响力，深刻影响着生活在校园中的师生。学生在学校生活和学习，其必然会受到校园精神和文化的影响，这就会对学生群体的整体气质有所影响，在不同的学校有着不一样的校园文化和校园精神，也就产生了不同特质的学生群体。

（二）校园精神文化与美育

校园精神文化是一种文化，具体表现在校风、学风、教风等方面，虽然校园精神文化是看不到的，但却是校园文化的重要组成，有着举足轻重的重要地位，在潜移默化中影响着学生的生活、学习和成长成才。

人的精神文化就是校园精神文化的实质性内容。如果一所学校具备良好的学风、校风、教风，那么这所学校的校园文化处于一种非常和谐的状态，学生生活和学习其中会感觉到非常美好。不仅如此，学生还会将这些和谐的精神文化转化为言行去践行，去遵守学校的纪律和要求自觉维护校园的教学执行；同时，也可以让自己养成良好的生活和学习习惯，促进个人的发展；在人际关系方面，也会处理得很好，与他人相互尊重，相互信任，对他人、集体等不断关心，有着良好的师生互动。这种校园精神文化不仅深刻影响着学生还会让学生成为精神文化的创造者与继承者，不断发展校园精神文化。

（三）校园精神文化建设

作为校园文化的重要组成部分，高校精神文化也具有其特有的特点。精神文化是一种特殊的教育资源，会对学生的学习、生活产生深刻影响，由此，建设校园文化的时候应该从以下两个方面入手。

第一，在一个国家和民族深厚的历史中蕴含着高校的教育理念和教育模式。文化的主要阵地就是高校，因此高校应该成为发展和创造文化的主要阵地，继承民族文化，将民族文化内化为精神文化。高校的一个重要责任就是对文化的传承和发展，对文化的创造，使得人类的文化得以一代代传承。

第二，西方教育模式深刻影响着我国的教育理念和模式，这就会出现明显的得与失。我国古代非常注重道德教育，当前已经转变为西方科学文化的传授。这深刻推动了我国科学文化的快速发展。当前的教育不再是单纯的知识传递的过程，更是一种个人成长的过程。基于此，我们应该对成就的理念和模式进行改变，对西方优秀的教学理念进行吸收和借鉴，以此来实现对自身教学知识的发展与整合，只有这样才能实现校园精神的时代化发展和民族化发展。

第四节　弘扬传统文化，创新美育方式

一、弘扬传统文化的现实意义

现阶段，我国处于社会转型的特殊历史时期，不断变化的社会环境会深刻影响大学生的道德选择和价值取向。从积极的角度来说，在这种社会环境下影响着的学生具备较强的主体意识、有着强烈的奋斗精神，非常注重自我价值的，强调社会的公平、民主，愿意参与社会竞争与社会参与；从消极的角度来说，一部分学生会被社会中存在的不良现象和问题影响，导致学生产生了消极思想。针对以上出现的问题，我们应该积极应对和解决，首先应该对学生进行马克思主义教育，让学生坚定理想和信念；其次，对中华优秀传统文化中的有益部分进行挖掘和宣传，让学生在潜移默化中形成正确的价值观，接受传统文化教育，使得学生的思想道德水平得到提高。

面对当前的教育形式，我国出台了两个纲领性的文件——《中共中央关于进一步加强和改进学校德育工作的若干意见》和《新时代爱国主义教育实施纲要》。在这两个纲领性的文件中，明确提出为了适应当下的形式，应该在德育工作中对学生的传统文化教育进行加强。在我国，思想道德教育的主要阵地就是学校，因

此学校成为对大学生进行思政教育和传统文化教育的主体，肩负着重要的使命和责任。从整体上来说，当前大学生具备良好的思想道德素质，内心有着为国家和民族崛起而奋斗的远大目标，不仅爱国还爱人民，有着较为高尚的情操和品格。尽管如此，社会在不断发展和变化，不管是经济形式、就业的方式，还是组织形式、分配和利益方式，都呈现越来越多样化的发展趋势。随着社会的发展与进步，人们不断增长的精神文化需求，加之各国思想和文化在世界范围内的传播，这就导致在我国存在一些公民道德问题。在这样的社会环境下，深刻影响着当代大学生的思想道德问题，在很多大学生中也出现了一些较为突出和典型的问题，具体表现在以下几个方面：在学习方面不思进取，学习松散，没有纪律性；在同学关系上唯我独尊，没有良好的人际关系；其他方面，不遵守公共秩序和道德等。除此之外，受到社会中各种思潮的影响，大学生对于个人、集体、他人之间的利益关系不能很好地把握，同时会忽视对于集体和社会的责任，忽视自身的义务；诚信问题较为突出，不具备很好的抗压能力和抗挫折能力，没有很好的自立自强精神。大学生在社会中是一个充满朝气和未来的群体，他们自身的思想道德状况会影响整个中华民族的精神面貌。随着改革开放的不断深入，让大学生在各种浪潮中树立起正确的世界观、人生观、价值观，引导学生树立自尊、自立、自强的民族精神；在经济发展水平不断发展和进步的情况下让大学生培养艰苦奋斗的精神，成为当前高校思想政治教育和德育教育的重要研究内容和方向。

中国有着悠久的历史和深厚的文化底蕴，在漫长的历史中，中华民族一直非常注重对道德的培养，注重对文化的传承，正因如此，我国才成为闻名世界的礼仪之邦，是当之无愧的文明古国。当前加强社会主义现代化建设具有重要的意义，其一，可以对中华民族传统文化进行弘扬；其二，可以抵制腐朽思想的影响，为社会树立良好的道德风尚；其三，可以不断增强民族的凝聚力和向心力；其四，有利于社会主义市场经济的发展，有利于维护良好的市场秩序；其五，是对大学生进行思想政治教育，进行爱国主义教育的重要手段和方式。

（一）弘扬传统文化有助于教育青年一代健康成长

从青年的发展阶段特点和心理需要出发，需要让这个阶段的青年树立正确的人生观，找到适合自己的理想和想要达到的人格。这个阶段的学生还没有步入社会，因此也没有形成正确和稳定的世界观、人生观和价值观。鉴于此，应该让学生建立起比较稳定的和健全的个人道德。对个体进行品格的培养是青年道德教育的首要任务。在中国的传统文化和理念中，一般都是从"内圣"到"外王"，从"家庭伦理"到"治国安邦"。对青年进行道德教育，其中一个重要的教育资源就是中国传统理念和传统道德。一般来说，道德品质的形成是一个由低层次向高层次不断发展的过程，对于青年来说，中国传统文化中的要求很多都是非常容易做到的，也是最为基本的要求。立足于传统文化有利于帮助青年养成良好的行为和道德品质。传统文化可以保证青年的健康成长，引导青年成为一个有理想、有道德、有纪律、有文化的"四有"新人。传统文化、纪律、理想、文化这几者之间的关系密不可分。加强对于青年的传统文化的培养有利于帮助青年树立正确的人生观和价值观，有益于树立起崇高的理想和信念，有利于青年对这个社会有一个更加正确和科学的认识。

纪律与传统文化有着相当密切的联系，纪律主要是对他人与个人，集体与个人的重要手段。不管是从表现形式上来看还是从内容上来看，道德与纪律都有很多相似之处，这就从侧面表明，青年道德意识的增强可以带动其纪律性的增强，进行反作用与道德意识，提高其遵守道德的积极性和自觉性。不仅如此，文化与传统文化也有着非常紧密的联系，随着知识水平的不断提高，青年会有自己的辨别能力，只有这样才能保证青年养成文明守礼的好习惯，自觉遵守社会公德和社会道德。当然，道德还会推动青年进行知识的学习，一个具有良好道德的人会追求科学和知识，会营造一个良好和健康的学习和生活环境。总而言之，传统文化对于青年的成长成才非常重要，可以在这个过程中发挥重要作用。

（二）弘扬传统文化有助于青年了解传统文化知识

研究表明，对于传统文化中的一些观念和内容，一些青年并不熟悉，一些青年甚至很难接受这样的思想和观点。青年人对中国传统文化观念的陌生、无知，是一种可怕的愚昧，若不克服青年的这种精神欠缺，青年对传统文化的继承和创造活动就名不副实。久而久之，就会失去我们民族的精神、民族的风格、民族的形成。因此，弘扬传统文化，让青年人了解传统文化，并且将传统文化进行传承和发扬，使民族风格得到继承，成为当前社会中的一项重要的工作和任务。

(三)弘扬传统文化有助于青年发扬传统文化

源远流长的中华民族传统文化影响着一代又一代的中国人,不仅深刻影响着中国人的思想和道德,还影响着中国人的人格追求,这也是我国具有浓厚文化氛围和德育氛围的重要基础和原因。随着经济的不断发展,复杂的市场环境会对人们的生活方式及思想观念产生影响,加之西方思想和文化对中国传统文化的冲击,在这样的大背景下,青年非常容易受到这些环境的影响,出现思想和道德上的偏移,因此为了保证青年的健康成长,需要对他们进行教育,主要是进行道德的教育,让他们树立起正确的价值标准,对他们进行中华传统文化教育,培养中华民族精神,塑造独特的民族性格,进而实现对传统文化的继承和发扬。

在我们民族中有很多优秀的成分和精神。例如,重诚信,讲义气,具有高尚的道德情怀和着重培养品德修养。孔子是儒家思想的代表人物,在他的思想和观点中,只有先实现物质生活条件的满足,才能追求较为崇高的思想和境界,只有这样才能将实现道德理想作为人生中最高层次的追求。儒家思想的另一个代表人物是孟子,在他的观点中也提出了"富贵不能淫,贫贱不能屈"的道德品质要求,这也是中华民族道德的缩影。在古代,人们非常注重对自身的道德修养,对自身的道德进行明确,这有利于当代青年在自我批评与教育中完成自我的剖析,养成严于律己的道德品质,并且建立起较为和谐、轻松的人际关系。社会都是不断变化和发展的,因此当代青年的道德观和价值观不可能一直不变,生活方式也会随着经济的发展发生重大的变化。但是立足于根本,一个民族所占据主导地位的价值观和精神是代代传承的,在本质上的变化不大。我国是一个文明古国,有着五千年的文明,在这样浓厚的文化氛围中,青年的精神世界依旧是中国传统文化和道德文化占据主导地位。青年一代是国家的希望和未来,当代大学生应该继承和发扬中国的传统文化和道德,担负起传播和继承传统文化和传统道德的重要使命。

二、传统文化与高校美育融合的方法

(一)教材融合

高校教育的重要载体就是课堂教学,当然课堂教学作为学生、教师"学"与

"教"的重要场所，也是传递教材的重要空间。为了学生的健康成长，也为了对传统文化进行弘扬，可以将传统文化融入大学生的美育教育，值得注意的是，这个前提条件需要以大学生这个阶段的成长规律和学习规律及美育规律为基础。将传统文化与美育教育相融合，共同体现在教材之中，可以使得学生对于传统文化的认识加深，也会加强对美育程度的重视。对多种教材进行融合，一方面是对专业教材与美育教材的融合，一方面是美育教材与传统文化的融合。借助教材这个路径，让大学生进行系统的、科学的美育知识的学习，建立属于自己的审美体系，加强对传统文化的传播，促进美育教育在我国的发展。

第一，将美育教育与传统文化相结合，应该以传统文化体系为依托，对传统文化中的精髓和优秀的部分进行继承和发展，中国的传统文化呈现信息内容的多元化发展的态势和特点，这些信息内容对于当代大学生来说可以起到非常重要的引领作用。但是我们也应看到，在这些传统文化中也有一部分内容是非常落后的，这就需要进行剔除，保证大学生的健康成长。由此，在进行传统文化与美育教育的融合过程中，应该积极发挥对于传统文化的挖掘能力和水平，让教师实现对传统文化与美育教育的整合，在教材中体现传统文化中的有益部分。第二，在教材中融入传统文化，应该先对传统文化有一个深入研究，建立在研究的基础上与大学生的实际情况相结合，对符合大学生成长阶段和满足大学生成长需求的传统文化内容进行挖掘，借助教材这个载体，将传统文化中优质内容传递给大学生，促进大学生的全面、健康发展。第三，在教材中融入传统文化也应该与现代化的信息和内容相结合，通过当前的现代化的信息技术和条件，实现传统文化与教材的完美融合，为大学生呈现更加感兴趣的教学模式，使得传统文化对于大学生来说具备很强的吸引力，促进传统文化的当代发展。

(二) 活动融合

在大学生的美育教育中融入传统文化，重要的一点先应该是立足于社会实践，将美育思想作为融入的导向，实现传统文化与各种实践活动的相互融合，让学生在各种活动实践载体中接受美育教育，为大学生营造良好的美育环境和美育氛围。首先，各个学科的教师应该根据学科的实际情况，发掘美育教育中的信息和因素，实现美育教育与各个学科的结合，将传统文化与信息的融入作为切入点，在与各个学科融合中提升美育教育的质量和水平。与此同时，还应该加强专业学科的实践活动,积极引导大学生参与社会实践活动,在这个过程中将美育与传统文化融入其中,在实践中感知传统文化和接受美育教育,实现对传统文化更深层次的理解,建立起自身的美育体系,作为学校也能实现育人的教育教学目标。其次,实现美育教育、传统文化教育与各种实践活动相结合,如创新创业教育、校企合作等,以此在高校教育中融入传统文化教育和美育教育,实现高校传统文化教育和美育教育的良好效果。与此同时,还可以依托于文艺晚会、艺术节及话剧等形式,实现美育教育的导向作用;带领大学生参观剪纸、话剧、木雕等传统的非物质文化遗产活动和载体,实现对大学生的美育教育和传统文化教育,让学生在切身活动与实践中感知美育的熏陶和传统文化的魅力,加深对传统文化的理解,提升自身的美育水平。

(三)文化融合

大学生美育教育与传统文化的融合应该以文化与文化的融合为基础,将传统文化融入美育教育的教学中,实现文化与实践相结合,提升教学效果,实现双赢。所谓文化与文化的融合,主要指的是将传统文化融入校园文化中。在校园文化体系中体现传统文化,以此达到丰富校园文化内容的重要作用,让大学生在美育的校园文化中感知传统文化,接受美育教育。对于大学生来说,校园文化是一种认可程度较高的文化,校园文化也深刻影响着大学生的思想和情感,影响着大学生的人生观、价值观。将美育教育与传统文化相互融合可以实现协同育人,获得较好的育人效果,在校园文化中融入传统文化,丰富校园文化的内涵,使得校园文化的厚度增加,更加具有魅力和吸引力,当然,这也会促进传统文化的传播和发展,提高美育教育的效果,实现美育教育的目标。

三、传统文化与高校美育融合的路径

(一)提升美育教育重视度

为了实现和推动美育教育与传统文化联合育人的实践,应该在高校教育管理的全过程中融入美育教育和传统文化,实现全面教育,引领大学生的教育活动,让学生在全面教育中对传统文化有一个系统且清晰的认知,对传统文化的内涵有深入的了解,实现对大学生美育能力的培养和提高。第一,应该从思想层面重视美育教育，美育教育可以实现学生的全面健康发展，只有落实好、实施好美育教育才能真正实现学生的美育发展。举例来说，可以加大宣传力度，只有学生和教师对于美育的重视程度提升了，才能在根本上对当前美育教育中的一些问题进行解决，实现美育教育，促进教育改革的推进。第二，对于美育与文化的融合要加强关注，对于传统文化的继承是美育教育的立足点，要实现美育教育和传统文化的相互融合，需要对学生进行引领，开展协同育人的机制创新，只有这样才能提高大学生的美育素养，实现大学生的全面、系统发展。第三，对传统文化与美育教育融合的目标进行明确，以此来实现协同育人工作的顺利开展。

（二）树立"三全育人"理念

要实现美育教育和传统文化的相互融合，应该树立起"三全育人"的教育理念，在大学生发展的全过程中实现美育与传统教育的融合，在大学生美育工作的实践中不断提升育人的效果。第一，将美育教育融合进高校的专业教育体系之中，立足于美育教育，对专业教育中的美育知识进行挖掘，在传统文化的大背景下，对专业教育的内容进行完善和丰富，不断提升专业教育中的美育教育效果。在三全教育理念中一项重要的内容就是在专业教育中融入美育教育，让大学生在进行专业学习的时候对传统文化信息及美育信息进行吸收，实现大学职业能力提升的效果。比如工匠精神，将工匠精神与美育教育相融合，在教育中培养大学生的工匠精神和能力，使得在专业学习中精益求精，在实践工作中精益求精，不断增强大学生的竞争能力和就业能力。第二，在思政教育中融入美育思想，在促进大学生全面发展的过程中，思政教育有着重要的作用，引领大学生的心理和人格塑形，有着独特的教育功能。将美育教育与思政教育融合，将传统文化与思政教育融合，可以使学生从另一个角度对美育教育和传统文化有深入了解，不断增强学生的自信心和文化自信，让大学生有坚定的政治信仰和理想信念。第三，将美育教育融入高校的教育管理工作中，在实验室管理、寝室管理及后勤管理等方面与美育教育相结合，让大学生在日常活动中逐步提高自身的美育意识，加强对美育的重视程度，以此不断提高美育教育与传统文化融入实践的水平。

（三）创新教育方法

在高校的育人实践中融入传统文化及美育教育，首先应立足于文化体系，对文化中的美育因素进行深入挖掘，在此基础上来保证美育教育实践的效果。举例来说，立足于美育教育，将音乐、书法、诗歌等融入相关的艺术教育活动中，对美育教育的载体进行延伸，让大学生在这个过程中不断获取相关的美育信息和因素，接受美育教育。其次，应该加强对美育教育教学方法的研究和创新，通过各种教学方法实现美育与传统文化的深度融合，呈现多元化的发展趋势，只有这样，才能调动大学生的积极性和兴趣，更加积极主动地学习和践行，因此才能提高大学生的核心素养，促进大学生的全面发展。在对美育教育方法进行创新的过程中，可以借助当前信息技术的发展，将多媒体技术运用到美育教育与传统文化的融合之中，为大学生提供更加契合的信息要素，实现美育教育的现代化发展。当然，还可以使用情境教学、小组合作教学的教学方法，在协同育人的背景下，实现传统文化与美育教育的融合，实现教育水平的提升。

（四）建设网络教育载体

为了实现传统文化与美育教育的深度融合，应该将教育的信息化作为重要的导向原则，这其中，网络教育载体的建设是关键点。借助于网络教育的平台实施美育教育，可以实现美育教育与传统文化教育实践载体的扩大，这对提升美育教育在教育体系中的地位有着非常重要的作用和意义，有利于教育改革的推进。第一，在校园网中构建美育教育载体，在网络平台上落实美育教育实践活动，让大学生随时随地获取美育教育的资源。第二，在美育教育中落实传统文化，应该在美育教育实践中构建起网络文化的重要载体，借助这一载体不断丰富和完善大学生的知识体系，让大学生成长为对社会有用的人，实现自身的理想和目标。第三，在美育教育与传统文化的融合发展中应该加强构建美育实践教学板块，积极开展信息交流平台的建设，美育信息实践平台的建设，让学生在实践活动中汲取美育知识和信息，不断完善自身的美育系统，促进全面发展，以此也更加能够表明美育教育与传统文化相结合的重要现实意义。

参考文献

[1] 陈明金，肖小宁.素质教育因素研究[M].武汉：武汉大学出版社，2006.

[2] 董学文.美学概论[M].北京：北京大学出版社，2006.

[3] 杜卫.美育论[M].北京：教育科学出版社，2000.

[4] 高友德.青年与美学[M].北京：中国青年出版社，1986.

[5] 顾永芝.美学原理[M].南京：东南大学出版社，2008.

[6] 韩望喜.善与美的人性[M].北京：人民出版社，2001.

[7] 何齐宗.审美人格教育论[M].北京：人民教育出版社，2004.

[8] 蒋冰海.美育学导论[M].上海：上海人民出版社，2001.

[9] 李天道.西方美育思想简史[M].北京：中国社会科学出版社，2007.

[10] 邱明正，朱立元.美学小辞典[M].上海：上海辞书出版社，2007.

[11] 徐娜.高校美育三议：本质意义、价值指向与实践路径[J].江苏高教，2021（6）：113-116.

[12] 王萌.高校美育的逻辑起点、现实困境及突破路径[J].国家教育行政学院学报，2020（12）：68-75；95.

[13] 傅琴.新时代高校德育美育协同育人探析[J].学校党建与思想教育，2018（10）：24-26.

[14] 邱地，谢朝晖.高校美育面临的困境与对策探讨[J].教育探索，2015（6）：87-90.

[15] 栗嘉忻，娄淑华.新时代高校德育与美育协同发展的价值内涵与实践路径[J].思想理论教育导刊，2019（5）：138-141.

[16] 王滢.高校美育对实现"立德树人"的价值探析[J].教育评论，2015（2）：64-66.

[17] 孙荣春.当前高校美育问题解析[J].黑龙江高教研究，2009（10）：155-157.

[18] 苏和平. 高校美育教学初探 [J]. 中国青年政治学院学报，2003（6）：124-127.

[19] 叶碧. 高校美育评价的内容与方法 [J]. 江苏高教，2009（4）：125-127.

[20] 程琳杰. 高校美育实施的现状与出路 [J]. 中国成人教育，2006（8）：68-69.

[21] 栗嘉忻. 新时代中国高校德育与美育协同发展研究 [D]. 长春：吉林大学，2019.

[22] 邓佳. 高校美育课程研究 [D]. 重庆：西南大学，2019.

[23] 吴楚. 美育对大学生全面发展的功能定位及实施策略 [D]. 长春：东北师范大学，2016.

[24] 贾琳颖. 高校美育课程内容研究 [D]. 重庆：西南大学，2016.

[25] 赵聪. 大学生美育的现实困境、原因及其策略研究 [D]. 长春：东北师范大学，2014.

[26] 王樱. 普通高校美育模式的探索 [D]. 上海：复旦大学，2012.

[27] 高瑛. 理工科大学美育现状与对策研究 [D]. 昆明：昆明理工大学，2011.

[28] 金昕. 美育与大学生人格养成 [D]. 长春：东北师范大学，2009.

[29] 黄静. 当代高校美育探讨 [D]. 扬州：扬州大学，2008.

[30] 陈姝言. 我国高校美育发展及实施研究 [D]. 大连：大连理工大学，2006.